D1730355

MOORDDADIG MENU

ROALD DAHL
EN ANDEREN

MOORDDADIG MENU

Deze uitgave kwam tot stand in samenwerking met
Loeb, uitgevers bv, Amsterdam

© copyright 1984 by Nightfall, Inc. Carol-Lynn Rössel Waugh,
and Martin Harry Greenberg
Copyright Nederlandse vertaling: © 1999 Loeb, uitgevers bv, Amsterdam
Vertaling: Mariëlla de Kuyper
Omslagontwerp: M. Bootsman
Druk: Ebner, Ulm
Uitgave door Hermans Muntinga Publishers in maart 1999

ISBN 90 5795 017 0
NUGI 301

Inhoud

Isaac Asimov
Inleiding

Leven is het eindresultaat van duizenden aan elkaar gekoppelde chemische reacties waarvan de meeste door specifieke enzymen worden bepaald: Die enzymen zijn 'katalysatoren', substanties die chemische reacties kunnen versnellen zonder daarbij zelf veranderingen te ondergaan.

Enzymen doen hun werk door aan de moleculen die de reactie ondergaan een oppervlak te bieden dat geschikt is voor het innemen van een juiste positie. De enzymen zijn proteïnemoleculen die zijn opgebouwd uit honderden of zelfs duizenden atomen, en elk ervan is zodanig van aard dat hij slechts voor *een speciale* reactie als katalysator kan optreden. Voor iedere reactie is er een apart enzym en door de enzymen te modifiëren, te activeren, te de-activeren en te reactiveren wordt in grote lijnen de aard van de reacties die voor het levend typerend zijn, in de hand gehouden.

Door de verschillende inhoud van de diverse enzymen ziet een levercel er anders uit dan een spiercel of een hersencel. Door de verschillende inhoud van de diverse enzymen produceren de triljoenen cellen die een menselijk wezen vormen, een organisme dat anders is dan de triljoenen cellen die een giraf of een struisvogel vormen – of een boom.

Ieder voorwerp dat zich aan een enzym vasthecht en daardoor het oppervlak ervan vervormt zodat het niet langer zijn functie kan uitoefenen, zal uit de aard der zaak de werking van de cellen van een organisme verstoren. Die verstorende substantie is een 'vergif'. Omdat enzymen slechts in geringe hoeveelheden aanwezig zijn, is een kleine hoeveelheid vergif al voldoende om er zoveel van buiten bedrijf te stellen dat dat een ernstige ziekte of zelfs de dood tot gevolg zal hebben.

Tijdens het verloop van de evolutie heeft een aantal organismen het vermogen ontwikkeld om een of ander vergif te produceren, ofwel om in de aanval, ofwel om in de verdediging te gaan. Wat de aanval betreft hebben slangen, schorpioenen, padden etc. de beschikking over vergif, en produceren bacteriën hun bacterievergiften. Wat de verdediging betreft is het zo dat planten die worden opgegeten door tienduizenden dierlijke organismen, van insecten tot mensen, en zich dat hulpeloos moeten laten welgevallen, soms ingewikkeld samengestelde moleculen produceren die zeer effectieve vergiften zijn. Dieren ontwikkelen ofwel het vermogen die vergiften te vermijden omdat ze vies smaken, of ze eten zo'n plant wel en gaan daaraan dood. Het resultaat is dat vergiftige planten op die manier in ieder geval tot op zekere hoogte kunnen voorkomen dat ze worden opgegeten.

In de prehistorie moeten mensen, gedreven door honger of nieuwsgierigheid, wel alles hebben geproefd. Ze zijn ongetwijfeld in aanraking gekomen met dingen die hen na het eten ervan dronken hebben gemaakt of hallucinaties hebben veroorzaakt (een lichte vorm van vergiftiging), en dergelijke ervaringen werden soms met opzet gezocht omdat men ervan genoot. Aan de andere kant kon het eten van sommige substanties ook dodelijke gevolgen hebben. Door grote persoonlijke rampspoed leerden de mensen bijvoorbeeld bepaalde paddestoelen, bessen of bladeren niet aan te raken.

Aan de andere kant moeten mensen bij vele afzonderlijke gelegenheden wel eens hebben gedacht dat vergiften bruikbaar zouden kunnen zijn. Een vergiftige plant kon worden fijngestampt, waarna een punt van een pijl daarmee kon worden ingesmeerd en men het goedje liet drogen. Indien een vijand door zo'n pijl wordt gewond, kan hij daaraan dood gaan, zelfs wanneer die verwonding slechts oppervvlakkig is. Dat was zo'n handig fenomeen dat het woord 'toxisch' hetgeen 'vergiftig' betekent, afstamt van het Griekse woord 'toxon' dat 'pijl' betekent.

Dood tijdens een reguliere oorlog wordt diegenen die met verlies van mankracht worden geconfronteerd aanvaard, als een trieste bezoeking en het resultaat van heldhaftig gedrag van diegenen die hebben gedood. Maar stel dat er sprake is van een ruzie tussen individuen en iemands dood wordt gewenst en ook verwezenlijkt? Dan wordt er over moord gesproken en iedere redelijke geavanceerde maatschappij vindt een zodanig teweeg gebrachte dood zorgelijk genoeg om de moordenaar ervoor te willen straffen.

Iedere verstandige moordenaar zal zich dus gedwongen zien om een moordplan te bedenken dat hem in staat stelt die straf te ontlopen. Hij kan in een hinderlaag op zijn slachtoffer wachten en hem dan in het geheim en ongezien met een bot voorwerp zijn hersens inslaan of hem met een mes neersteken. Dan kan hij wegsluipen en hopen dat niemand er achter zal komen wie het heeft gedaan. De moordenaar heeft echter gewoonlijk een motief dat de mensen in zijn omgeving bekend is en dus zal de verdenking op hem vallen, zelfs wanneer niemand getuige is geweest van de moord. Dus zou het beter zijn wanneer de dood van het begin afaan geen moord leek.

Stel dat een vergiftige paddestoel in kleine stukjes wordt gehakt en vervolgens wordt toegevoegd aan verder onschadelijk voedsel dat het slachtoffer van plan is tot zich te nemen. Dat slachtoffer zal van zijn maaltje genieten en daarna op een gegeven moment overlijden wanneer de moordenaar in de verste verte niet meer bij hem in de buurt is. Dan is er geen duidelijke aanwijzing dat er een moord is begaan: geen snijwonden, geen ingeslagen hersenen, geen bloed, geen breuken. Het zal een dood zijndie het gevolg had kunnen zijn van een ziekte, een beroerte of een hartaanval. Voor de moderne geneeskunde haar huidige peil had bereikt, waren er talrijke fatale ziektes waar men nog helemaal niets van begreep, en niemand kon toen onderscheid maken tussen een geval van een werkelijke ziekte of een met opzet toegediend vergif.

Daardoor werd het toedienen van vergif een favoriete methode om te moorden, en het werd zelfs zo'n algemeen gebruik dat de situatie werd omgekeerd. Vergiftiging werd niet langer als een ziekte beschouwd – ieder ziektegeval werd vaak gezien als een opzettelijke poging tot vergiftiging. Wanneer tot deze moderne tijde aan toe een algemeen bekend figuur plotseling kwam te overlijden, vooral indien hij nog niet bejaard was, werd er verondersteld dat hij door zijn vijanden was vergiftigd. Zelfs als hij overleed aan de gevolgen van een slepende ziekte werd er vaak gedachte dat zijn dood het gevolg was van een geleidelijk aan toegediend vergif.

De geschiedenis kent enige vergiftigingsgevallen, maar het aantal daarvan is eerder overdreven dan afgezwakt. Misschien is dat de reden dat we de geschiedenis van de Borgia's kennen (een beroemde Spaans-Italiaanse familie waartoe paus Alexander VI behoorde) die volgens de volksmond de helft van de gasten die bij hen dineerden, hebben vermoord. In Frankrijk werd er in 1679 in Parijs een sensationeel onderzoek ingesteld naar een organisatie die moordde door toediening van vergif en kennelijk belangrijke beschermheren en -vrouwen had, zoals Madame de Montespan, de maîtresse van koning Lodewijk XIV.

Dankzij de moderne wetenschap is er tegenwoordig echter heel wat veranderd. Pathologen-anatoom weten hoe ze op een zeer minitieuze en onmiskenbare manier sporen van vergiften kunnen ontdekken, zodat het heel onwaarschijnlijk is dat een slachtoffer van een vergiftiging voor een slachtoffer van een ziekte wordt gehouden als er zorgvuldig sectie wordt verricht. Maar daar staat tegenover dat er nu vergiften verkrijgbaar zijn die veel dodelijker zijn dan die uit vroegere tijden. Waarschijnlijk is zo'n 1.88 gram van het vergif botulinus al voldoende om iemand te doden.

Dus is 'een moorddadig menu' nog steeds de moeite van het overwegen waard en in dit boek bieden we de lezer een reeks verhalen aan die met moord en maaltijden verband houden, maar waar - let wel - niet altijd vergif aan te pas komt!

R. L. Stevens
Het kippesoep-kereltje

Robert Louis Stevenson diende als inspiratiebron voor R. L. Stevens' naam. In 1971 werd er voor het eerst werk van hem gepubliceerd in Ellery Queen's Mystery Magazine en twee van zijn verhalen zijn herdrukt in Best Detective Stories of the Year. Hij woont in het noorden van de staat New York en is actief binnen de groep Mystery Writers of America.

Zodra hij de voetstappen hoorde, wist Quinlin dat zij van plan waren hem te vermoorden.

Hij was te vaak naar de casino's in Atlantic City toegegaan, had bij het roulettespel te veel verloren en was er te vaak vandoor gegaan zonder zijn speelschulden te betalen. Nu hij zich omdraaide naar de donkere gestalten die hem op het verlaten parkeerterrein aan het insluiten waren, wist hij dat zijn tijd gekomen was. Terwijl ze steeds dichter op hem af kwamen, verbaasde het hem eigenlijk alleen maar dat Hagger er in hoogst eigen persoon bij was.

'Moord je tegenwoordig zelf?' vroeg hij.

Hagger lachte humorloos. 'Ik ben geen barbaar, Quinlin. Ik ben bereid naar rede te luisteren. Misschien dat je iets te bieden hebt in ruil voor je leven?'

Quinlins mond was droog. 'Wat zou je willen suggereren?'

'Oh, iets wat ruwweg zo'n tweehonderdentachtigduizend dollar waard is. Ik meen dat je mijn vrienden en mij dat bedrag volgens de laatste berekeningen verschuldigd bent.'

'Zoveel geld kan ik niet bij elkaar krijgen,' fluisterde Quinlin heel zacht.

'Denk er eens over na, Quinlin. Denk er maar eens heel diep over na. Ik geef je een paar minuten.'

'Ik weet niet . . .'

'Je interviewt talrijke sportlieden. In de sportwereld gaat ontzettend veel geld om. Wat dacht je van de race die aanstaande zaterdag wordt verreden?'

'De Magnolia?'

'Inderdaad. Het zou heel wat geld waard kunnen zijn als we van tevoren wisten welk paard gaat winnen. Of zelfs welk paard gaat verliezen.'

'Hoe zou je dat nu kunnen weten?' vroeg Quinlin die als een gek nadacht om Hagger voor te kunnen blijven.

'Je hebt Sid Engle een paar maal geïnterviewd, nietwaar?'

'Het kippesoep-kereltje? Natuurlijk. Levert altijd goede kopij op.'

'En hij rijdt op Overbridge, de favoriet voor zaterdag. Is het waar dat zijn moeder hem een kan met eigengemaakte kippesoep stuurt wanneer hij op zijn eigen renbaan rijdt en dat hij die dan voor de race opeet?'

'Niet vlak daarvoor. Hij neemt die soep gewoonlijk als lunch. Waar doel je eigenlijk op?'

'We willen dat Overbridge die race zaterdag verliest. Indien je dat kunt regelen, zullen we je verder met rust laten.'

'Hoe zou ik dat kunnen doen?'

Hagger zuchtte geërgerd. 'Door middel van die soep, ezel! We doen iets in die soep en dan wordt Engle vlak voor de race begint ziek. Overbridge verliest en wij winnen.'

Quinlin schudde zijn hoofd. 'In de eerste plaats komt die soep van zijn moeder. Hoe kan je daar nu iets in doen? En in de tweede plaats neemt hij die soep bij de lunch ruim vijf uur voordat de Magnolia wordt verreden. Als hij om twee uur 's middags ziek wordt, heeft de eigenaar tijd genoeg om een andere jockey in te schakelen.'

'Laat dat maar aan ons over,' zei Hagger. 'We treffen elkaar hier morgenavond rond dezelfde tijd. In orde?'

'Dat denk ik wel.'

'Als je hier niet bent, krijg je geen tweede kans meer.'

Quinlin was vrijwel zijn hele volwassen leven lang sportverslagge-
ver geweest, maar pas na zijn echtscheiding was hij zwaar gaan
gokken. Hij had geprobeerd eenzaamheid daar de schuld van te
geven, maar misschien had hij het trekje wel altijd in zich gehad.
Aanvankelijk had hij op bescheiden wijze gewed. Een dagje op de
renbaan, een biljet van tien dollar op een van de favorieten. Maar
toen was hij het grootschaliger gaan aanpakken. Atlantic City zat
zo dicht bij Philadelphia dat hij die stad niet kon negeren en na een
eerste reisje naar de casino's was hij er al aan verslaafd.
   Hij had een goede baan bij een krant in Philadelphia en enige
tijd lang bleken de casino's bereid zijn krediet te verlengen. Een
maal was hij er zelfs in geslaagd al zijn schulden te vereffenen en
toen had hij er definitief mee moeten ophouden. Hij kon zich nog
herinneren dat hij op een avond had verklaard quitte te zijn en toen
naar zijn hotelkamer was gegaan. Maar hij had niet kunnen slapen
en om twee uur 's morgens was hij naar beneden gegaan en weer
helemaal opnieuw begonnen.
   Hagger leende hem steeds meer geld en had op een gegeven moment ook schuldbekentenissen opgekocht die hij in andere etablis-
sementen had ondertekend. Nu hij daar weer eens over nadacht,
vroeg hij zich af of de gokker soms altijd al had gedacht dat hij
hem op een gegeven moment voor een grote slag zou kunnen gebruiken. Deze zaterdag zou dat moment daar zijn en Quinlin kon
geen enkele manier bedenken om zich daaraan te onttrekken.
   Hij trof hen de volgende avond opnieuw op het parkeerterrein.
   'Prima,' zei Hagger met een kleine glimlach. 'Je volgt bevelen
op.'
   'Wordt me dan een keuze gelaten?'
   'Eigenlijk niet.' Hagger haalde een klein flesje met een heldere
vloeistof uit zijn zak. 'Hier. Dit is voor Engle's kippesoep.'
   'Wat is het?'
   'Iets waardoor hij op het juiste moment een beetje ziek wordt. Ik
heb een apothekersvriendje die het heeft klaargemaakt. Het actie-
ve bestanddeel zit in kleine capsules die na verloop van tijd oplossen, van die dingen die ze voor sommige medicijnen tegen de hoest
wel gebruiken. Het gaat vijf uur nadat hij die soep heeft gegeten,
werken. Jij moet ervoor zorgen dat hij de soep om twaalf uur 's

13

middags krijgt.'

'Hoe kan ik dat regelen?'

Hagger glimlachte slechts. 'Ik ben er zeker van dat je wel iets weet te bedenken. Stel ons niet teleur. Ik heb heel wat geld op de Magnolia ingezet.'

Quinlin stopte het flesje behoedzaam in zijn zak en liep terug naar zijn auto. Hij stond op het punt iets te doen wat hij een paar maanden eerder nog voor volstrekt onmogelijk zou hebben gehouden. Hij reed terug naar zijn kleine appartement en probeerde er niet aan te denken.

Die middag belde hij de moeder van Sid Engle op en bracht haar in herinnering dat ze elkaar een keer op de renbaan hadden gezien. 'Oh ja,' zei ze. 'Meneer Quinlin. U bent degene die over mijn kippesoep heeft geschreven.'

'Inderdaad, mevrouw Engle. Hoe gaat het met u?'

'Ik mag niet klagen.'

'Morgen is het Sids grote dag. Met Overbridge in de Magnolia. Gaat u naar de renbaan?'

'Dat kan ik niet. Mijn nichtje gaat trouwen en ik moet naar de receptie. Maar ze hebben me gezegd dat ik er op de televisie naar kon kijken.'

'En hoe zit het dan met uw kippesoep?'

'Ik moet iemand zien te vinden die hem die soep kan brengen. Ik denk dat een van onze buren dat wel wil doen.'

'Mevrouw Engle, ik speel al een tijdje met de gedachte u een interview af te nemen. Zou een aardig artikel zijn voor de krant van zaterdag, vooral wanneer Sid morgen de Magnolia wint.'

'Oh, die wint hij. Daar ben ik zeker van.'

'Zou ik morgenochtend niet bij u langs kunnen komen voor een gesprekje? Ik ga daarna meteen door naar de renbaan en zou dan die soep van u kunnen meenemen.'

'Oh, zou u dat willen doen, meneer Quinlin? Dat zou een hele geruststelling voor me zijn.'

'Het zal me een waar genoegen zijn,' verzekerde hij haar.

Quinlin was de eerste die Sid Engle 'Het kippesoep-kereltje' was gaan noemen, nadat hij had ontdekt dat diens moeder gewoon was

14

haar soep naar de renbaan te sturen wanneer hij op Green Meadow reed. Engle zelf schimpte op die bijnaam en probeerde hem te negeren, maar zijn moeder vond het geweldig.

'Ik denk echt dat die soep hem helpt de race te winnen,' verklaarde ze toen Quinlin haar bescheiden, drie kamers tellende appartement betrad. 'In ieder geval heeft hij op Green Meadow meer races gewonnen dan op welke andere renbaan dan ook.'

'Ik veronderstel dat het zou kunnen komen omdat hij die renbaan het beste kent,' mompelde Quinlin, maar zij liet zich daardoor niet uit het veld slaan. Het kwam door de soep, en voor het interview was beëindigd, moest hij er zelf een klein kommetje van proeven.

'Ziezo! En wat heeft u daarop te zeggen?'

'Het is heel goede kippesoep,' gaf hij toe.

'Dan zal ik deze kan nu vullen en kunt u die meenemen voor Sid op de renbaan. Ze hebben daar in de kleedkamers voor de jockeys een elektrisch kookplaatje om hem op te warmen. Zorgt u ervoor dat hij de soep krijgt?'

'Maakt u zich maar geen zorgen. Ik zou hem vanmiddag niet op Overbridge willen laten rijden zonder dat hij die soep heeft gegeten.'

Op de renbaan kende iedereen Quinlin en hij kon moeiteloos doorlopen naar Sid Engle. De tweeëntwintigjarige jockey was zijn rijlaarzen aan het poetsen toen Quinlin even voor twaalven de kleedkamer binnen stapte.

'Je moeder stuurt je wat van die kippesoep van haar,' zei hij terwijl hij Sid de kan overhandigde. Hij had Haggers vloeistof er onderweg naar de renbaan aan toegevoegd.

'Dank je, Quinlin. Ik zal hem voor de lunch opwarmen.'

'Ga je nu eten?'

'Over een paar minuten.'

'Enthousiast over de race?'

Engle grinnikte. 'Ben ik altijd enthousiast over. Zet je geld maar op Overbridge.'

'Doe je vandaag nog mee aan een andere race?'

'Aan de tweede, met Scott's Tempest, maar die loopt als een schildpad. Spaar je geld maar op voor de Magnolia.'

'Ik heb een plezierig bezoekje aan je moeder gebracht. Morgen verschijnt er een artikeltje over haar.'

'Geweldig. Dat zal ze leuk vinden.' Hij maakte de kan open en rook even aan de soep. 'Ruikt net zo lekker als altijd. Ik weet niet hoe ze dat voor elkaar krijgt.'

Quinlin vertrok terwijl Engle de soep aan het opwarmen was en liep naar boven naar de perskamer. Onderweg daarheen zag hij Hagger tegen een reling bij het kraampje waar je verfrissingen kon kopen staan aangeleund. De hekken waren net geopend en het begon al druk te worden.

'Ha, Quinlin,' zei de gokker.

'Hallo.'

'Problemen?'

'Nee,' zei hij en liet zijn stem dalen. 'Hij is de soep nu aan het eten.'

'Prima. Wil je een tip voor de race?'

'Nee,' zei Quinlin. Wat hij had gedaan was al erg genoeg zonder dat hij nog eens probeerde er een slaatje uit te slaan.

Hij liep naar de perskamer en trachtte zijn interview met mevrouw Engle op te schrijven, maar het kostte hem moeite de juiste woorden te vinden. Hij bleef zich afvragen wat hij nu precies bij die kippesoep had gedaan. Zou Sid er bijzonder nadelige gevolgen van ondervinden? Zou hij eraan dood kunnen gaan?

Even na enen liep hij naar beneden om Hagger te zoeken, maar de gokker was naar een ander deel van de tribune vertrokken. De raampjes van de loketten waar men weddenschappen kon afsluiten gingen dicht en de eerste race startte om twee uur, exact volgens schema. Hij ging voor de tweede race vlak bij de reling staan en keek toe hoe Sid Engle schrijlings op een groot vospaard reed dat Scott's Tempest heette. Hij leek goed in vorm te zijn en verbaasde iedereen door als tweede te eindigen.

'Lijkt dé dag voor Engle,' zei een bekende stem in Quinlins oor. Hij draaide zich om en zag Hagger staan.

'Ik heb geprobeerd je te vinden,' zei hij. 'Wat voor spul heb je me gegeven? Zal het hem kwaad doen?'

Hagger haalde zijn schouders op. 'Hij zal er in een klap door worden geveld. We hadden iets nodig wat hem snel buiten bedrijf

16

zou stellen. Gezien onze timing zijn vergissingen uit den boze.'

'Hij . . . hij zal er toch niet aan dood gaan?'

'Misschien wel. Misschien niet. Wat kan jou dat nu schelen? Ben je bereid jouw leven voor het zijne te verruilen?'

'Nee,' gaf Quinlin toe.

'Maak je dan niet zoveel zorgen. Niemand zal wat er gaat gebeuren met de soep in verband brengen. Jij gaat vrijuit.'

Quinlin liet hem achter en liep terug naar de perskamer. Hij wilde niet in het gezelschap van Hagger worden gezien, noch in dat van Engle, voordat het allemaal achter de rug was. Tijdens de volgende drie races zat hij achter zijn typmachine naar het blanco velletje papier te staren. Wat had hij gedaan? Hoe had het met hem zover kunnen komen?

'Zesde race,' zei iemand. 'De grote komt nu snel.'

De Magnolia was traditiegetrouw de achtste race die om vijf uur of een paar minuten later zou beginnen. Dat laatste uur leek Quinlin een eeuwigheid toe en toen de paarden uiteindelijk even voor vijven naar de start werden gebracht, ging hij aan de lange perstafel zitten die uitzicht bood over de hele renbaan. Hij stelde zijn sterke verrekijker in op het gezicht van Sid Engle.

Hij zag er goed uit. Hij glimlachte en zwaaide naar de tribunes.

Hagger had gezegd dat hij als door een mokerslag zou worden geveld en hij had de soep waarschijnlijk pas even na twaalven gegeten.

De paarden stonden bij de start . . .

'Daar gaan ze!' schreeuwde iemand.

De mensenmenigte begon te brullen toen een jockey hoog spel speelde en al vroeg de leiding nam. Hij vroeg zich af of dat het paard van Hagger was.

Overbridge lag ver achter, gevangen tussen de andere paarden. Quinlin probeerde zijn verrekijker op de jockey in te stellen, maar slaagde daar niet in. Nu, dacht hij. Nu gaat het gebeuren.

Hij liet de verrekijker zakken en deed zijn ogen even dicht toen het gebrul van de mensenmenigte steeds luider werd.

'Kijk eens naar Overbridge,' zei iemand. 'Quinlin, heb je dat gezien?'

Hij probeerde zijn bonzende hart weer tot bedaren te brengen.

'Wat? Wat is er gebeurd?'

'Dat verdomde paard is net razendsnel uit de groep losgebroken en heeft de leiding genomen. Ik denk dat hij de race heeft gewonnen!'

In de kleedkamers van de jockeys was het na de laatste race ontzettend druk, maar niemand vertelde hem dat Engle nog altijd met de eigenaar en de trainer in de winnaarsring stond en voor de televisie en de fotografen poseerde. Toen Quinlin hem had gevonden, had iemand net een fles champagne ontkurkt en werd de inhoud ervan over het hoofd van de jockey uitgegoten.

'Grootste race die ik ooit gelopen heb!' schreeuwde hij Quinlin toe. 'Publiceer morgen maar een mooi artikel over me!'

'Kwam het door die kippesoep van je moeder? Heeft die dit voor je bewerkstelligd?'

Sid Engle grinnikte en hief de fles champagne hoog in de lucht. 'Ik zal je een geheimpje verklappen, Quinlin, maar dat mag je niet in de krant schrijven! Ik vind die kippesoep afschuwelijk en giet hem altijd door de gootsteen. Maar dat mag je niet opschrijven. Ik ben nog altijd het kippesoep-kereltje.'

Quinlin knikte. Hij zou er niets over schrijven.

Hij bleef lang in de perskamer om alles op te ruimen. Toen hij die uiteindelijk verliet, werd het al donker en was het parkeerterrein vrijwel verlaten . . .

Ruth Rendell

De zaak van de geschubde inktzwammen

Ruth Rendell, die meer dan twintig romans heeft geschreven, heeft talrijke prijzen in ontvangst mogen nemen, waaronder de Current Crime Silver Cup Award voor de beste misdaadroman van 1976, de Edgar van de Mystery Writers of America voor het beste korte verhaal van 1974 en de Gold Daggar van de Crime Writers' Association voor de beste misdaadroman van 1975. Haar verhalen worden regelmatig gepubliceerd in Ellery Queen's Mystery Magazine.

'Champignons,' zei inspecteur Burden. 'Parasollen, hoornen des overvloeds, morellen en boleten. Zegt je dat iets?'

Hoofdinspecteur Wexford haalde zijn schouders op. 'Lijkt wel een van die spelletjes die je in tijdschriften ziet. Wat hebben deze dingen gemeen? Ik zal een gokje wagen door te zeggen dat het *crustacea* zijn. Oftewel zeeanemonen. Wat vind je me daar van?'

'Het zijn eetbare paddestoelen,' zei Burden.

'Werkelijk? En wat hebben eetbare paddestoelen te maken met mevrouw Hannah Kingman die zichzelf van een balkon heeft gegooid of daarvan af is geduwd?'

De twee mannen zaten in Wexfords kantoor op het politiebureau in Kingsmarkham in het graafschap Sussex. Het was november, maar Wexford was net teruggekomen van vakantie. En terwijl hij weg was, genietend van twee weken Italiaanse herfst, had Hannah Kingman zelfmoord gepleegd. Of dat had Burden in ieder geval aanvankelijk gedacht. Nu twijfelde hij en zodra Wexford die maandagmorgen binnen was gelopen, was Burden het hele verhaal

19

aan zijn chef gaan vertellen.

Wexford liep tegen de zestig. Hij was een lange, lompe, nogal lelijke man die eens zo dik was geweest dat er vrijwel sprake was geweest van zwaarlijvigheid, maar nu broodmager was geworden, om gezondheidsredenen. Burden, die bijna twintig jaar jonger was, was zo slank als een man die altijd slank is geweest. Zijn gezicht was ascetisch, knap maar op een koude manier. De oudere man, die een goede echtgenote had die hem toegewijd verzorgde, zag er ondanks alles uit alsof zijn kleren uit een tweedehandszaak kwamen, terwijl de jongere man, een weduwnaar, er in maatkleding onberispelijk uitzag. Een zwerver en een Beau Brummell leken ze te zijn, maar de dandy verliet zich op de zwerver, vertrouwde hem, begreep zijn sterke punten en zijn waarnemingsvermogen. Eigenlijk aanbad hij hem in stilte vrijwel.

Zonder zijn chef had hij zich ten aanzien van deze zaak een beetje verloren gevoeld. Alles had er aanvankelijk op gewezen dat Hannah Kingman zichzelf van het leven had beroofd. Ze was manisch depressief geweest en zich haar eigen tekortkomingen maar al te goed bewust. Kennelijk was haar huwelijk, dat niet lang had geduurd, niet gelukkig geweest. En haar vorige huwelijk was ook al op een mislukking uitgelopen. Ondanks het feit dat ze geen zelfmoordbriefje had achtergelaten en ook niet met zelfmoord had gedreigd, zou Burden ervan zijn uitgegaan dat het zelfmoord was, als haar broer niet was komen opdagen met dat verhaal over die eetbare paddestoelen. En Wexford was er niet geweest om te doen wat hij altijd kon doen - het kaf van het koren scheiden en de geiten van de bokken.

'Nu is het zo,' zei Burden, aan zijn kant van het bureau, 'dat we niet zozeer op zoek zijn naar een bewijs van moord alswel naar een bewijs van een *poging tot* moord. Axel Kingman zou zijn vrouw van dat balkon af hebben kunnen duwen – hij heeft geen alibi voor het tijdstip waar het om gaat – maar ik had geen enkele reden om te veronderstellen dat hij dat kon hebben gedaan tot ik op de hoogte werd gesteld van het feit dat iemand zo'n twee weken daarvoor had geprobeerd haar te vermoorden.'

'En die poging heeft iets te maken met eetbare paddestoelen?'

Burden knikte. 'Laten we zeggen met het geven aan haar van

een of ander schadelijk spul dat door een gerecht van eetbare paddestoelen heen was geroerd. Maar als hij dat heeft gedaan, weet alleen God hoe, want drie andere mensen, onder wie hij zelf, hebben ervan gegeten zonder er nadelige gevolgen van te ondervinden. Ik denk dat ik maar beter bij het begin kan beginnen.'

'Dat denk ik ook,' zei Wexford.

'De feiten, ' begon Burden, als een openbaar aanklager, 'zijn de volgende. Axel Kingman is vijfendertig jaar oud en heeft hier aan de High Street een winkel met reformartikelen, Harvest Home. Ken je die zaak?' Toen Wexford met een knikje te kennen gaf dat dat het geval was, ging Burden verder. 'Vroeger is hij in Myringham onderwijzer geweest en zo'n zeven jaar lang voordat hij hierheen is gekomen, heeft hij samengewoond met een zekere Corinne Last. Hij heeft haar laten zitten, zijn baan opgezegd, al zijn geld in zijn winkel gestopt en is met mevrouw Hannah Nicholson getrouwd.'

'Een soort van voedselgek, neem ik aan,' zei Wexford.

Burden trok zijn neus op. 'Allemaal geaffecteerde nonsens,' zei hij. 'Is het je ooit wel eens opgevallen hoe bleek en broodmager die voorstanders van onbespoten voedsel allemaal zijn? Terwijl de mensen die vlees eten, en vet en pudding en whisky drinken barsten van de energie.'

'Is Kingman zo bleek en mager?'

'Inderdaad. In ieder geval hebben Hannah en hij die winkel geopend en een flat genomen in die hoge toren die onze genieën van stedebouwkundigen er met veel geneogen bovenop hebben gezet. Op de vijfde verdieping. Corinne Last heeft dat feit volgens haarzelf en volgens Kingman na verloop van tijd aanvaard en ze zijn allemaal vrienden gebleven.'

'Vertel me eens wat meer over hen,' zei Wexford. 'Laat de feiten maar even zitten en vertel me eens wat meer over hen.'

Dat vond Burden nooit makkelijk. Hij was geneigd mensen te beschrijven als 'heel gewoon' of 'net zoals alle andere'. Een negatieve houding die Wexford af en toe tot wanhoop dreef. Dus deed hij zijn best. 'Kingman ziet eruit als een man die nog geen vlieg kwaad zou doen. Ik zou hem zelfs vriendelijk en *zachtaardig* hebben willen noemen, als ik niet langzamerhand de indruk begon te krijgen dat hij een koelbloedige vrouwenmoordenaar is. Hij is geheelonthouder en kan het eigenlijk niet zetten wanneer andere mensen wel sterke drank drinken. Zijn vader was een alcoholist en is daardoor bankroet verklaard en uiteindelijk aan de gevolgen van een hartaanval overleden en daardoor is onze Kingman heel fanatiek tegen drankgebruik.

De overleden vrouw was negenentwintig. Haar eerste echtgenoot heeft haar na een huwelijk van zes maanden in de steek gelaten om er met de een of andere schoolvriendin van haar vandoor te gaan. Hannah is toen weer bij haar ouders gaan wonen en had een part-time baantje op de school waar Kingman werkte, waar ze hielp met het verzorgen en uitdelen van de maaltijden. Daar hebben ze elkaar leren kennen.'

'En de andere vrouw?' zei Wexford.

Burdens gezicht kreeg een afkeurende uitdrukking. Sex buiten het huwelijk stuitte hem altijd tegen de borst, hoe gebruikelijk en algemeen goedgekeurd dat dan ook was. Dat hij door zijn werkzaamheden vrijwel dagelijks in aanraking kwam met buitenechtelijk bedreven sex had zijn afkeurende houding dienaangaande in het geheel niet afgezwakt. Zoals Wexford soms spottend stelde, zou je nog kunnen denken dat al het lijden op deze wereld, en zeker alle misdaden die werden begaan, volgens Burden op de een of andere manier het gevolg waren van het feit dat mannen en vrouwen zonder te zijn getrouwd met elkaar naar bed gingen. 'God weet waarom hij niet met haar is getrouwd,' zei Burden nu. 'Ik persoonlijk ben van mening dat alles een stuk beter ging in de tijd dat bevoegde gezagen nog streng optraden wanneer hun onderwijzend personeel zich immoreel gedroeg.'

'Laat je mening daarover nu maar even zitten, Mike,' zei Wexford. 'We kunnen aannemen dat Hannah Kingman niet is overleden omdat haar echtgenoot niet als maagd hun huwelijk in is gegaan.'

Burden bloosde lichtelijk. 'Ik zal je wat meer vertellen over die Corinne Last. Ze ziet er heel goed uit, als je van dat donkere, intense type houdt. Haar vader heeft haar wat geld nagelaten, evenals het huis waarin ze met Kingman heeft gewoond en waar ze zelf nu nog altijd woont. Ze is een van die vrouwen die goed lijken te zijn in alles wat ze aanpakken. Ze schildert en verkoopt haar schilderijen. Ze maakt haar eigen kleren en is min of meer de ster van het plaatselijke toneelgezelschap, ze is violiste en speelt in een of ander trio van strijkers. Ze schrijft ook voor tijdschriften die zich met de gezondheid van de mens bezighouden en ze heeft een kookboek op haar naam staan.'

'Dan ziet het er dus naar uit,' zei Wexford, hem onderbrekend, 'alsof Kingman een einde aan hun relatie heeft gemaakt omdat het voor hem allemaal een beetje te veel van het goede werd. En dus is hij aan een verhouding begonnen met het duffe dametje van de schoolmaaltijden. Geen concurrentie voor haar, zou ik zo denken.'

'Ik meen wel te kunnen stellen dat je gelijk hebt. Om je de waarheid te zeggen is die theorie me al een keertje voorgelegd.'

'Door wie?' zei Wexford. 'Waar heb je al die informatie vandaan, Mike?'

'Van een boze jongeman, de vierde van het kwartet, die toevallig Hannah's broer is. Hij heet John Hood en ik denk dat hij ons nog heel wat meer zou kunnen vertellen. Maar het wordt tijd dat ik ophoud met het beschrijven van mensen en verder ga met het verhaal.

Niemand heeft Hannah van het balkon zien afvallen. Het is afgelopen donderdag rond een uur of vier gebeurd. Haar echtgenoot zegt dat hij in een soort kantoortje achter de winkel zat te doen wat hij altijd doet op de dagen dat de winkel vroeg sluit, namelijk het vaststellen van de voorraden en het plakken van etiketjes op allerlei soorten flessen en pakjes.

Ze is op een parkeerterrein aan de achterkant van de flat neergesmakt en een paar uur later heeft een van de buren haar lichaam tussen twee geparkeerd staande auto's gevonden. Wij werden erbij gehaald en Kingman leek verbijsterd te zijn. Ik vroeg hem of hij er enig idee van had dat zijn vrouw zich van het leven had willen beroven en hij zei dat ze daar nooit mee had gedreigd, maar zich de laatste tijd wel heel depressief had gevoeld en dat ze ruzie hadden gemaakt, meestal en vooral over geld. Haar arts had haar tranquillizers voorgeschreven – waar Kingman het tussen twee haakjes niet mee eens was – en de arts zelf, de oude dokter Castle, heeft me verteld dat mevrouw Kingman in verband met een depressie naar

23

hem toe was gekomen en omdat ze meende dat het leven dat ze leidde de moeite niet waard was en omdat ze een blok aan het been van haar echtgenoot was. Het verbaasde hem niet dat ze zich van het leven had beroofd en toen verbaasde mij dat ook niet. We rekenden allemaal op de officiële uitspraak van zelfmoord, tot ik daar opeens niet zo zeker meer van was toen John Hood hier naar binnen liep en vertelde dat Kingman zijn vrouw bij een eerdere gelegenheid had geprobeerd te vermoorden.'

'Heeft hij dat zomaar tegen je gezegd?'

'Vrijwel. Het is duidelijk dat hij Kingman niet mag en hij was zonder enige twijfel op zijn zuster gesteld. Hij lijkt Corinne Last ook aardig te vinden en te bewonderen. Hij vertelde me dat ze op een zaterdagavond tegen het einde van de maand oktober een keer met z'n vieren hadden gegeten in de flat van de Kingmans. Allerlei vegetarische gerechten die door Kingman waren bereid – hij kookte altijd – en een gerecht bestond uit iets wat ik ouderwets of misschien bekrompen genoeg, giftige paddestoelen zou willen noemen. Ze aten er allemaal van en niemand had er last van, met uitzondering van Hannah die van tafel opstond, uren lang moest overgeven en kennelijk behoorlijk ziek was.'

Wexfords wenkbrauwen gingen omhoog. 'Licht dat eens wat nader toe, alsjeblieft,' zei hij.

Burden leunde achterover in zijn stoel, zette zijn ellebogen op de armleuningen en drukte zijn vingertoppen tegen elkaar. 'Een paar dagen voor ze die maaltijd tot zich namen, kwamen Kingman en Hood elkaar tegen in de squashclub waar ze beiden lid van zijn. Kingman zei tegen Hood dat Corinne Last hem had beloofd een paar eetbare paddestoelen voor hem te plukken uit haar eigen tuin. Paddestoelen die geschubde inktzwammen worden genoemd. Uit de tuin dus van het huis waarin ze samen hadden gewoond. Iedere herfst groeiden ze tegenwoordig onder een boom in die tuin. Ik heb ze zelf gezien, maar daar kom ik zometeen nog op terug.

Kingman lijkt er een gewoonte van te hebben gemaakt om onkruid en wat al niet meer bij het koken te gebruiken. Hij maakt salades van paardebloemen en zuring, en hij zweert bij die eetbare paddestoelen, zeggend dat ze veel meer smaak hebben dan champignons. Geef mij maar iets uit een plastic tas van een supermarkt, maar ik neem aan dat er op deze wereld nu eenmaal allerlei verschillende types rondlopen. Dat kookboek van Corinne Last heet tussen twee haakjes *Koken voor niets* en alle recepten die erin staan vertellen je hoe je gerechten kunt maken van dingen die je langs de kant van de weg of uit een heg kunt plukken.'

'Had hij die geschubde inktzwammen of hoe ze ook mogen heten al eens eerder klaargemaakt?'

'Geschubde inktzwammen, inderdaad, oftwel *coprinus comatus*,' zei Burden grinnikend. 'Oh ja, ieder jaar en ieder jaar hadden Corinne en hij dat gerecht ook gegeten. Hij zei tegen Hood dat hij ze weer zou klaarmaken en Hood zei dat hij erg dankbaar leek vanwege het feit dat die Corinne zo . . . zo grootmoedig was.'

'Ja, ik kan begrijpen dat het haar moeilijk moet zijn gevallen hem aan een ander af te staan. Net zoiets als het horen van "ons liedje" in het gezelschap van je ex-geliefde en degene die jouw plaats heeft ingenomen.' Wexford gromde vibrerend. 'Kan jij het verdragen mij onze paddestoelen te zien eten in het gezelschap van iemand anders?'

'Om je de waarheid te zeggen,' zei Burden ernstig, 'zou het zo gegaan kunnen zijn. In ieder geval werd Hood uitgenodigd om de volgende zaterdag die lekkernijen te komen proeven en kreeg te horen dat Corinne er ook zou zijn. Misschien dat hij daarom die uitnodiging heeft aanvaard. De dag was daar en Hood bracht zijn zuster rond lunchtijd een bezoekje. Ze liet hem de pan zien waarin het gerecht was klaargemaakt door Kingman en zei dat ze het had *geproefd* en dat het heerlijk smaakte. Ze liet Hood ook een zestal geschubde inktzwammen zien die Kingman volgens haar zeggen niet meer nodig had gehad en die ze voor het ontbijt zouden bakken. Dit heeft ze hem laten zien.'

Burden maakte een lade van het bureau open en haalde daar een van die plastic tassen uit die hem volgens zijn eigen zeggen vertrouwen inboezemden. Maar de inhoud van deze tas was niet uit een supermarkt afkomstig. Hij maakte hem open en schudde er vier nogal wit uitziende, geschubde dingetjes uit. Ze waren eivormig, of liever gezegd waren het uitgerekte ovaaltjes, die ieder een korte, dikke steel hadden.

'Ik heb ze vanmorgen zelf geplukt,' zei hij, 'in de tuin van Corin-

25

ne Last. Als ze groter worden, gaat dat eivormige gedeelte als een paraplu, of beter gezegd een pagode open en dan zie je er binnenin een soort van zwarte kieuwen. Je wordt geacht die dingen te eten op het moment dat ze eruit zien zoals deze.'

'Ik neem aan dat je een boek hebt over eetbare paddestoelen?' zei Wexford.

'Ja, hier.' Ook het boek werd uit een lade gehaald. *Britse paddestoelen – eetbare en vergiftige.* 'En daar staan die geschubde inktzwammen.'

Burden sloeg het boek open bij de sectie eetbare paddestoelen en gaf het toen aan de inspecteur.

'Coprinus comatus,' las Wexford hardop. 'Een veel voorkomend soort dat ongeveer drieëntwintig centimeter lang kan worden. Deze paddestoel wordt laat in de zomer en in de herfst regelmatig op velden, in heggen en vaak ook in tuinen aangetroffen. De paddestoel dient te worden gegeten voor de hoedjes open gaan en de inktachtige vloeistof wordt afgescheiden, maar verder is hij te allen tijde volstrekt onschadelijk.' Hij legde het boek neer, maar sloeg het niet dicht. 'Ga alsjeblieft verder, Mike,' zei hij.

'Hood is Corinne gaan ophalen en ze zijn samen gearriveerd. Even na achten. Rond kwart over acht gingen ze allemaal aan tafel zitten en begonnen de maaltijd met *avocado vinaigrette.* Het volgende gerecht zou de paddestoelen zijn, gevolgd door notencoteletten en daarna appeltaart. Gezien de vooroordelen van Kingman zal het je duidelijk zijn dat er geen wijn of andere drank bij werd geschonken. Ze dronken druivesap uit de winkel.

De keuken komt rechtstreeks uit op de eetkamer. Kingman bracht het gerecht van de paddestoelen in een grote terrine naar binnen en serveerde het zelf, waarbij hij natuurlijk Corinne het eerste bediende. Alle geschubde inktzwammen waren overlangs een maal doormidden gesneden en de stukjes dreven in een vrij dikke saus, die verder op smaak was gebracht met wortels, uien en andere groentes. Hood had het sinds hij voor die maaltijd was uitgenodigd eigenlijk maar een vervelende zaak gevonden dat hij paddestoelen moest eten, maar Corinne had hem wat dat betreft gerustgesteld en toen hij er eenmaal van begon te eten en zag dat de anderen zich er ook tegoed aan deden, maakte hij zich er op dat moment geen zorgen meer over. In feite is het zo dat hij nog een tweede portie nam.

Kingman bracht de borden en de lege terrine naar de keuken en *spoelde die meteen onder de kraan af.* Zowel Hood als Corinne hebben me dat verteld, hoewel Kingman verklaarde dat hij dat altijd deed, omdat hij in dergelijke zaken nogal precies en netjes was.'

'Dat zou zijn ex-vriendin toch zeker kunnen bevestigen of ontkennen,' zei Wexford, 'gezien het feit dat ze zo lang hebben samengewoond.'

'Dat zouden we haar inderdaad eens moeten vragen. Dus waren alle sporen van dat gerecht weggespoeld. Daarna verscheen Kingman met het notengerecht en de salade, maar voor hij die kon serveren, sprong Hannah op, bedekte haar mond met haar servet en rende naar de badkamer.

Na een tijdje is Corinne achter haar aan gegaan. Hood kon horen dat er in de badkamer hevig werd overgegeven. Hij bleef in de huiskamer, terwijl Corinne en Kingman bij Hannah in de badkamer waren. Niemand at nog iets. Kingman kwam uiteindelijk terug en zei dat Hannah de een of andere "infectie" moest hebben opgelopen en dat hij haar naar bed had gebracht. Hood liep de slaapkamer in, waar Hannah op bed lag en Corinne naast haar zat. Haar gezicht zag groen en bezweet en ze had duidelijk erge pijn, omdat ze terwijl hij daar was dubbel sloeg en kreunde. Ze moest weer naar de badkamer en daarna moest Kingman haar terug dragen.

Hood stelde voor dokter Castle erbij te halen, maar daar verzette Kingman zich heftig tegen. Hij is een man die een hekel heeft aan artsen en liever kruiden als geneesmiddelen gebruikt – kamillethee en frambozenbladerentabletten en zo. Hij zei ook, nogal absurd, tegen Hood dat Hannah al genoeg met artsen te maken had gehad en dat die misselijkheid veroorzaakt werd door de een of andere darminfectie, of anders doordat ze die "gevaarlijke" tranquillizers had geslikt.

Hood dacht dat Hannah ernstig ziek was en het gesprek werd verhit, waarbij Hood probeerde Kingman ertoe over te halen een arts te bellen of haar naar het ziekenhuis te brengen. Kingman was daar niet toe bereid en Corinne koos zijn partij. Hood is een van die snel nijdige, maar zwakke mensen die alleen maar lijken te kunnen ageren met woorden, en hoewel hij best zelf een arts had kunnen bellen, deed hij dat niet. Ik veronderstel dat dat kwam door de invloed die die Corinne op hem heeft. Hij vertelde Kingman wel dat hij gek was om dingen klaar te maken waarvan iedereen wist dat je ze niet veilig kon eten, waarop Kingman antwoordde dat hij zich dan afvroeg waarom ze niet allemaal ziek waren indien die inktzwammen werkelijk gevaarlijk waren. Uiteindelijk hield Hannah rond middernacht op met overgeven, leek geen pijn meer te hebben en viel in slaap. Hood bracht Corinne met zijn auto naar huis, keerde naar de Kingmans terug en bleef daar de hele nacht op de bank slapen.

De volgende ochtend leek Hannah zich weer uitstekend te voelen, hoewel nog een beetje zwak, hetgeen nogal in tegenspraak was met Kingmans theorie van een darminfectie. De verhouding tussen de zwagers was gespannen. Kingman zei dat de opmerkingen van Hood hem niet hadden aangestaan en dat hij, Kingman, liever had dat hij zijn zuster bezocht wanneer hij er niet was of in de winkel stond. Hood ging naar huis en heeft Kingman sinds die dag niet meer gezien.

De dag na het overlijden van zijn zuster stormde hij hier binnen, vertelde mij wat ik jou zojuist heb verteld en beschuldigde Kingman ervan dat hij had geprobeerd Hannah te vergiftigen. Hij gedroeg zich wild en vrijwel hysterisch, maar ik had het gevoel dat ik zijn opmerkingen niet kon afdoen als . . . tsja, als gekkenpraat van iemand die zojuist een dierbare heeft verloren. Er waren teveel bijzondere omstandigheden, zoals het feit dat het huwelijk ongelukkig was, het gegeven dat Kingman de borden had afgespoeld en had geweigerd er een arts bij te halen. Had ik gelijk?'

Burden zweeg en wachtte op goedkeurende opmerkingen. Die kwamen in de vorm van een niet al te enthousiast knikje.

Even later nam Wexford het woord. 'Zou Kingman haar dat balkon hebben kunnen afduwen, Mike?'

'Ze was een kleine, breekbare vrouw. Fysiek behoorde het zeker tot de mogelijkheden. Er kijken geen mensen uit op de achterkant van die flats. Er zit alleen maar een parkeerterrein achter en daarna open velden. Kingman zou met de trap in plaats van de lift naar boven hebben kunnen gaan en via die trap ook weer naar beneden. Twee flats op de lagere verdieping staan leeg. Recht onder de Kingmans woont een bedlegerige vrouw wier echtgenoot aan het werk was. De invalide heeft verklaard dat ze gemeend heeft die middag een schreeuw te horen, maar dat ze daar verder geen aandacht aan heeft geschonken. De vrouw die weer onder haar woont is jong en getrouwd en was thuis, maar zij heeft niets gehoord of gezien. Ik heb de indruk dat gegeven die omstandigheden een vrouw die zelfmoord pleegt even zo goed kan gillen als het slachtoffer van een moord.'

'Oké,' zei Wexford. 'Laten we nu terugkeren naar die merkwaardige maaltijd. Je lijkt van de veronderstelling uit te gaan dat Kingman van plan was haar die avond te vermoorden, maar dat zijn plan mislukte omdat hetgeen hij haar toediende niet giftig genoeg was. Ze was heel erg beroerd, maar is niet overleden. Hij koos dat middel en dat gezelschap zodat hij mensen zou kunnen laten verklaren dat hij onschuldig was. Ze hebben er allemaal van gegeten, maar alleen Hannah kreeg er last van. Hoe zou hij haar dan een of ander vergif hebben kunnen toedienen?'

'Ik weet niet of dat werkelijk is gebeurd, maar anderen suggereren wel iets in die richting,' zei Burden eerlijk. 'Hood is een beetje gek en aanvankelijk bleef hij maar zeggen dat paddestoelen gevaarlijk waren en dat dat gerecht vergiftig was. Maar toen ik hem erop wees dat dat toch duidelijk niet het geval kon zijn omdat zij er geen last van hadden gehad, zei hij dat Kingman stiekem iets bij het bord van Hannah moest hebben gedaan of dat het zout anders de schuldige moest zijn.'

'Welk zout?'

'Hij kon zich herinneren dat Hannah de enige was geweest die er zout bij had gedaan. Maar dat is natuurlijk absurd, omdat Kingman niet geweten kan hebben dat dat zou gebeuren. Hij zou beslist geen arsenicum, bijvoorbeeld, in het zoutvaatje hebben durven doen in de vage hoop dat zij de enige zou zijn die daar wat van zou nemen. Bovendien is ze zo snel hersteld dat het geen arsenicum kan zijn geweest. Corinne Last is echter met een veel waarschijnlijkere suggestie gekomen.

Niet dat zij het eens is met Hood. Ze weigert de mogelijkheid onder ogen te zien dat Kingman schuldig zou kunnen zijn. Maar toen ik haar een aantal indringende vragen stelde, zei ze dat zij niet aan tafel had gezeten toen dat gerecht met de paddestoelen werd geserveerd. Ze was opgestaan en de hal ingelopen om haar handtas te pakken. Dus heeft ze niet gezien hoe Hannah door Kingman werd bediend.' Burden stak een hand uit en pakte het boek op, dat Wexford opengeslagen had laten liggen bij de geschubde inktzwammen. Hij bladerde door naar de afdeling "Vergiftig" en gaf het boek toen weer terug aan de inspecteur. 'Kijk hier eens naar.'

'Oh ja,' zei Wexford. 'Onze oude vriend de vliegenzwam. Leuk rood paddestoeltje met witte vlekken, die bij illustratoren van kinderboeken bijzonder in trek is. Ze zetten er gewoonlijk een kikker bovenop en een dwerg eronder. Ik zie dat je door het eten ervan misselijk wordt, gaat overgeven, spierspasmen krijgt, in coma raakt en dood gaat. Er zijn nogal wat van dergelijke zwammen, nietwaar? Allemaal min of meer dodelijk. Aha, hier zie ik de *amanita phalloides*, de groene knolzwam. Wat hoogst onaangenaam. De meest gevaarlijke paddestoel die wij kennen, staat hier. Een kleine hoeveelheid ervan veroorzaakt al hevige pijn en heeft vaak de dood tot gevolg. Wat worden we nu wijzer van dat alles?'

'Corinne Last zegt dat de groene knolzwam hier veelvuldig voorkomt. Wat ze niet heeft gezegd, maar wat ik uit die opmerking concludeer, is dat Kingman er makkelijk aan had kunnen komen. Veronderstel nu eens dat hij een zo'n paddestoel apart heeft gekookt en die er vlak voor het opdienen bij heeft gedaan? Als hij Hannah bedient, schept hij die paddestoel, of de stukjes ervan, eruit, op dezelfde manier als je voor iemand een lekker stukje kip kunt uitzoeken of zo. De saus was dik, niet dun.'

Wexford keek weifelend. 'We zullen het als een mogelijke theorie achter de hand houden. Als de rest van dat gerecht ook was vergiftigd en de anderen er ziek door waren geworden, zou het er nog meer als een ongelukkig toeval hebben uitgezien, hetgeen waarschijnlijk zijn bedoeling was. Maar als hij wilde dat Hannah zou overlijden, en zo weinig last had van gewetensbezwaren dat hij het niet erg zou hebben gevonden indien Corinne en Hood eveneens ziek werden, waarom heeft hij die borden dan afgespoeld? Dat klopt er niet mee, Mike. Om te *bewijzen* dat het een ongelukkig toeval was, zou hij iets van dat gerecht hebben willen bewaren om het te zijner tijd te kunnen laten analyseren. Want een dergelijke analyse zou hebben aangetoond dat er zowel eetbare als giftige paddestoelen in waren verwerkt en dan zou de indruk zijn ontstaan dat hij alleen wat zorgeloos was geweest.

Maar laten we nu maar eens met die mensen gaan praten.'

De winkel die Harvest Home heette, was gesloten. Wexford en Burden liepen een steegje door naast het flatgebouw, gingen langs de brede glazen deuren van de hoofdingang en liepen toen door naar de achterdeur waarop *Trap en nooduitgang* stond. Ze betraden een kleine vestibule met tegels op de vloer en begonnen een nogal steile trap op te lopen.

Op iedere verdieping zaten een voordeur en een liftdeur. Ze kwamen niemand tegen. Indien ze iemand waren tegengekomen maar zelf niet gezien hadden willen worden, hadden ze alleen maar in een bocht van de trap hoeven te wachten tot de persoon in kwestie de lift in was gestapt. Op de bel bij de voordeur van de vijfde verdieping stond *A. en H. Kingman*. Wexford belde aan.

De man die hen binnenliet was vrij klein en vriendelijk om te zien, maar zijn gezicht stond droevig. Hij liet Wexford het balkon zien waar zijn vrouw van afgevallen was. De flat had twee balkons. Het andere was groter en bevond zich voor de ramen van de huiskamer. Dit balkon grensde aan de keukendeur. Je kon er was ophangen en een paar gewassen in plantenbakken kweken. Ze zagen allerlei potten met kruiden en in een lange bak zaten nog wat door de vorst aangetaste tomatenplanten. De muur om het balkon heen was zo'n meter hoog en ver eronder zagen ze het parkeerterrein.

'Heeft het u verbaasd dat uw vrouw zelfmoord heeft gepleegd, meneer Kingman?' zei Wexford.

Kingman gaf geen rechtstreeks antwoord op die vraag. 'Mijn vrouw had een heel lage dunk van zichzelf. Toen we trouwden, dacht ik dat ze net zo was als ik, een eenvoudige vrouw die niet te veel van het leven vraagt en snel tevreden kan zijn. Zo bleek ze echter niet te zijn. Ze verwachtte meer steun en troost en aanmoediging van mij dan ik haar kon geven. Ze was sterk aan stemmingen onderhevig, heel vrolijk of heel triest. Het gaat niet zo erg goed met mijn winkel en ze gaf meer geld uit dan we ons konden veroorloven. Ik weet niet waar al dat geld naartoe ging en we hebben er ruzie over gemaakt. Daarna werd ze dan telkens depressief en zei dat ik niets aan haar had en dat ze maar beter dood kon zijn.'

Hij had een nogal lange verklaring afgelegd, meende Wexford, waar hem helemaal niet om was gevraagd. Maar het zou kunnen zijn dat die gedachten, verdedigend maar toch ook vol zelfverwijt, op dit moment voortdurend door zijn hoofd speelden. 'Meneer Kingman,' zei hij, 'zoals u weet hebben we redenen om aan te nemen dat deze zaak geen zuivere koffie is. Ik zou u graag een paar vragen willen stellen over de maaltijd die u op 29 oktober hebt bereid en waarna uw vrouw ziek geworden is.'

'Ik kan wel raden wie daarover heeft gesproken.'

Wexford negeerde die opmerking. 'Wanneer heeft juffrouw Last u die . . . eh, geschubde inktzwammen gebracht?'

'Op de avond van de achtentwintigste. Ik heb de ragoût 's morgens klaar gemaakt, volgens het eigen recept van juffrouw Last.'

'Had u op dat moment nog andere paddestoelen in huis?'

'Champignons, waarschijnlijk.'

'Heeft u op een gegeven moment een schadelijke stof aan die ragoût toegevoegd, menneer Kingman?'

Kingman zei rustig en moe: 'Natuurlijk niet. Mijn zwager zit vol naïeve vooroordelen. Hij weigert te geloven dat die ragoût die op precies dezelfde manier tientallen malen heb klaargemaakt, even gezond was als laten we zeggen een kiprollade. Gezonder zelfs, vanuit mijn standpunt bezien.'

'Best, maar uw vrouw is heel erg ziek geworden. Waarom heeft u er geen arts bijgehaald?'

'Omdat mijn vrouw niet "heel erg" ziek was. Ze had kramp en diarree, meer niet. Misschien weet u niet welke symptomen op een paddestoelvergiftiging wijzen. Iemand die daar het slachtoffer van wordt heeft niet alleen pijn en voelt zich niet alleen misselijk. Zijn gezichtsvermogen wordt erdoor aangetast en hij zal naar alle waarschijnlijkheid flauwvallen of spierspasmen krijgen zoals je die gewoonlijk bij tetanus ziet. Dergelijke symptomen hebben zich bij

Hannah helemaal niet voorgedaan.'

'Het is jammer dat u die borden heeft afgespoeld. Als u dat niet had gedaan en er een arts bij had gehaald, zouden de restanten van die ragoût vrijwel zeker zijn geanalyseerd en had dit hele onderzoek kunnen worden vermeden indien die inderdaad zo zuiver waren geweest als u nu stelt.'

'Er was niets met die ragoût aan de hand,' zei Kingman onaangedaan.

Buiten in de auto zei Wexford: 'Mike, ik ben geneigd hem te geloven. En tenzij Hood of Corinne Last ons iets heel duidelijks te vertellen hebben, zal ik deze zaak verder laten rusten. Zullen we nu eerst maar eens naar haar toe gaan?'

Het huisje dat ze met Axel Kingman had gedeeld, stond langs een eenzaam weggetje buiten het dorpje Myfleet. Het was een stenen huisje met een leistenen dak, omgeven door een goed verzorgde, fraai ogende tuin. Een groene Ford Escort stond op de oprijlaan voor een houten garage. Onder een grote oude appelboom, waar gele bladeren van af vielen, stonden drie groepjes geschubde inktzwammen, duidelijk herkenbaar als zodanig.

De eigenaresse van dit huis was een lange vrouw met een mooi gezicht met vierkante kaken en hoge jukbeenderen en prachtig dik, donker haar. Wexford moest meteen denken aan een schilderij van Klimt van een sensuele vrouw met rode lippen, een gouden halsketting om, half bedekt door goudkleurige draperieën, ondanks het feit dat Corinne Last een trui en een denimjurk aan had. Haar stem klonk laag en afgemeten. Hij had de indruk dat ze nooit geagiteerd kon raken of overrompeld kon worden.

'U heeft een kookboek geschreven, meen ik?' zei hij.

Ze gaf geen antwoord, maar overhandigde hem een paperback die ze van een boekenplank had gehaald. *Koken voor niets: Gerechten uit heggen en weilanden,* door Corinne Last. Hij bekeek even de index en vond het recept waarnaar hij op zoek was. Er naast stond een kleurenfoto van zes mensen die iets aten wat er als bruine soep uitzag. In het recept stonden wortels, uien, kruiden, room en een aantal andere onschadelijke ingrediënten vermeld. De laatste regels luidden als volgt: *Geschubde inktzwammen kunnen in een ragoût het beste heel heet geserveerd worden met bruin brood erbij. Voor de drankjes die ermee kunnen worden gecombineerd: zie bladzijde 171.* Hij keek even naar bladzijde 171 en overhandigde het boek toen aan Burden.

'Was dit het gerecht dat de heer Kingman die avond heeft klaargemaakt?'

'Ja.' Als ze sprak, boog ze zich wat naar achteren en liet haar zware, glanzende oogleden iets hangen. Ze kreeg er iets slangachtigs door en dat stootte af. 'Ik heb de geschubde inktzwammen zelf uit de tuin gehaald. Ik begrijp niet hoe Hannah er ziek van geworden kan zijn, maar toch moet dat wel zijn gebeurd want ze voelde zich prima toen we er aankwamen. Ze had helemaal geen maag- of darminfectie. Dat is onzin. En er was niets aan de hand met de avocado's of de sauzen.'

Burden legde het boek neer. 'Maar u hebt allemaal die ragoût uit dezelfde terrine gekregen?'

'Ik heb Axel Hannah niet zien bedienen. Ik was de kamer uit.' De oogleden trilden en gingen bijna dicht.

'Was de heer Kingman gewend de borden meteen af te spoelen zodra de tafel was afgeruimd?'

'Dat moet u mij niet vragen.' Ze bewoog haar schouders. 'Ik weet het niet. Ik weet wel dat Hannah zich heel beroerd voelde, vlak na het eten van de ragoût. Axel is natuurlijk niet op artsen gesteld en misschien zou . . . zou hij het niet prettig hebben gevonden om gegeven de omstandigheden dokter Castle te bellen. Hannah had zwarte vlekken voor haar ogen en zag dubbel. Ik maakte me erg bezorgd over haar.'

'Maar u heeft zelf ook geen arts gebeld, juffrouw Last? Of de heer Hood gesteund in zijn opmerkingen?'

'Ik wist dat het niet door de geschubde inktzwammen kon komen, wat de heer Hood beweerde.' Ze sprak Hoods naam een beetje honend uit. 'En ik was nogal bang. Ik bedacht me dat het heel vervelend zou zijn wanneer Axel er op de een of andere manier door in moeilijkheden zou komen. Als er een onderzoek zou worden ingesteld of zo.'

'Er wordt nu een onderzoek ingesteld, juffrouw Last.'

'Ja, maar nu liggen de zaken anders, nietwaar? Hannah is dood.

Ik bedoel . . . het is nu geen kwestie meer van achterdocht of gissen.'

Ze liep met hen mee naar de voordeur en sloot die alweer voor zij het tuinhek hadden bereikt. Iets verderop langs de weg en onder de heggen zagen ze nog meer geschubde inktzwammen evenals andere paddestoelen die Wexford niet kon thuisbrengen – kleine champignonachtige dingetjes met roze plaatjes, een kluitje kleine gele parapluutjes en op de stam van een eik grote, rookkleurige verdikkingen die volgens Burden oesterchampignons werden genoemd.

'Die vrouw,' zei Wexford, 'kan perfect insinueren. Met bijna ieder woord dat ze zei deed ze Kingman verder de das om, maar wel zonder daadwerkelijk een beschuldiging te uiten.' Hij schudde zijn hoofd. 'Ik neem aan dat Hood op dit moment werkt?'

'Waarschijnlijk wel,' zei Burden, maar Hood bleek niet aan het werk te zijn. Hij zat op het politiebureau briesend op hen te wachten en dreigde 'naar hogere bazen' toe te stappen als er niet meteen iets werd gedaan; de commissaris of zelfs het ministerie van Binnenlandse Zaken.

'Er wordt al iets gedaan,' zei Wexford rustig. 'Ik ben blij dat u hierheen bent gekomen, meneer Hood. Maar probeert u zich alstublieft rustig te houden.'

Vanaf het allereerste moment was het Wexford duidelijk dat John Hood in intellectueel opzicht in een andere categorie thuis hoorde dan Kingman of Corinne Last. Hij was een zwaarlijvige man van op zijn hoogst een jaar of zeven- achtentwintig, met verdwaasde, haatdragende ogen in een opgeblazen, rood aangelopen gezicht. Een man, dacht Wexford, die bombastisch en veel zou gaan praten in het gezelschap van de ex-onderwijzer en die slimme, subtiele vrouw.

Hij begon ook nu te praten, niet in het wilde weg, maar wel zonder ergens doekjes om te winden. Hij herhaalde wat hij al tegen Burden had gezegd, het nogmaals herhalend, zonder met een werkelijk bewijs op de proppen te komen dat zijn zwager zijn zuster die avond had willen vermoorden. Dat ze alleen door een gelukkig toeval in leven was gebleven. Kingman was een meedogenloze man die bereid was alles te ondernemen om zich van haar te ontdoen. Hij, Hood, zou het zichzelf nooit vergeven dat hij niet op zijn strepen was gaan staan en er een arts bij had gehaald.

'Ja, ja, meneer Hood, maar van welke symptomen gaf uw zuster nu precies blijk?'

'Overgeven en maagpijn. Hevige maagpijn,' zei Hood.

'En verder klaagde ze nergens over?'

'Was dat dan niet voldoende? Dat krijg je wanneer iemand je vergiftige rommel te eten geeft.'

Wexford trok alleen maar zijn wenkbrauwen op. Abrupt stapte hij af van wat er die avond was gebeurd en zei: 'Waardoor was het huwelijk van uw zuster mis gegaan?'

Voor Hood antwoord gaf, voelde Wexford al dat hij iets achter zou houden. Even lag er een matte blik in zijn ogen, toen verdween die weer snel. 'Axel was de juiste man niet voor haar,' begon hij. 'Ze had problemen, ze had begrip nodig, ze was niet . . .' Hij maakte die zin niet af.

'Wat was ze niet, meneer Hood? En welke problemen waren er?'

'Dat heeft met dit alles niets te maken,' mompelde Hood.

'Dat zal ik wel beoordelen. U heeft die beschuldiging geuit waardoor dit onderzoek van start is gegaan. U heeft het recht niet nu iets achter te houden.' Opeens kreeg Wexford een ingeving en zei: 'Hadden die problemen iets te maken met het geld dat door haar werd uitgegeven?'

Hood zweeg stuurs. Wexford dacht snel na over alles wat hij te horen had gekregen – Axel Kingmans fanatieke houding ten aanzien van een bepaalde zaak, Hannahs wanhopige verlangen naar een niet nader gespecificeerde vorm van steun tijdens de beginperiode van hun huwelijk, en later haar wisselende stemmingen, het geld, de bedragen die wekelijks werden uitgegeven zonder daar een verklaring voor te geven.

Hij keek op en zei opeens: 'Was uw zuster aan alcohol verslaafd, meneer Hood?'

Hood stond die rechtstreekse benadering helemaal niet aan. Hij bloosde en keek beledigd. Hij omzeilde een eerlijk antwoord. 'Tsja, ja, ze dronk inderdaad. En ze probeerde dat verborgen te houden. Ze heeft vrij regelmatig gedronken nadat haar eerste huwelijk op een mislukking was uitgelopen.'

'Dus was ze aan alcohol verslaafd,' zei Wexford.

36

'Ik veronderstel van wel.'

'En uw zwager wist dat niet?'

'Mijn hemel, nee. Axel zou haar hebben vermoord!' Hij besefte wat hij had gezegd. 'Misschien heeft hij het daarom wel gedaan, omdat hij erachter is gekomen.'

'Dat denk ik niet, meneer Hood. Stel nu eens dat ze tijdens de eerste maanden van haar huwelijk heeft geprobeerd op te houden met drinken. In die tijd had ze natuurlijk veel steun nodig, maar ze kon of wilde de heer Kingman niet vertellen waarom ze die nodig had. Het lukte haar niet en geleidelijk aan begon ze weer te drinken omdat ze er niet buiten kon.'

'Het was niet zo erg met haar als daarvoor,' zei Hood met pathetisch enthousiasme. 'Ze dronk alleen nog maar 's avonds. Ze heeft me zelf verteld dat ze voor zes uur 's middags geen glas aanraakte en dat ze dan stiekem een paar glazen dronk, ervoor zorgend dat Axel het niet te weten kwam.'

'Had uw zuster die avond gedronken?' vroeg Burden opeens.

'Ik denk van wel. Ze zou geen gezelschap hebben kunnen velen, zelfs niet dat van mij en Corinne, zonder iets te hebben gedronken.'

'Was er naast u nog iemand op de hoogte van het feit dat ze dronk?'

'Mijn moeder. Mijn moeder en ik hadden een soort van overeenkomst gesloten dat we het voor iedereen verder geheim zouden houden, zodat Axel het nooit zou ontdekken.' Hij aarzelde en zei toen nogal tartend: 'Ik heb het Corinne wel verteld. Ze is een geweldige vrouw en heel slim. Ik maakte me er zorgen over en ik wist niet wat ik zou moeten doen. Ze heeft me beloofd dat ze het Axel niet zou vertellen.'

'Hmmm.' Wexford had zo zijn eigen redenen om te veronderstellen dat de vrouw zich niet aan die belofte had gehouden. Diep in gedachten verzonken stond hij op en liep naar de andere kant van de kamer, waar hij uit het raam ging staren. Burdens vragen en Hoods antwoorden daarop hoorde hij slechts als een vaag geluid in de verte. Toen hoorde hij Burden zeggen, iets luider: 'Dat is voorlopig alles, meneer Hood, tenzij de hoofdinspecteur u nog iets te vragen heeft.'

'Nee, nee,' zei Wexford afwezig en toen Hood ietwat kribbig was vertrokken: 'Tijd voor de lunch. Het is al twee uur geweest. Ik persoonlijk zal niets uitkiezen waar paddestoelen aan te pas komen, zelfs al gaat het om *psalliota campestris.*'

Toen Burden die paddestoel had opgezocht en hem als een doodgewone champignon had geïdentificeerd, lunchten ze en gingen toen de wijnhandels langs die op dat uur in Kingsmarkham geopend waren. Bij de Wine Basket werden ze niets wijzer, maar de assistent van de Vineyard vertelde dat een vrouw die voldeed aan de beschrijving van Hannah Kingman een vaste klant was geweest en dat ze vorige woensdag, de dag voor haar dood, nog een fles Courvoisier-cognac, had gekocht.

'In Kingmans flat is helemaal geen drank gevonden,' zei Burden. 'De lege fles kan bij het vuilnis hebben gelegen, veronderstel ik.' Hij keek berouwvol. 'We hebben daar niet gekeken. Hadden daar ook geen reden toe. Maar ze kan die woensdag toch niet een hele fles hebben opgedronken?'

'Waarom ben je zo in dat drankgebruik van haar geïnteresseerd, Mike? Je beschouwt dat toch niet werkelijk als een mogelijk motief voor moord? Je denkt toch niet echt dat Kingman haar heeft gedood omdat hij had ontdekt, of te horen had gekregen, dat ze stiekem dronk?'

'Het was een middel, geen motief,' zei Burden. 'Ik weet nu hoe het is gegaan. Ik weet hoe Kingman haar die eerste keer heeft geprobeerd te vermoorden.' Hij grinnikte. 'Leuk dat ik voor de verandering eens eerder een antwoord heb dan jij, nietwaar? Ik zal in jouw voetsporen treden en het nog een tijdje geheim houden als je dat niet erg vindt. Laten we nu maar teruggaan naar het bureau om die geschubde inktzwammen op te halen en een klein experiment ten uitvoer te brengen.'

Michael Burden woonde in een nette bungalow aan de Tabard Road in Kingsmarkham. Hij had daar samen met zijn vrouw gewoond tot die veel te vroeg, tragisch was overleden. Nu woonde hij er nog altijd met zijn zestienjarige dochter. Zijn zoon zat op de universiteit. Maar die avond was Pat Burden met een vriendje op stap en lag er een briefje voor haar vader op de ijskast. *Pap, ik heb het*

koude rundvlees van gisteren opgegeten. Kan je voor jezelf een
blikje open maken? Ben om elf uur thuis. Liefs, P.
'Ik ben blij dat ze niets heeft gekookt,' zei Burden met wat Wexford zijn sentimentele blik noemde. Een gezichtsuitdrukking die
altijd tevoorschijn kwam wanneer hij dacht dat zijn kinderen enig
ongerief hadden ondervonden of omwille van hem iets hadden
moeten doen. 'Ik zou het niet hebben kunnen eten en ik zou het
verschrikkelijk hebben gevonden als ze dat als een vorm van kri-
tiek had opgevat.'
Wexford snoof iets als 'Tsjonge!' 'Je hebt verstandige kinderen
en je behandelt hen alsof ze paranoïde zijn. Zou je het erg vinden
als ik mijn vrouw even belde terwijl jij besluit hoeveel je me over
dat kleine experiment van je wilt vertellen?'
'Ga je gang.'
Het was bijna zes uur. Wexford kwam terug en zag dat Burden
wortels en uien aan het schoonmaken was. De vier exemplaren van
de *coprinus comatus* die er nu een beetje gerimpeld begonnen uit
te zien, lagen op een houten plankje. Op het fornuis stond een
steelpannetje warm te worden.
'Wat ben jij nu verdomme aan het doen?'
'Een ragoût van geschubde inktzwammen aan het maken. Volgens mij kan die ragoût geen kwaad voor mensen die niets alcoholisch drinken maar is hij giftig, of minstens tot op zekere hoogte
schadelijk voor mensen die alcohol in hun maag hebben. Ik zal een
klein beetje alcohol moeten nemen en daarna die ragoût eten. En
zeg nu maar dat ik een volslagen idioot ben als je daar behoefte aan
hebt.'
Wexford haalde zijn schouders op. Hij grinnikte. 'Ik sta versteld
van zoveel moed en onzelfzuchtige toewijding aan de plichten die
je jegens de belastingbetalers hebt. Weet je zeker dat alleen Hannah Kingman die avond iets had gedronken? We weten dat Kingman dat niet had gedaan, maar hoe zit het met die andere twee?'
'Ik heb Hood daarnaar gevraagd terwijl jij stond te dagdromen.
Hij heeft Corinne Last om zes uur opgehaald, zoals ze hem had gevraagd. Ze hebben toen een paar appels voor zijn moeder geplukt
en daarna heeft zij koffie voor hem gezet. Hij stelde voor onderweg
naar de Kingmans in een pub nog een glaasje te drinken, maar het

39

duurde kennelijk langer voor zij weg kon dan ze hadden gedacht en daardoor hadden ze daar de tijd niet meer voor.'

'Oké. Ga je gang dan maar. Maar zou het niet makkelijker zijn om er een expert bij te halen? Dergelijke mensen moeten te vinden zijn. Het is heel erg waarschijnlijk dat er in de zuidelijke staten wel iemand is te vinden die aan een universiteit paddestoelkunde doceert.'

'Naar alle waarschijnlijkheid wel. Zo iemand kunnen we er altijd nog bij halen als ik mijn experiment heb voltooid. Ik wil het *nu* zeker weten. Wil jij er ook aan meedoen?'

'Beslist niet. Zover gaat het feit dat ik je gast ben wat mij betreft niet. Omdat ik tegen mijn vrouw heb gezegd dat ik niet thuis kom eten, zou ik het heel aardig van je vinden als je voor mij een paar roereieren wilde maken.'

Hij liep achter Burden aan naar de huiskamer, waar de inspecteur een van de deuren van een buffetkast open maakte. 'Wat wil jij drinken?'

'Witte wijn als je die hebt of anders een vermouth. Je weet dat ik maar heel weinig mag drinken.'

Burden schonk een vermouth en soda in. 'IJs?'

'Nee, dank je. En wat neem jij? Cognac? Dat was kennelijk het favoriete drankje van Hannah Kingman.'

'Heb ik niet in huis,' zei Burden. 'Het zal whisky moeten worden. Ik denk dat we er wel van kunnen uitgaan dat ze twee grote glazen cognac voor het eten heeft gedronken, nietwaar? Ik ben niet zo dapper dat ik net zo beroerd wil worden als zij.' Zijn blik kruiste even die van Wexford. 'Je denkt toch niet dat sommige mensen er gevoeliger voor zullen zijn dan anderen?'

'Kan niet anders,' zei Wexford luchtig. 'Proost!'

Burden nam een slokje van zijn sterk met water aangelengde whisky. 'Nu ga ik even naar mijn ragoût kijken. Blijf jij maar zitten en zet de televisie aan.'

Wexford gehoorzaamde. Hij zag een bos in de herfst, een lichtblauwe lucht en goudkleurige bladeren van een berk. Toen zoemde de camera in op een groepje vliegenzwammen. Grinnikend zette Wexford de televisie weer uit toen Burden zijn hoofd om de hoek van de deur stak.

'Ik denk dat hij zo ongeveer klaar is.'

'Neem dan nog maar een whisky.'

'Zal wel verstandig zijn.' Burden liep naar binnen en schonk zijn glas nog eens vol. 'Dat moet voldoende zijn.'

'Ik neem wat brood en kaas als dat mag,' zei Wexford.

Het bruinachtige goedje zat in een soepkom. Met vier geschubde inktzwammen die eenmaal in de lengte waren doorgesneden. Burden dronk zijn glas in een teug leeg.

'Wat zeiden de christenen ook al weer in de arena tegen de Romeinse keizer voor ze voor de leeuwen werden geworpen?'

'*Morituri te salutant*,' zei Wexford. 'Zij, die op het punt staan te sterven, groeten u.'

'Tsja . . .' Burden deed zijn best, terugvallend op het Latijn dat hij had opgepikt omdat hij zijn zoon wel eens met zijn huiswerk had geholpen. '*Moriturus te saluto*. Zou dat kunnen kloppen?'

'Zal best wel. Maar je zult toch niet dood gaan.'

Burden gaf geen antwoord. Hij pakte zijn lepel en begon te eten.

'Kan ik nog een beetje sodawater pakken?' zei Wexford.

Een van de dingen die waarschijnlijk het lastigst te verwerken zijn is merken dat er een beetje de spot wordt gedreven met je eigen heldhaftigheid. Burden keek hem zuur aan. 'Pak het zelf maar. Ik ben druk bezig.'

Dat deed de hoofdinspecteur. 'Hoe smaakt het?' zei hij.

'Goed. Best wel lekker, net als champignons.'

Hij at stug door en kokhalsde niet éénmaal. Hij at het hele kommetje leeg en veegde dat toen nog eens schoon met een stukje brood. Daarna ging hij, nogal gespannen, rechtop zitten.

'We zouden nu de televisie wel kunnen aanzetten,' zei Wexford. 'Om de tijd te doden.' Hij zette hem weer aan. Geen vliegenzwammen ditmaal, maar een hond die over een weiland liep, met muziek van Vivaldi op de achtergrond. 'Hoe voel je je?'

'Prima,' zei Burden somber.

'Kop op. Er kan nog verandering in komen.'

Dat gebeurde niet. Na een kwartiertje voelde Burden zich nog altijd prima. Hij keek verbaasd. 'Ik was er zo verdomd zeker van. Ik *wist* dat ik nu hevig aan het overgeven zou zijn. Ik heb de auto niet weggezet omdat ik er zeker van was dat je me snel naar het ziekenhuis zou moeten rijden.'

Wexford trok alleen zijn wenkbrauwen op.

'Ik moet zeggen dat je er nogal nonchalant over deed. Je hebt helemaal niets gezegd om me ervan te weerhouden. Is het niet bij je opgekomen dat het een beetje vervelend voor je zou zijn als er iets met mij was gebeurd?'

'Ik wist dat er niets zou gebeuren. Ik heb je nog gezegd dat je er een kenner van paddestoelen bij moest halen.' Toen Wexford zag hoe gegriefd Burden keek, begon hij bulderend te lachen. 'Mijn beste Mike, je zult het me moeten vergeven. Je kent me echter en had je nu werkelijk gedacht dat ik je je leven zou hebben laten riskeren door dat spul te eten? Ik wist dat je niets kon overkomen.'

'Mag ik je vragen hoe je dat wist?'

'Dat mag. En jij zou het zelf ook hebben geweten indien je dat boek van Corinne Last goed had bekeken. Onder het recept voor die geschubde inktzwammen stond dat je op bladzijde 171 kon zien wat je erbij kon drinken. Nou, ik heb die bladzijde 171 opgeslagen en daar gaf juffrouw Last een recept voor dotterbloemwijn en een ander voor pruimenjenever, allebei drankjes waar je snel dronken van wordt. Zou ze die wijn en die jenever bij die paddestoelen hebben aangeraden als daar ook maar een klein risico aan verbonden zou zijn? Niet als ze haar boek graag wilde verkopen. Niet tenzij ze bereid was het risico te lopen honderden boze brieven te ontvangen en dure processen te moeten voeren.'

Burden bloosde een beetje. Toen begon ook hij te bulderen van de lach.

Na een tijdje ging Burden koffie zetten.

'Ik denk dat het geen kwaad zou kunnen eens even logisch na te denken,' zei Wexford. 'Je hebt vanmorgen gezegd dat we niet zozeer een moord moesten bewijzen alswel een poging tot moord. Axel Kingman zou haar van dat balkon hebben kunnen afduwen, maar niemand heeft haar zien vallen en niemand heeft hem of iemand anders die middag in de flat naar boven zien gaan. Als er echter twee weken geleden een poging is ondernomen om haar te vermoorden, wordt het wel een stuk waarschijnlijker dat ze uiteindelijk inderdaad is vermoord.'

'Dat hebben we allemaal al besproken. Dat weten we,' zei Bur-

42

den ongeduldig.

'Wacht eens even. De poging mislukte. Hoe ernstig ziek was ze nu eigenlijk? Volgens Kingman en Hood had ze hevige maagpijn en heeft ze overgegeven. Tegen middernacht lag ze vredig te slapen en de volgende dag was alles weer in orde met haar.'

'Ik begrijp niet wat we hier wijzer van kunnen worden.'

'Het kan ons leiden naar een punt dat heel belangrijk is en waar deze hele zaak nog wel eens om zou kunnen draaien. Jij zegt dat Axel Kingman heeft geprobeerd haar te vermoorden. Om dat te kunnen doen, moet hij uitgebreide plannen hebben gemaakt – het bereiden van die maaltijd, het uitnodigen van twee getuigen, ervoor zorgen dat zijn vrouw de ragoût eerder op die dag al proefde, en lang oefenen zodat hij heel handig en ongemerkt op de dag zelf iets bij haar eten zou kunnen doen. Is het dan niet merkwaardig dat de feitelijke poging toch is mislukt? Dat Hannahs *leven* niet werkelijk in gevaar schijnt te zijn geweest? En stel dat zijn poging wel met succes was bekroond? Bij een lijkschouwing zou zijn gebleken dat er een schadelijke stof in haar lichaam zat, of zouden de effecten daarvan in ieder geval duidelijk zijn geworden. Hoe zou hij hebben kunnen hopen die dans te ontspringen, omdat we weten dat geen van zijn getuigen hem Hannah daadwerkelijk heeft zien bedienen en een van hen op dat moment zelfs niet in de kamer was!

Dus zou ik willen stellen dat niemand heeft geprobeerd haar te vermoorden, maar dat iemand heeft geprobeerd haar ziek te maken, *zodat het eruit zou zien alsof er een poging tot moord was ondernomen,* omdat paddestoelen die geen champignons zijn nu eenmaal geen al te beste reputatie genieten en Hood er achterdochtig tegenover stond en het algemeen bekend was dat het niet al te best ging met dat huwelijk.'

Burden staarde hem aan. 'Dat zou Kingman nooit hebben gedaan. Hij zou hebben gewild dat zijn poging zou slagen, of hij zou ervoor hebben gezorgd dat het er helemaal niet als een poging tot moord uitzag.'

'Inderdaad. En welke conclusies kunnen we daaruit trekken?'

Zonder hem antwoord te geven op die vraag zei Burden een beetje triomfantelijk, omdat hij zich nog altijd lichtelijk vernederd voelde: 'Ten aanzien van één punt heb je het mis. Ze *is* ernstig ziek geweest en niet alleen misselijk. Kingman en Hood hebben er geen melding van gemaakt, maar Corinne Last heeft verklaard dat ze dubbel zag en zwarte vlekken voor haar ogen had en . . .' Hij aarzelde. 'Mijn God, bedoel je dat . . .'

Wexford knikte. 'Corinne Last was de *enige* die heeft gezegd dat ze last had van die symptomen. Alleen Corinne Last, die met hem heeft samengewoond, zou hebben kunnen verklaren of hij gewoon was de borden af te spoelen zodra hij die van tafel had gehaald. En wat zegt ze? Dat ze dat niet weet. Is dat niet een beetje merkwaardig? En is het ook niet nogal merkwaardig dat ze juist op dat moment van tafel is opgestaan om in de hal haar handtas te gaan halen?

Ze wist dat Hannah dronk, omdat Hood haar dat had verteld. Je zei dat Hood haar die avond in kwestie op haar eigen verzoek is komen ophalen. Waarom? Ze heeft zelf een auto en ik geloof geen seconde dat een vrouw van haar kaliber voor Hood ook maar iets anders zou kunnen voelen dan minachting.'

'Ze heeft hem gezegd dat er iets met haar auto aan de hand was.'

'Hmmm. Ze heeft hem gevraagd om zes uur naar haar toe te komen, terwijl ze pas om acht uur bij de Kingmans werden verwacht. Ze heeft hem *koffie* gegeven. Raar drankje voor die tijd van de dag, nietwaar? En dat vlak voor een maaltijd? En wat gebeurt er als hij voorstelt onderweg in een pub nog iets te drinken? Ze zegt geen nee en zegt niet dat het geen goede zaak is om iets te drinken als je nog achter het stuur moet gaan zitten. Ze doet er zo lang over voor ze klaar is dat ze de tijd niet meer hebben om ergens nog iets te gaan drinken.'

'Mike, ze wilde niet dat Hood iets alcoholisch zou drinken en had zich vast voorgenomen dat te verhinderen. Natuurlijk zou zij zelf niets drinken en ze wist dat Kingman nooit alcohol aanraakte. Maar ze wist ook dat Hannah gewoon was rond een uur of zes een eerste glas te nemen.

Kijk nu eens naar het motief dat zij had, dat veel sterker was dan dat van Kingman. Ik heb de indruk dat ze een intens levende, hartstochtelijke en vastberaden vrouw is. Hannah had Kingman van haar afgepakt, Kingman had haar laten zitten. Waarom zou ze zich dan niet op hen beiden wreken door Hannah te vermoorden en ervoor te zorgen dat Kingman daarvoor zou worden veroordeeld? Als ze Hannah domweg zou vermoorden, kon ze op geen enkele manier zeker weten dat de verdenking op Kingman zou vallen. Maar indien ze het deed voorkomen alsof er al eerder een poging was ondernomen haar van het leven te beroven, zou het er inderdaad niet al te best voor hem uitzien.

Waar was zij afgelopen donderdagmiddag? Zij zou even makkelijk via de trap naar boven hebben kunnen gaan als Kingman. Hannah zou haar hebben binnengelaten. Het was bekend dat zij belangstelling had voor tuinieren en wanneer ze Hannah had gevraagd haar mee te nemen naar het balkon om eens naar die potten met kruiden te kijken, zou Hannah daar natuurlijk meteen positief op hebben gereageerd. En dan zitten we ook nog met het mysterie van die verdwenen fles cognac waar ongetwijfeld nog iets in moet hebben gezeten. Als Kingman haar had vermoord, zou hij die fles hebben laten staan, omdat daardoor de theorie van zelfmoord aanzienlijk aan betekenis had kunnen winnen. "Mijn vrouw is die avond ziek geworden omdat ze zoveel had gedronken. Ze wist dat ik geen respect meer voor haar had vanwege dat drinken. Ze heeft zichzelf van het leven beroofd omdat ze door dat drinken geestelijk uit haar evenwicht was geraakt."

Corinne Last heeft die fles verwijderd omdat ze niet wilde dat het bekend zou worden dat Hannah dronk. En ze rekende erop dat Hood erover zou zwijgen tegenover ons, net zoals hij dat in het verleden tegenover zoveel mensen had gedaan. En ze wilde niet dat het bekend zou worden, omdat de poging tot moord die *zij* zogenaamd wilde doen plaatsvinden alleen geloofwaardig zou zijn indien het slachtoffer alcohol in haar lichaam had.'

Burden zuchtte en schonk Wexford het laatste beetje koffie in. 'Maar dat hebben we al geprobeerd,' zei hij. 'Of beter gezegd: ik heb dat al geprobeerd, maar zonder succes. Jij wist dat dat experiment van mij geen succes zou hebben vanwege dat boek van haar. Ze heeft die geschubde inktzwammen inderdaad uit haar eigen tuin meegenomen, maar ze had daar geen vergiftige paddestoelen bij kunnen doen, omdat Kingman dat meteen zou hebben gemerkt. En als hij dat niet had gemerkt, zouden ze allemaal ziek zijn geworden, alcohol of geen alcohol. Voor de maaltijd is ze niet met

Hannah alleen geweest en terwijl die ragoût werd geserveerd, was ze de kamer uit.'

'Dat weet ik. Maar morgenochtend gaan we weer naar haar toe en dan zal ik haar een paar duidelijke vragen stellen. Mike, nu ga ik naar huis. We hebben een lange dag achter de rug.'

'Zal ik je even naar huis brengen?'

'Ik ga lopen,' zei Wexford. 'Vergeet niet je auto weg te zetten. Je hoeft vanavond niet halsoverkop naar het ziekenhuis te worden gebracht.'

Met een beschaamde grijns liet Burden hem uit.

Ze waren niet in staat haar ook maar lichtelijk uit haar evenwicht te brengen. Het sensuele Kimt-gezicht was die morgen zorgvuldig opgemaakt en ze ging gekleed als een violiste of een actrice of een schrijfster, hetgeen ze alle drie was. Ze had van tevoren te horen gekregen dat ze zouden komen en had kennelijk besloten het imago van tuinierster te laten varen. Haar lange, gladde handen leken nooit in aanraking met aarde of onkruid te zijn gekomen.

Waar was ze geweest op de middag voor de dood van Hannah Kingman? Haar dikke, goedgevormde wenkbrauwen gingen omhoog. Thuis, binnen, schilderend. Was ze alleen geweest?

'Schilders werken niet als er mensen bij zijn,' zei ze nogal onbeschoft terwijl ze achterover leunde en de oogleden op de voor haar te doen gebruikelijke manier liet zakken. Ze stak een sigaret op en knipte met haar vingers in de richting van Burden voor een asbak, alsof hij een ober was.

'Op zaterdag 29 oktober, juffrouw Last,' zei Wexford, 'leek er iets aan de hand te zijn met uw auto?'

Ze knikte loom.

Hij hoopte haar klem te zetten door haar te vragen wat er toen precies mis was geweest met haar auto, maar slaagde daar niet in.

'Het glas van de koplamp was kapot, kwam door een keertje verkeerd parkeren,' zei ze en hoewel hij voor zichzelf constateerde hoe makkelijk ze er zelf voor had kunnen zorgen dat dat glas kapot was gegaan, kon hij dat moeilijk hardop zeggen. Even soepel voegde ze daaraan toe: 'Zou u graag de rekening van de garage willen zien?'

'Dat is niet nodig.' Ze zou hem niet hebben aangeboden die te laten zien als ze hem niet had, dacht hij. 'Ik heb begrepen dat u de heer Hood heeft gevraagd u hier om zes uur te komen ophalen?'

'Ja. Ik vind hem nu niet het meest prettige gezelschap ter wereld, maar ik had hem een paar appels voor zijn moeder beloofd en we moesten die plukken voor het donker werd.'

'U heeft hem koffie gegeven en geen alcohol. U beiden heeft onderweg naar de flat van de heer en mevrouw Kingman ook niets gedronken. Vond u het niet een beetje vervelend om ergens te gaan dineren waar u niet eens een glas wijn aangeboden zou krijgen?'

'Ik was gewend aan de manier van doen van de heer Kingman.' Maar je was er niet zo aan gewend dat je me kunt vertellen of hij gewend was de borden meteen af te spoelen of niet, dacht Wexford. Haar mond krulde zich lichtelijk waardoor ze zich een beetje verraadde. 'Ik vond het niet erg. Ik ben niet aan alcohol verslaafd.'

'Ik zou nu graag even willen terugkomen op die . . . eh geschubde inktzwammen. U heeft die hier op 28 oktober geplukt en ze die avond naar de heer Kingman gebracht. Ik meen me te herinneren dat u dat zelf heeft verklaard?'

'Inderdaad. Ik heb ze hier in de tuin geplukt.'

Ze sprak die woorden heel zorgvuldig uit, met grote ogen die hem oprecht aankeken. Die woorden, of misschien de ongebruikelijke directheid waarmee ze werden uitgesproken, gaven hem opeens vaag een idee. Maar als ze verder niets meer had gezegd, zou hij later waarschijnlijk helemaal niet meer aan dat idee hebben gedacht.

'Als u ze wilt analyseren of onderzoeken, bent u daar nu een beetje laat mee. Het seizoen voor die paddestoelen is praktisch voorbij.' Ze keek naar Burden en schonk hem een lieftallige glimlach. 'Maar u heeft de laatste gisteren geplukt, nietwaar? Dus dat zit wel goed.'

Wexford zei natuurlijk niets over Burdens experiment. 'Als u het niet erg vindt, zouden we graag even in uw tuin willen rondkijken.'

Ze leek dat niet erg te vinden, maar ze had het mis gehad. De meeste paddestoelen waren inmiddels uitgegroeid tot zwartplatige pagoden. Maar daarnaast waren er twee nieuwe opgekomen in het

47

natte gras. Wexford plukte die en dat scheen ze nog altijd niet erg te vinden. Dan had ze kennelijk gewild dat dat seizoen voorbij was. Hij bedankte haar en zij ging haar huis weer in. De deur werd gesloten. Wexford en Burden liepen terug naar de weg.

Het paddestoelenseizoen was nog lang niet voorbij. Er stonden er zoveel langs de kant van de weg dat het ernaar uit zag dat het seizoen nog weken zou duren. Overal zagen ze geschubde inktzwammen, sommige ervan kleiner en grijzer dan de exemplaren in de tuin van Corinne Last.

'Ze lijkt het niet erg te vinden als we die laten analyseren,' zei Wexford nadenkend, 'maar ik heb de indruk dat ze er de voorkeur aan zou geven wanneer we de paddestoelen die jij gisteren hebt geplukt zouden laten nakijken en niet die welke ik vandaag heb geplukt. Is dat werkelijk zo of verbeeld ik me dat alleen maar?'

'Als jij je dat verbeeldt, verbeeld ik het me ook. Maar die manier van redeneren brengt ons geen stap verder. We weten dat hun werking of hoe je dat ook moet noemen, niet door alcohol wordt versterkt.'

'Toch zal ik er nog een paar plukken,' zei Wexford. 'Heb je soms een papieren zak bij je?'

'Nee, maar wel een schone zakdoek. Heb je daar wat aan?'

'Zal wel moeten,' zei Wexford, die nooit een schone zakdoek bij zich had. Hij plukte een twaalftal jonge geschubde inktzwammen, groot en klein, wit en grijs, onrijp en volledig tot wasdom gekomen. Ze stapten de auto weer in en Wexford zei tegen de chauffeur dat hij even moest stoppen bij de Openbare Bibliotheek. Hij ging daar binnen en kwam een paar minuten later al weer tevoorschijn met drie boeken onder zijn arm.

'Als we terug zijn,' zei hij tegen Burden, 'wil ik dat je de universiteit belt om te vragen of zij soms een expert hebben op het gebied van paddestoelen.'

Hij sloot zichzelf in zijn kantoor op met de drie boeken en een pot koffie. Toen het tegen lunchtijd liep, klopte Burden op zijn deur.

'Binnen,' zei Wexford. 'En hoe ben jij gevaren?'

'Ze hebben geen expert op het gebied van paddestoelen. Maar er is aan de universiteit wel een man verbonden die alles afweet van vergiften en daarover net zo'n populair-wetenschappelijk boek heeft gepubliceerd. Dat boek gaat over vergiftiging door in het wild groeiende planten en paddestoelen.'

Wexford grinnikte. 'Hoe heet het? *Moorden voor niets?* Ik heb de indruk dat we hem prima kunnen gebruiken.'

'Ik heb afgesproken dat we hem om zes uur zouden treffen. Laten we maar hopen dat we daar iets wijzer van zullen worden.'

'Ongetwijfeld,' zei Wexford terwijl hij het dikste van de drie boeken dicht sloeg. 'Ik heb het antwoord al gevonden, maar we hebben een bevestiging nodig,' zei hij.

'Mijn hemel! Waarom heb je dat niet meteen gezegd?'

'Je hebt het me niet gevraagd. Ga zitten.' Wexford wees op de stoel aan de andere kant van het bureau. 'Ik heb al gezegd dat je je huiswerk hebt gedaan, Mike, en dat is ook inderdaad zo, alleen was jouw boek niet uitgebreid genoeg. Er staan verhandelingen in over eetbare paddestoelen en over vergiftige paddestoelen, *maar niets over de categorie daartussenin.* Ik bedoel dat er in dat boek van jou niets staat over paddestoelen die niet gezond zijn, maar niet de dood of hevige pijn tot gevolg hebben als je ervan eet. Er staat niets in over paddestoelen die iemand onder bepaalde omstandigheden ziek kunnen maken.'

'Maar we weten dat ze geschubde inktzwammen hebben gegeten,' protesteerde Burden. 'En als je met die "omstandigheden" het drinken van alcohol bedoelt, zal je je nog wel kunnen herinneren dat alcohol geen nadelige invloed op die geschubde inktzwammen heeft.'

'Mike,' zei Wexford rustig, 'weten we *werkelijk* dat ze geschubde inktzwammen hebben gegeten?' Op zijn bureau deponeerde hij de paddestoelen die ze langs de weg en in de tuin van Corinne Last hadden geplukt. 'Bekijk ze eens goed, wil je?'

Burden keek er, heel verbaasd nu, naar en raakte de twaalf paddestoelen even aan. 'Wat zou ik moeten kunnen zien?'

'Verschillen,' zei Wexford laconiek.

'Sommige zijn kleiner dan andere en de kleinere zijn grijzig. Bedoel je dat? Maar luister nu eens. Champignons zien er ook niet allemaal hetzelfde uit. Je hebt grote platte en kleine hoedjes en . . .'

'Toch is het in dit verband zo dat een klein verschil een heel groot verschil is.' Wexford sorteerde de paddestoelen tot hij twee hoopjes had. 'Al die kleine grijze,' zei hij, 'hebben we langs de kant van de weg geplukt. Sommige van de grotere witte komen uit de tuin van Corinne Last en andere hebben we langs de weg geplukt.'

Tussen duim en wijsvinger pakte hij een exemplaar uit de eerste categorie vast. 'Dit is geen geschubde inktzwam. Het is een inktzwam. Luister.' Het dikke boek viel open op de plaats waar hij er een papiertje tussen had gelegd. Langzaam en duidelijk las hij: 'De inktzwam, *coprinus atramentarius*, moet niet worden verward met de geschubde inktzwam, de *coprinus comatus*. Hij is veel kleiner en grijzer van kleur, maar verder lijken ze heel veel op elkaar. De *coprinus atramentarius* kan gewoonlijk geen kwaad indien hij wordt gekookt, maar hij bevat wel een chemisch bestanddeel dat veel overeenkomsten vertoont met antabus, een geneesmiddel dat wordt gebruikt voor de behandeling van alcoholici. Als hij wordt gegeten door iemand die alcohol tot zich heeft genomen, heeft dat een gevoel van misselijkheid en overgeven tot gevolg.'

'Dat zullen we nooit kunnen bewijzen,' zei Burden, naar adem snakkend.

'Dat weet ik zonet nog niet,' zei Wexford. 'We kunnen beginnen met ons te concentreren op de *ene leugen* die Corinne Last tegenover ons zonder enige twijfel ten beste heeft gegeven. Namelijk haar mededeling dat ze de paddestoelen die ze aan Axel Kingman heeft gegeven, *in haar eigen tuin* heeft geplukt.'

Carol Cail
Tuin van het kwaad

Carol Cail heeft zo'n veertien korte verhalen geschreven waarvan de meeste zijn verschenen in Ellery Queen's Mystery Magazine *en* Alfred Hitchcock's Mystery Magazine. *Daarnaast heeft ze zo'n vijftig gedichten gepubliceerd. Ze heeft geen lievelingsdieren, is niet bezig met het schrijven van een roman en hoopt vooral dat iemand haar een keer zal benaderen met het verzoek een van haar verhalen voor de televisie te mogen bewerken. Ze is getrouwd, heeft twee zoons en woont in Colorado.*

Terwijl ze in de keuken bezig was met het wegwerken van de vaat van gisteren, kon ze de tuin op haar zien wachten. De augustuszon die door de uitgedroogde klei van Kentucky werd weerkaatst, liet het landschap trillen en sidderen. Al die bewegingen en geen zuchtje wind. Al dat warme afwaswater en nog kon ze haar vingers nauwelijks buigen.

Waarom ben ik zo bang van die tuin, bleef ze zich afvragen. Ik, tweeëntachtig jaar lang een plattelandsmeisje en een echtgenote. Deze tuin is net zoals die andere, jaar na jaar. Eerst breng je de slapende stof in beweging, dan doe je er zaden in, dan bewaak je die tegen onkruid en konijnen en als de tijd daar is, neem je wat je toekomt. Wat heb ik er deze lente anders ingeplant, tussen alle gebruikelijke erwten en bonen?

Ze wist dat ze over een paar uur zou rammelen van de honger en dat ze dus de moed zou moeten opbrengen om de tuin in te gaan. Ze was drie dagen in huis gebleven en had al haar eten uit de provisiekast gehaald, maar die was nu leeg, op een zak suiker en een zak meel na. Vanmorgen had ze ontbeten met een sneetje droge toast en twee kopjes thee.

51

De eerste keer dat ze een kwade macht in de tuin had gevoeld, was een bloedhete juli-avond geweest, toen ze op zoek was gegaan naar iets eetbaars temidden van de her en der gepote tomatenplanten. Ze was eerder in dat seizoen lui geweest en had geen stokken neergezet of de planten opgebonden. Daar moest ze nu voor boeten, denkend aan slangen en spinnen, verrotte dingen en konijnenkeutels.

Het ogenschijnlijk perfecte rode fruit waar ze haar vingers omheen deed, was aan de onderkant slijmachtig; haar hand droop van de zuur ruikende ingewanden van de tomaat en ze veegde hem snel af aan de dichtstbijzijnde weegbree. Een spinnijdige sprinkhaan sprong op haar af en toen ze een pas achteruit deed, vermorzelde ze daardoor een stelletje groene tomaten, waar de zaadjes uitspoten en zich aan haar benen vasthechtten.

Ze was gevlucht naar een open plekje, een van de plaatsen waar ze de energie had kunnen opbrengen het onkruid weg te halen, en stond daar moeizaam adem te halen terwijl ze eens de balans opmaakte.

Dit bekende stukje van de groentetuin waar ze uren van haar leven had doorgebracht, zoemde en siste en ritselde. Ze zag op de grond bijen en torren en mieren en wormen krioelen. Ze voelde hoe het vuur van de muggen en luizen, kevers en vliegen haar verslond. Zweet droop langs haar ruggeraat en ze draaide zich om, om te zien wat haar had aangeraakt. Een sprietje Johnsongras tikte tegen de achterkant van haar knie en opnieuw sprong ze weg.

Ze kon het niet humoristisch of verstandelijk bekijken. Dus was ze, zonder haar half gevulde mandje, teruggegaan naar de veilige keuken, waar ze zich meteen een dwaas voelde.

Dat was de eerste keer dat de tuin haar had bedreigd. Ze kon niet meer tellen hoe vaak dat daarna nogmaals was gebeurd.

Om twee uur zat ze op de schommelstoel op de veranda aan de voorkant van het huis en deed net alsof ze het rammelen van haar maag niet hoorde. De zon zou over ongeveer een uurtje wegduiken achter de berg en dan zou het koeler zijn in de tuin, redeneerde ze. Vanaf de veranda kon ze ver in de verte kijken, of in ieder geval had ze dat gekund toen ze nog jonger was. Omhoog, niet naar beneden, want ze woonde op een stukje grond dat werd omgeven door beboste heuvels. Aan de hand van die heuvels kon ze afstanden bepalen. Een heuvel tot haar eerste buren, drie heuvels naar het dichtstbijzijnde kruispunt, enzovoorts. De winkel die het dichtst bij was, waar ze haar uitkering inruilde voor dingen die ze niet zelf kon kweken, was vijf heuvels verderop.

Ze was nooit eenzaam geweest. Zelfs niet toen Calvin een jaar geleden was overleden. Het was eigenlijk wel een opluchting geweest het huis voor zichzelf te hebben na al die jaren voor hem te hebben gezorgd. Nu kon ze lang uitslapen als ze dat wilde en het huishouden laten versloffen. Ze kon het onkruid laten groeien.

'Hé!'

Ze zette haar hand boven haar ogen en keek naar het kleine, overgroeide erf. Het eerste wat ze zag was lang rood haar dat danste.

'Hé, oma, wat doe je?' schreeuwde het meisje terwijl ze de veranda opklom.

'Donna, ik zit hier zomaar wat,' zei ze verwelkomend, met een stem die trillend en schor klonk omdat ze nog maar zo weinig sprak. 'Mijn enige familie op de hele wereld en ik zie je eigenlijk nooit.'

'Verwacht niet dat ik hier blijf of zoiets dergelijks. Ik ben onderweg van Californië naar New York en kwam hier dus vrijwel langs. Ik kon daar in het westen geen baantje vinden dat naar mijn zin was, dus ga ik het nu in het oosten proberen.'

'Naar wat voor werk ben je dan op zoek?' vroeg ze, zich herinnerend hoe je je stem geïnteresseerd moest laten klinken. Ze had Donna na de begrafenis van Calvin niet meer gezien en daarvoor ook al niet vaak. Het kind was duidelijk een hippie. Al dat haar, en gezien de manier waarop alles schudde, waarschijnlijk geen ondergoed.

'Oh, iets spectaculairs. Ik heb op de universiteit colleges acteren gelopen. Misschien zal je ooit wel eens iets over mij op Broadway lezen.'

'Hoe ben je hierheen gekomen?'

'Een vriend van me heeft me zijn auto geleend. Staat bij de weg. Dus kan ik niet blijven. Niet lang genoeg om de plaatselijke boerenkinkels de kans te geven alles van en uit die auto te halen.'

De oude vrouw dacht na. 'Mijn buren brengen me gewoonlijk iedere week een voorraadje, maar ditmaal heb ik nauwelijks meer iets in huis. Als jij nu in de winkel een paar dingen voor me gaat halen, kunnen we een lekker maaltje bereiden en dan praten.'

'Nee, dat zal denk ik niet gaan. Ik moet echt weer verder.'

'Alleen een klein hapje eten. Ik zal je heus niet vragen een nachtje te blijven logeren. Het zou me goed doen eens te horen wat jij zoal hebt gedaan,' loog ze.

'Tsja . . .' En een juiste mengeling van schuld en ijdelheid deed haar ogen ja zeggen.

Terwijl Donna weg was, dekte de oude vrouw de tafel. Ze wist dat ze op zijn minst de vloer zou moeten vegen, maar ze wist ook dat het Donna niets kon schelen dat het huis er zo verwaarloosd uitzag. Als ze het erfde, zou ze het zo snel mogelijk verkopen, voor elk bedrag dat ze ervoor kon krijgen. Een schone vloer zou de prijs niet kunnen opdrijven. En eigenlijk zag Donna er zelf ook niet al te schoon uit.

Dus ging ze aan tafel zitten en keek naar de tuin, denkend dat ze Donna zou vragen wat extra groente te plukken, zodat ze er zeker van kon zijn dat ze wat restjes overhield.

'Opgewarmd smaken ze ook goed en het zal mij een heleboel werk besparen,' zou ze zeggen. En dan zou ze bij het raam kijken of de tuin Donna iets aandeed.

Niet dat hij haar ooit werkelijk iets had aangedaan. Maar daar was wel dat konijn geweest.

Dat was de laatste keer geweest dat ze voldoende moed had kunnen verzamelen om naar buiten te gaan. Meer dan drie dagen geleden, nu in het begin van augustus. De bonen en de maïs moesten worden binnengehaald, maar ze had er geen zin in. Waarom zou je daar moeite voor doen? had ze tegen zichzelf gezegd. Je haalt het einde van deze winter naar alle waarschijnlijkheid niet eens.

Dus zou ze zoals inmiddels te doen gebruikelijk even snel de door onkruid vrijwel overwoekerde tuin inlopen om voldoende voor een maaltijd te oogsten. Ze was afgelopen op de rij wortelplanten, waarbij ze de schop voor haar borst had gehouden, als een kruis dat kwade krachten moest afweren. Als ze uit haar ooghoeken keek, zag ze allerlei kleine bewegingen, maar wanneer ze recht voor zich uit keek, bewoog niets zich. Ze had door ervaring geleerd dat het geen goede zaak was de tuin in te sluipen, dus liep ze er snel in.

Ze was langs de wortels heen gelopen en moest dus terug, tot ze ze vond onder een berg wijnranken. Ze zette de schop in de grond op een plaats waar de kans groot was dat ze wortels zou vinden en trok een voet op om hem omlaag te duwen. Op dat moment had ze het konijn gezien.

Hij lag tussen de wijnranken en ze wist dat hij dood was, maar nog nooit van haar lange leven had ze een dood dier er zo bij zien liggen. Hij lag niet slap op zijn flankje. Hij lag op zijn rug, met zijn poten gespreid, iedere poot omvat door de wijnranken en een winde om zijn nek.

De schop stond er nog altijd. Zou nu ook wel overwoekerd zijn door wijnranken. Ze had veel over dat konijn nagedacht, maar ze kon de indruk niet van zich afschudden dat die tuin haar in de gaten hield en om haar heen zwaaide en fluisterde dat hij zijn dood had veroorzaakt.

Natuurlijk wist ze dat de tuin het konijn niet kon hebben gedood. Maar nu ze er eens verder over nadacht, had die in zekere zin wel de dood van Calvin veroorzaakt.

Hij was daar aan het schoffelen en snoeien en uitdunnen geweest, de hele dag lang in de brandende zon, zoals altijd van de vroege lente tot de late herfst, om de wildernis te temmen en voor zijn wil te laten buigen. Toen hij naar binnen was gekomen om een hapje te eten, was hij duizelig geweest en hadden al zijn ledematen getrild. Hij was te zwak geweest om ook maar een hap door zijn keel te kunnen krijgen. En het oplopen van de trap naar de slaapkamer was hem toen fataal geworden.

Ze had hem vanuit de keuken gehoord. Een gekrabbel tegen de muur bij de trap, gevolgd door een zachte boem, boem, boem toen hij drie treden af viel.

Ze had niet geprobeerd er iemand bij te halen. Ze wist dat het daarvoor te laat was. Ze slaagde er wel in hem naar de bank te slepen en daar was hij toen op een gegeven moment die nacht overleden, met zijn tuinschoenen nog aan, waarvan de zolen vol opgedroogde modder zaten.

Uit stof bent ge gemaakt en tot stof zult ge wederkeren . . .

Het huis trilde toen voeten de veranda beroerden. Donna wankelde de deur door met een zak vol kruidenierswaren onder iedere arm. De tafel kraakte toen ze die daarop neerzette.

'Hier is alles. Help me herinneren dat ik je het wisselgeld nog moet teruggeven.'

De oude vrouw stak een hand in een van de zakken en trok die toen snel weer terug, alsof ze er een klap op had gekregen.

'Waarom heb je in vredesnaam bacon gekocht? Je weet dat ik nooit vlees eet.'

'Oh, oma, het spijt me. Ik heb die bacon gewoontegetrouw meegenomen. Dus je bent nog altijd vegetariër?'

'Een dollar en negenentachtig dollarcent voor iets wat ik meteen kan weggooien,' zei ze verdrietig.

'Ik zal er in ieder geval wat van eten. Waar staat de koekepan?'

'Nee, ik maak het eten wel klaar. Ga jij maar even wat groente halen.'

Ze gaf het meisje het mandje en instructies over de hoeveelheden die ze moest meenemen en keek toen vanachter het raam toe hoe Donna parmantig de tuin in stapte, bij de sperciebonen neerhurkte en aan het werk ging.

Minuten vergleden. Donna liep door naar de zoete maïs. Nadat ze een twaalftal kolven met moeite van hun stengels had afgehaald, ging ze staan en dopte ze. Daarna ging ze verder met de tomaten. Haar ijver was een aangename verrassing.

De oude vrouw liep naar buiten, tot de rand van de tuin.

Donna keek op. 'Ik heb geen hulp nodig. Alles is klaar.'

'Laten we nog even kijken of er soms al meloenen rijp zijn,' zei ze en liep dapper de tuin in.

Ze deed net alsof ze de meloenen inspecteerde. De tuin eromheen was volslagen rustig. De gebruinde aarde rook stoffig en zoet. Insekten zoemden hun liederen. De zon verwarmde de botten. Vlinders dansten.

Donna was naar de blijvende planten gelopen en plukte bloemen – madeliefjes, chrysanten, asters, schurftkruid, lavendel. 'Wat heeft het voor zin hier bloemen te laten groeien als je er niet van kunt genieten?'

Sommige vezelige stengels moest ze een paar maal naar voren

56

en naar achteren buigen voor ze ze los had, waardoor de stompjes gerafeld achterbleven. Een taaie oude aster trok ze met wortel en al uit de grond. De tuin wachtte af.

De oude vrouw moest het zeggen. 'Soms ... maakt ... iets me hier bang.'

Donna ging verder met het plunderen van de bloemen en keek haar over een arm vol kleuren aan. 'Dat verbaast me niet. Je zit hier aldoor helemaal alleen. Je zou een hond moeten nemen.'

'Bah! Geen hond. En ook geen kat. Ik zou banger van die dieren zijn dan van het alleen wonen.'

'Vroeger had je wel een hond,' zei Donna onvriendelijk.

Ze gaf geen antwoord en herinnerde zich de hond. Charlie. Een jachthond die ze als pup hadden gekregen. Ze zag Donna even weer als een peutertje dat Charlie pestte tot hij begon te jammeren. Donna's moeder, die er toen al wit en ziekelijk had uitgezien, die een wilgentak afbrak en daarmee in de mollige beentjes prikte. En toen, jaren later, de schuimende bek die vergiftigde tanden in de hand van Donna's pappie, haar zoon, zette. Ze had om beiden gerouwd, om de hond en de man. Ze zou nooit een andere zoon kunnen krijgen en ze wilde geen andere hond meer nemen.

'Laten we naar binnen gaan,' zei Donna. 'Ik moet weggaan voor het zo donker wordt dat ik de weg niet meer terug kan vinden.'

Ze maakten de maaltijd gezamenlijk klaar. Donna werkte snel en efficiënt, misschien omdat ze snel wilde eten om snel te kunnen vertrekken; ze at ook snel en efficiënt. De oude vrouw at voorzichtig en met aandacht, dankbaar dat er zo een gelukkig einde was gekomen aan haar tijd van vasten. Met iedere hap ging ze met meer waardering over haar kleindochter denken. Ze had Donna de bacon niet willen laten bakken, maar nu zei ze dat het meisje het pakje als 'een cadeautje' moest meenemen.

'Oh oma, in deze hitte?' zei ze lachend. 'Dan bederft het spul meteen en gaat de hele auto ervan stinken voor ik het kan opeten.'

Ze had een wortel in haar hand die ze tussen de hapjes door heen en weer zwaaide, en ze sprak terwijl ze kauwde en doorslikte. 'Je zou die bacon echt zelf eens moeten proberen. Het is heerlijk. Eerlijk waar. Je weet niet wat je mist door geen vlees te eten.'

'Ik zou ervan kokhalzen, denkend aan dat arme, onschuldige

dier. Ik heb al bijna zeventig jaar lang geen vlees gegeten en daar ben ik trots op en dankbaar voor.'

'Oma, als je je daardoor zo rechtschapen voelt,' plaagde Donna, 'zou je je misschien nog trotser en dankbaarder voelen als je ook geen groente at. Tijdens een college psychologie heeft een prof ons een keer verteld dat planten op dezelfde manier pijn voelen als mensen.'

'Hoe bedoel je dat? Hoe kan hij dat weten?' vroeg de oude vrouw na een korte stilte waarin ze zich niet zo lekker voelde.

'Hij heeft dat alleen maar zo gezegd. Ik denk dat er al eerder tijdens een college over was gesproken toen ik er niet bij was.'

Haar vingers konden de vork niet langer vasthouden. Ze vroeg, verbaasd: 'Heb jij daar dan niet verder over nagedacht? Heb je je er geen zorgen over gemaakt?'

'Natuurlijk wel,' zei Donna nijdig. 'Maar de anderen zeiden dat er tijdens een tentamen geen vragen over zouden worden gesteld, dus heb ik het rustig laten zitten.'

Het boeket dat Donna met enige moeite in een stenen vaas had gepropt, had een begrafenislucht.

'Luister, oma, ik vind het vervelend om meteen na het eten weer op te stappen, maar ik moet nu echt snel weg. Dank voor het eten. Ik zal de afwas de volgende keer voor je doen,' beloofde ze lachend en knipogend. Ze probeerde niet de oude vrouw een kusje ten afscheid te geven. Ze zwaaide slechts en rende naar buiten.

De oude vrouw zat naar de borden met de restjes te staren. Ze vroeg zich af of de pijn zou ophouden als de maiskolf eenmaal van zijn stengels was gehaald, of bleef voortduren zolang hij werd gedopt. Was er sprake van pijn wanneer het mes de korrels eraf sneed en ze in het kokende water werden gedaan? Ze zag zichzelf een hapje aan de vork prikken en kauwen en doorslikken. Uiteindelijk stond ze op en deed de restjes van alle borden in de toiletemmer.

Ze liep zonder verder nog iets te hebben gedaan de keuken uit en hees zichzelf naar boven. Het eerste trapportaal kraakte altijd. Ditmaal bleef ze er opeens stokstijf door staan.

Als het waar is, dacht ze, is het leven onmogelijk. Dan is het huis een graf, gemaakt van de beenderen van een boom. Het bed, een eik die door haar eigen vader was geveld, dat haar iedere nacht als een geopende doodskist plaats bood. Boeken, kleding, schilderijen, allemaal, allemaal verminkt, gevild, vermoord. Niet alleen hier. Overal.

Ze wreef met haar knokkels in haar ogen en kreunde: 'De boom is als eerste gekruisigd.'

Langzaam liep ze naar beneden, vervuld van angst. Ze vond in het gereedschapsschuurtje een schop, groef een gat bij de veranda aan de voorkant van het huis en stopte daar de stenen vaas met inhoud in. Toen ze de aarde weer had aangedrukt en de schop had opgeborgen, liep ze naar de rand van de tuin.

Het werd al snel donker. Krekels begonnen lawaai te maken. Ze voelde hoe de grassprietjes door haar schoenen geweld werd aangedaan. De tuin zat ineengedoken voor haar.

Ze trilde zo hevig dat het zeer deed. Ze zei: 'Luister.' Ze sloeg haar armen om zich heen om te voorkomen dat ze in stukjes uit elkaar zou vallen. 'Als je Engels begrijpt,' voegde ze daar aarzelend aan toe.

Er kwam geen antwoord.

'Ik wist het niet. Werkelijk niet! Maar nu weet ik het wel en zal ik je nooit meer lastig vallen. Nooit meer!'

Ze liep achteruit terug in de richting van het huis. De huid van haar schedel prikte verwachtingsvol.

Er gebeurde niets.

Ze liep naar binnen en ging regelrecht door naar boven. Ze liet zich op het bed vallen en bleef stokstijf liggen, kijkend hoe het plafond verdween. Later sliep ze, maar rustte niet uit.

De oude vrouw overleed in de eerste week van september. Dat wist ze zelf niet, omdat ze in bed lag te slapen. De lijkschouwer verklaarde dat haar dood een natuurlijke oorzaak had – ouderdom en ondervoeding.

Een kennis leende Donna zijn zwarte auto. Toen de begrafenis achter de rug was, reed Donna naar haar erfenis omdat ze daar een afspraak had gemaakt met een bekende makelaar uit de buurt.

Het tweetal liep rond over het met onkruid en stenen bezaaide erf en besprak de mogelijkheden. De heer Howard voelde er niet zo veel voor een bedrag te noemen voor hij met een aantal mogelijk geïnteresseerde kopers had gesproken. Donna vroeg zich af of een openbare verkoop niet de snelste en gemakkelijkste weg zou zijn. Ze bleven staan aan de rand van de tuin.

'Het ziet er allemaal een stuk beroerder uit dan het in werkelijkheid is,' verklaarde Donna nadrukkelijk. 'Ik ben zo ongeveer een maand geleden nog in de tuin geweest en toen zag die er heel anders uit. Geen onkruid te zien. En kijk nu eens. Een oerwoud. Natuurlijk zou ik hier zijn gebleven als ik had geweten hoe ziek oma was. Maar ze heeft me helemaal niet laten merken dat ze zich anders voelde dan normaal.'

Donna brak een grote grasspriet af om daarop te kauwen. 'Maar af en toe praatte ze *inderdaad* wel een beetje raar,' zei ze. 'Ik denk dat ik daaruit het een en ander had moeten opmaken. Weet u dat ze zeggen dat ze drie weken lang niets anders heeft gegeten of gedronken dan melk? Ik weet dat melk geacht wordt een perfect voedingsmiddel te zijn, maar zoals in de bijbel staat geschreven kan een mens niet alleen van melk leven.'

De heer Howard deed zijn mond open, zag dat ze het serieus meende en deed hem weer dicht.

'In ieder geval moet er hier alleen een beetje worden schoongemaakt, zoals ik al zei. Alleen al het opknappen van deze groentetuin zou wonderen doen, meneer Howard. Misschien dat ik een maaimachine zou kunnen lenen voor u iemand hierheen mee naartoe neemt. Beter nog: ik zou het in brand kunnen steken. Een benzineblik leeg gieten en er een lucifer bij houden. Misschien zou ik het huis eenzelfde behandeling moeten geven.' En ze lachte, dus lachte de heer Howard eveneens.

'Ik moet beginnen met het antieke meubilair,' ging ze verder. 'Er komt vanmiddag een mannetje van Corbin om te kijken wat waardevol en wat alleen maar oud is.'

De heer Howard zei dat hij weer weg moest, dat hij her en der eens zou informeren en haar zou bellen. Hij liet haar achter bij de rand van de tuin.

Donna keek toe hoe hij voorzichtig zijn weg zocht langs het huis en toen de heuvel opliep en uit haar gezichtsveld verdween. Ze zuchtte, keek met gefronste wenkbrauwen op haar horloge en duwde een zanderig mierenhoopje dicht met de neus van haar schoen.

Ze keek uit over de verwaarloosde tuin, denkend aan New York. Haar ogen zagen vaag kleuren, focusten toen.

Ze wist niet zoveel van bloemen af, maar die bloem zag eruit als een roos. Donkerrood, en met wasachtige blaadjes. Hij scheen haar kant op te buigen, smekend om te worden geplukt. Ze schatte met haar ogen de afstand. Twee grote stappen erheen en terug – meer niet. Ze liep voorzichtig, een plekje gras uitkiezend om haar voet op neer te zetten dat boven het onkruid uit stak.

Toen ze de grote stap zette, streken een paar grote planten langs de binnenkanten van haar dijen. Ze wankelde, hervond haar evenwicht en stak een hand uit om de bloem te plukken. De bloem zwaaide weg en ze greep in de lucht, geschrokken omdat ze geen zuchtje wind had bespeurd. Binnen datzelfde onderdeel van een seconde krulde zich iets om haar linker been. Slang! gilde haar geest al voor ze keek. Haar pupillen vernauwden zich van afgrijzen en angst. Aan haar keel ontsnapte raspend een gil terwijl ze viel.

De handelaar in antiek vond haar.

Omdat ze niet in het huis, maar haar auto nog wel op de weg stond geparkeerd, ging hij naar haar op zoek. Hij zei dat hij door de stank naar de tuin werd getrokken, maar dat was nauwelijks mogelijk omdat ze pas een paar uur dood was.

Door de vele mensen die het gebeurde bespraken, werden heel wat theorieën aangedragen. De meest algemeen aanvaarde theorie, die het redelijkste leek, was dat het meisje in de tuin een aanval van epilepsie had gekregen. Dat ze toen was gevallen en had liggen rollen tot ze hopeloos in de planten was geraakt.

De lijkschouwer was een halve dag met deze zaak bezig. Toen typte hij 'wurging door toeval' op zijn rapport en ging naar buiten om zijn heg bij te snoeien.

Stanley Ellin
De specialiteit van het huis

De specialiteit van het huis (1948) was het eerste korte verhaal van Stanley Ellin en tevens het eerste van de zeven verhalen die in de belangrijke, jaarlijks door Ellery Queen's Mystery Magazine *uitgeschreven 'wedstrijden' een prijs zou behalen.*

Ellin is bekend vanwege zijn fraai aangezette, knap uitgewerkte, briljante verhalen. Hij heeft drie maal een Edgar gewonnen, evenals Le Grand Prix de Littérature Policière (voor de Franse uitgave van zijn roman Mirror, Mirror on the Wall).

De film- en televisiewereld heeft vaak gebruik gemaakt van zijn romans en korte verhalen, ook van het verhaal dat hieronder volgt. Dat is verfilmd door Alfred Hitchcock, bij wie het kennelijk in de smaak was gevallen.

'En dit,' zei Laffler, 'is Sbirro's restaurant.' Costain zag een vierkante voorgevel van bruine steen, precies gelijk aan de andere gevels die zich aan weerszijden uitstrekten in de klamme schemering van de verlaten straat. Door de getraliede vensters van het souterrain ter hoogte van zijn voeten was een flauw lichtschijnsel achter zware gordijnen te zien.

'Goeie genade,' merkte hij op, 'het is wel een naargeestige boel, nietwaar?'

'Ik verzoek je te willen begrijpen dat Sbirro's restaurant er eentje zonder pretenties is,' zei Laffler stijfjes. 'Belegerd door deze afschuwelijke, neurotische tijden heeft het geweigerd zich aan te passen. Het is misschien wel het laatste belangrijke gebouw in deze stad dat met gaslampen verlicht wordt. Hier zul je dezelfde eerlijke inrichting, hetzelfde prachtige Sheffield-servies en mogelijk in een hoekje precies dezelfde spinnewebben aantreffen die de

62

vaste klanten een halve eeuw geleden zagen!'

'Een twijfelachtige aanbeveling,' zei Costain, 'en nauwelijks hygiënisch.'

'Wanneer je naar binnen gaat,' vervolgde Laffler, 'dan laat je de waanzin van dit jaar, deze dag en dit uur achter en je merkt dat je voor korte tijd geestelijk gesterkt bent, niet door weelderigheid maar door waardigheid, wat de vergeten eigenschap van onze tijd is.'

Costain lachte ongemakkelijk. 'Zo klinkt het eerder of het een kathedraal is in plaats van een restaurant,' zei hij.

In het bleke schijnsel van de straatlantaarn boven hem tuurde Laffler naar het gezicht van zijn metgezel. 'Ik vraag me af,' zei hij kortaf, 'of ik er niet verkeerd aan heb gedaan jou uit te nodigen.'

Costain was pijnlijk getroffen. Ondanks een indrukwekkende titel en een ruim salaris was hij niet meer dan een kantoorbediende voor deze pompeuze kleine man, maar hij voelde zich gedwongen zijn gevoelens enigszins duidelijk te maken.

'Als je wilt, kan ik zonder problemen andere plannen voor mijn avond maken,' zei hij koeltjes.

Met zijn grote, runderachtige ogen op Costain gericht, en de wolk die over zijn blozende vollemaansgezicht trok, leek Laffler zich vreemd slecht op zijn gemak te voelen.

Daarop zei hij tenslotte: 'Nee, nee, helemaal niet. Het is belangrijk dat je met mij bij Sbirro's restaurant dineert.'

Hij greep Costains arm stevig vast en voerde hem door het gietijzeren toegangshek naar het souterrain. 'Kijk eens, jij bent de enige in mijn kantoor die iets schijnt te weten van lekker eten. En van mijn kant, als ik Sbirro's restaurant ken, maar geen gewaardeerde vriend heb om dat mee te delen is het net alsof je een uniek kunstwerk in een afgesloten kamer hebt, waar niemand anders ervan kan genieten.'

Costain werd hierdoor aanmerkelijk milder gestemd. 'Ik begrijp dat er heel wat mensen zijn die gebruik maken van deze omstandigheid.'

'Zo iemand ben ik niet!' zei Laffler scherp. 'En nu ik het geheim van Sbirro's restaurant jarenlang gekoesterd heb is het tenslotte onverdraaglijk geworden.' Hij morrelde opzij van het toegangshek en van binnen werd het zwakke, valse geklingel van een antieke trekbel hoorbaar. Een deur zwaaide knarsend naar binnen open en Costain tuurde in een donker gezicht waarvan de enige te onderscheiden trek een rij glanzende tanden was.

'Mijnheer?' zei het gezicht.

'De heer Laffler en een gast.'

'Mijnheer,' zei het gezicht nogmaals en deze keer was het duidelijk een uitnodiging. Het gelaat bewoog opzij en Costain struikelde over een afstapje achter zijn gastheer aan. De deur en het toegangshek knarsten achter hem en hij stond knipperend met zijn ogen in een kleine hal. Het duurde even voor hij zich realiseerde dat de figuur waar hij nu naar staarde zijn eigen spiegelbeeld was in een reusachtige penantspiegel die van de vloer tot het plafond reikte. 'Sfeer,' zei hij binnensmonds en hij onderdrukte een lachje toen hij zijn voorganger naar een tafeltje volgde.

Hij zat tegenover Laffler aan een tafel voor twee personen en hij keek nieuwsgierig de eetzaal rond. Die was bepaald niet groot, maar een stuk of zes suizelende gaslampen, die de enige verlichting vormden, straalden zo'n bedrieglijk licht uit dat de muren vervaagden op een onzekere afstand.

Er waren niet meer dan acht of tien tafels in de ruimte, zodanig opgesteld dat een maximum aan privacy gewaarborgd was. Alle tafels waren bezet en de paar kelners die bedienden bewogen stil en efficiënt.

In de ruimte klonk een zacht gerinkel en de schrapende geluiden van eetgerei en het geruststellende gemurmel van gesprekken. Costain knikte waarderend.

Laffler slaakte hoorbaar een zucht van verlichting. 'Ik wist wel dat jij mijn enthousiasme zou delen,' zei hij. 'Is het je trouwens opgevallen dat er geen dames aanwezig zijn?'

Costain trok zijn wenkbrauwen vragend op.

'Sbirro moedigt de leden van het zwakke geslacht niet aan de zaak te betreden,' zei Laffler. 'En ik kan je zeggen dat zijn methode beslist heel doeltreffend is. Ik heb niet zo lang geleden meegemaakt hoe een dame dat ondervond. Zij zat aan een tafel langer dan een uur te wachten op bediening die nooit kwam opdagen.'

'Maakte ze geen scène?'

'Dat deed ze.' Laffler glimlachte bij de herinnering. 'Ze slaagde erin de andere gasten te irriteren, haar gezelschap in verlegenheid te brengen en verder niets.'

'En wat deed mijnheer Sbirro?'

'Hij liet zich niet zien. Of hij de zaken van achter de coulissen bestierde of dat hij toen het gebeurde niet eens aanwezig was, weet ik niet. Maar waar hij ook was, het was een volslagen overwinning. De vrouw kwam nooit meer terug, en de onnozele heer die door haar mee te nemen eigenlijk de oorzaak van de hele toestand was, evenmin.'

'Een duidelijke waarschuwing voor alle aanwezigen,' lachte Costain. Nu verscheen een ober bij de tafel. De chocoladekleurige huid, de smalle, prachtig gevormde neus en lippen, de grote waterige ogen met lange wimpers en het zilverwitte haar, zo dik en zijdeachtig dat het als een kap op de schedel lag, alles wees erop dat hij een halfbloed was. De ober schikte het stugge tafellinnen, vulde twee rechte glazen uit een grote gesneden glazen kan en plaatste ze op de juiste plaats.

'Zegt u eens,' zei Laffler begerig, 'wordt de specialiteit vanavond ook geserveerd?'

De ober glimlachte spijtig en toonde zijn tanden die even opvallend waren als die van de man die opengedaan had. 'Het spijt me, mijnheer. Er is geen specialiteit vanavond.'

Op Lafflers gezicht verschenen rimpels van hevige teleurstelling. 'Na zo lang wachten. Het is al weer een maand geleden en ik hoopte mijn vriend hier te laten zien . . .'

'U begrijpt wat de moeilijkheden zijn, mijnheer.'

'Natuurlijk, natuurlijk.' Laffler keek Costain bedroefd aan en haalde zijn schouders op. 'Kijk, ik was van plan jou kennis te laten maken met de grootste traktatie die Sbirro serveert, maar jammer genoeg staat die vanavond niet op het menu.'

De ober zei: 'Wenst u dat ik nu opdien, mijnheer?' en Laffler knikte. Tot verbazing van Costain liep de ober meteen weg zonder op verdere instructies te wachten.

'Heb je van te voren besteld?' vroeg hij.

'Ach, dat had ik toch uit moeten leggen,' zei Leffler. 'Sbirro biedt helemaal geen keus. Jij zult dezelfde maaltijd als ieder ander in deze zaal eten. Morgenavond zou je een heel andere maaltijd voorgezet krijgen, maar weer zonder enige voorkeur te kunnen aanwijzen.'

'Hoogst ongebruikelijk,' zei Costain, 'en soms beslist onbevredigend. Wat als iemand de schotel die hem voorgezet wordt niet lust?'

'Wat dat betreft hoef je niet bang te zijn,' zei Laffler plechtig. 'Ik geef je mijn woord dat hoe veeleisend je smaak ook is, je van iedere hap zult genieten in Sbirro's restaurant.'

Costain keek bedenkelijk en Laffler glimlachte.

'En bekijk de spitsvondige voordelen van dit systeem eens,' zei hij. 'Wanneer je de spijskaart van een gewoon restaurant oppakt, word je geconfronteerd met talloze keuzemogelijkheden. Je wordt gedwongen af te wegen, de waarde te bepalen, ongemakkelijke beslissingen te nemen die je op hetzelfde moment misschien betreurt. Het effect van dit alles is een spanning, die hoewel licht, toch een onbehaaglijk gevoel geeft.

En bedenk eens hoe het proces in zijn werk gaat. In plaats van het rumoer van zwetende koks die in de keuken heen en weer vliegen als waanzinnig om wel honderd verschillende gerechten klaar te maken, hebben we hier een chef die kalm alleen staat en al zijn talenten op een taak kan richten met de zekerheid van een totale triomf.'

'Heb je de keuken dan gezien?'

'Helaas niet,' zei Laffler bedroefd. 'Het beeld dat ik schets is een veronderstelling, ik heb het opgebouwd uit losse opmerkingen die ik door de jaren heen heb samengevoegd. Ik moet echter toegeven dat mijn verlangen om eens te zien hoe de keuken hier werkt tegenwoordig bijna mijn enige obsessie is geworden.'

'Maar heb je dat tegen Sbirro gezegd?'

'Al zo vaak. Hij haalt zijn schouders op als ik het opper.'

'Is dat niet een nogal eigenaardig trekje van hem?'

'Nee, nee,' zei Laffler haastig, 'een meesterlijk artiest laat zich nooit dwingen door onbeduidende hoffelijkheid. Maar toch,' hij zuchtte, 'heb ik de hoop nooit opgegeven.'

De ober verscheen nu weer en hij droeg twee soepkommen, die hij met wiskundige nauwgezetheid neerzette, en een kleine soepterrine, waaruit hij langzaam een hoeveelheid heldere, dunne bouillon opschepte. Costain doopte zijn lepel in de bouillon en proefde er een beetje nieuwsgierig van. De soep was heel licht gekruid, op de rand van smakeloosheid af. Costain fronste, reikte naar het peper- en zoutstel, om te ontdekken dat er geen op tafel stond. Hij keek op, zag dat Lafflers ogen op hem rustten en hoewel hij zijn eigen smaak geen geweld wilde aandoen, aarzelde hij toch om een domper op Lafflers enthousiasme te zetten. In plaats daarvan glimlachte hij en wees op de bouillon.

'Voortreffelijk,' zei hij.

De glimlach keerde terug op Lafflers gezicht. 'Jij vindt de soep helemaal niet voortreffelijk,' zei hij koud. 'Jij vindt hem flauw en er zouden danig wat kruiden in moeten. Dat weet ik,' vervolgde hij toen Costains wenkbrauwen omhoog schoten, 'omdat ik net zo reageerde, vele jaren geleden en omdat ik merkte dat ik net als jij naar peper en zout reikte na de eerste hap. Ik leerde ook met verbazing dat kruiden niet beschikbaar zijn in Sbirro's restaurant.'

Costain was geschokt. 'Zelfs geen zout!' riep hij uit.

'Zelfs geen zout. Het simpele feit dat je het nodig hebt voor je soep is een bewijs dat je smaak al te veel is bedorven. Ik ben er zeker van dat je nu dezelfde ontdekking zult doen als ik deed: tegen de tijd dat je je soep bijna op hebt is je verlangen naar zout verdwenen.'

Laffler had gelijk; voordat Costain de bodem van de soepkom had bereikt, proefde hij de nuances van de bouillon met gestaag toenemende verrukking. Laffler schoof zijn eigen kom opzij en liet zijn ellebogen op tafel rusten.

'Ben je het nu met me eens?'

'Tot mijn verbazing, ja,' zei Costain.

Terwijl de ober zich bezig hield met het vrijmaken van de tafel liet Laffler zijn stem veelbetekenend dalen. 'Je zult merken, dat het ontbreken van kruiden maar één van de opvallende kenmerken van Sbirro's restaurant is. Ik kan je daar evengoed op voorbereiden. Er worden bijvoorbeeld geen alcoholische dranken van welke aard ook geserveerd, trouwens geen enkele drank behalve koel, helder water, de eerste en enige drank die een mens nodig heeft.'

'Behalve moedermelk,' opperde Costain droog.

'Daar kan ik passend op antwoorden door er op te wijzen dat de doorsnee gast van Sbirro dat eerste stadium van zijn ontwikkeling achter zich heeft.'

Costain lachte. 'Toegegeven,' zei hij.

'Mooi zo. Er geldt ook een verbod voor het gebruik van tabak in welke vorm ook.'

'Goeie hemel,' zei Costain. 'Maar maakt dat van Sbirro's restaurant niet eerder een geheelonthouders-asiel dan een toevluchtsoord voor fijnproevers?'

'Ik vrees dat jij de woorden fijnproever en veelvraat door elkaar haalt,' zei Laffler plechtig. 'De gulzigaard vraagt door zich vol te proppen een steeds bredere ervaring om zijn overvoerde zinnen te prikkelen, maar de ware aard van de fijnproever is eenvoud. De oude Griek die in zijn grove gewaad van een rijpe olijf geniet, de Japanner die in zijn kale kamer de kromming van een enkele bloemstengel beschouwt – dát zijn de ware fijnproevers.'

'Maar af en toe een drupje cognac of een pijpje tabak zijn toch nauwelijks overdadig,' zei Costain twijfelend.

'Door stimulerende middelen af te wisselen met verdovende zwaai je het tere evenwicht van je smaak zo heftig heen en weer dat het zijn kostbaarste eigenschap verliest: de waardering van verfijnd voedsel. In de jaren dat ik vaste klant van Sbirro ben is mij dat voldoende duidelijk geworden.'

'Mag ik vragen waarom je denkt dat de banvloek op deze dingen uit zulke verheven esthetische motieven voortkomt?' zei Costain. 'Wat dacht je van zulke platvoerse redenen als de hoge kosten van een drankvergunning of de mogelijkheid dat de klanten bezwaar zouden hebben tegen tabaksrook in zo'n beperkte ruimte?'

Laffler schudde heftig zijn hoofd. 'Als je Sbirro ontmoet,' zei hij, 'zul je meteen begrijpen dat hij er niet de man naar is om beslissingen op zo'n aardse grondslag te nemen. Eigenlijk was het Sbirro zelf die me op de hoogte bracht van wat jij "esthetische" motieven noemt.'

'Een verbazende man,' zei Costain toen de ober zich gereed maakte het hoofdgerecht op te dienen.

Laffler sprak niet eerder dan nadat hij een grote portie vlees genietend naar binnen had gewerkt.

'Ik aarzel om superlatieven te gebruken,' zei hij, 'maar naar mijn mening vertegenwoordigt Sbirro de mens op het toppunt van zijn beschaving!'

Costain trok een wenkbrauw op en bepaalde zich bij zijn gebraden vlees, dat in een plas dikke jus lag, zonder garnering van groente. De dunne damp die ervan omhoog steeg voerde een subtiel, aanlokkelijk aroma naar zijn neusvleugels dat hem het water in de mond deed lopen. Hij kauwde op een stukje, zo langzaam en zo grondig alsof hij bezig was de ingewikkeldheden van een symfonie van Mozart te ontleden. De rijkdom aan smaak die hij ontdekte was werkelijk buitengewoon, van de prikkelende hap van de krokante korst tot het eigenaardig flauwe, maar toch zielsverrukkende, uitsijpelende bloed dat door de druk van zijn kaken uit het half rauwe binnenste werd geperst.

Terwijl hij het vlees naar binnen werkte merkte hij dat hij een wilde honger naar nóg een stuk kreeg en nog een, en hij kon zich met moeite weerhouden zijn deel van het vlees en de jus naar binnen te schrokken zonder te wachten op de wellustige voldoening die iedere mondvol hem gaf. Toen hij zijn bord schoon had geschraapt realiseerde hij zich dat ze allebei, Laffler en hij het hele gerecht verorberd hadden zonder een enkel woord te wisselen. Hij maakte daar een opmerking over en Laffler zei: 'Zie je dan enige noodzaak voor woorden in de nabijheid van zulk voedsel?'

Costain keek rond in de versleten en slecht verlichte ruimte, en werd de zwijgende eters opnieuw gewaar.

'Nee,' zei hij nederig, 'dat kan ik niet. Als ik soms mijn twijfels had maak ik onvoorwaardelijk mijn excuses. Er was geen woord van overdrijving in jouw lof over Sbirro.'

'Aha,' zei Laffler gestreeld. 'En dat is nog maar een deel van het verhaal. Je hoorde mij de specialiteit noemen die vanavond helaas niet op het menu staat. Wat je zojuist hebt gegeten is nog niets in vergelijking met het absolute genot van die specialiteit!'

'Goede God!' riep Costain uit. 'Wat is het? Nachtegalentongetjes? Gefileerde eenhoorn?'

'Geen van beide,' zei Laffler, 'het is lam.'

'Lam?'

Laffler verzonk enige tijd in gepeins. Tenslotte zei hij: 'Als ik jou in mijn onbekrompen woorden mijn mening over dit gerecht geef zou je denken dat ik volslagen krankzinnig ben. Zo diep word ik alleen al door de gedachte eraan geroerd. Het is noch de vettige karbonade, noch de al te vaste schenkel. Het is in plaats daarvan een uitgelezen gedeelte van het zeldzaamste schaap dat er bestaat en het is genoemd naar de soort: Amirstaans lamsvlees.'

Costain fronste zijn wenkbrauwen. 'Amirstaans lam?'

'Een stuk verlatenheid dat bijna vergeten is bij de grens tussen Rusland en Afghanistan. Uit toevallige opmerkingen van Sbirro maak ik op dat het niet meer dan een hoogvlakte is waar het beklagenswaardig restant van een kudde magnifieke schapen graast. Sbirro is er op een of andere manier in geslaagd het recht te krijgen deze schapen op te kopen en hij is dus de enige restaurateur die Amirstaans lam op zijn menukaart heeft staan. Ik kan je wel zeggen dat de verschijning van dit gerecht inderdaad een zeldzame gebeurtenis is en *geluk* is de enige gids voor de cliëntèle om er achter te komen op welke dag het precies wordt geserveerd.'

'Maar Sbirro kan toch zeker wel van te voren enige bekendheid geven wanneer deze gebeurtenis plaatsvindt,' zei Costain.

'Het bezwaar daartegen is eenvoudig uiteen te zetten,' zei Laffler. 'In deze stad woont een groot aantal doorgewinterde gulzigaards. Als de voorkennis zou uitlekken is het heel waarschijnlijk dat zij het gerecht uit nieuwsgierigheid leren kennen en van dat moment af de vaste klanten van deze tafels verdringen.'

'Maar je wilt toch niet beweren dat de paar mensen die hier aanwezig zijn, de enige in de hele stad zijn of misschien wel in de hele wereld, die het bestaan van Sbirro's restaurant kennen?' wierp Costain tegen.

'Bijna. Er kunnen een of twee vaste klanten zijn die om de een of andere reden op het ogenblik niet hier zijn.'

'Dat is ongelooflijk.'

'Dat kan,' zei Laffler en er klonk een zweem van dreiging in zijn stem, 'omdat iedere gast plechtig beloofd heeft het geheim te bewaren. Door mijn uitnodiging vanavond te aanvaarden neem je die verplichting automatisch over. Ik hoop dat ik je daarin kan vertrouwen.'

Costain bloosde. 'Mijn positie in je bedrijf zou voor me moeten pleiten. Ik vraag me alleen af wat de wijsheid is van een beleid dat zulk verrukkelijk voedsel weghoudt van zoveel mensen die ervan zouden genieten.'

'Weet je wat het onvermijdelijke resultaat van een beleid dat jij voorstaat zou zijn?' vroeg Laffler bitter. 'Een toevloed van idioten die elke nacht zouden klagen dat ze nooit gebraden eend met chocoladesaus geserveerd krijgen. Kun jij dat beeld verdragen?'

'Nee,' gaf Costain toe. 'Ik moet het wel met je eens zijn.'

Laffler leunde vermoeid achterover in zijn stoel en streek met een onzeker gebaar van zijn hand over zijn ogen. 'Ik ben een eenzaam man,' zei hij zacht, 'en niet alleen uit eigen verkiezing. Het kan vreemd in jouw oren klinken, het kan grenzen aan zonderlingheid, maar ik voel diep in mijzelf dat dit restaurant, deze warme hemel in een koude, dwaze wereld zowel een vriend als een gezin voor mij is.'

En Costain, die tot dit ogenblik zijn gezelschap nooit anders gezien had dan als een tirannieke werkgever of een opdringerige gastheer, voelde nu een steek van overweldigend medelijden in zijn behaaglijk uitgezette maag.

Toen er bijna twee weken verstreken waren hadden de uitnodigingen om met Laffler naar Sbirro's restaurant te gaan iets van een ritueel gekregen.

Iedere dag, om een paar minuten over vijf, zou Costain de gang in het kantoor op stappen en zijn kleine werkkamertje achter zich afsluiten. Hij drapeerde zijn overjas netjes over zijn linkerarm en tuurde naar de glazen deur om zich ervan te verzekeren dat zijn gleufhoed onder de juiste hoek stond.

Eerst liet hij dit volgen door het opsteken van een sigaret, maar op aandringen van Laffler had hij besloten een eerlijke poging te doen op te houden met roken.

Daarna begon hij de gang uit te lopen en dan kwam Laffler hem achterop en schraapte zijn keel. 'Ah, Costain. Toch geen plannen voor vanavond, hoop ik?'

'Nee,' zou Costain zeggen. 'Ik heb geen verplichtingen' of 'Als ik u van dienst kan zijn', of iets even zinloos. Hij vroeg zich wel eens af of het niet meer tactvol was het ritueel met af en toe een weigering af te wisselen, maar de stralende blik waarmee Laffler zijn antwoord begroette en de ruwe vriendelijkheid van Lafflers greep op zijn arm weerhielden hem.

Tussen de verraderlijke klippen van de zakenwereld, overpeinsde Costain, kun je niets beters doen om vaste grond onder de voeten te houden dan vriendschap sluiten met je werkgever. Een secretaresse die veel met de werkzaamheden op het privékantoor te maken had, had al eens openlijk een opmerking gemaakt over de heel gunstige mening van Laffler over Costain. Dat strekte allemaal tot voorspoed.

En het eten! Het onvergetelijke voedsel in Sbirro's restaurant! Voor de eerste keer in zijn leven merkte Costain, gewoonlijk een magere en knokige verschijning, met dankbaarheid op dat hij beslist aankwam: binnen twee weken waren zijn botten verdwenen onder een laag soepel, stevig vlees en hier en daar waren er zelfs tekenen van beginnende molligheid. Het idee kwam plotseling in Costain op, toen hij zichzelf in bad bekeek, dat de gezette Laffler zelf misschien ook wel een schraal en mager type was voordat hij Sbirro's restaurant had ontdekt.

Dus was er kennelijk van alles te winnen en niets te verliezen door de uitnodigingen van Laffler te accepteren. Misschien zouden na de aangekondigde geneugten van Amirstaans lam geproefd te hebben en na een ontmoeting met Sbirro, die zich tot dusver nog niet vertoond had, een of twee weigeringen op hun plaats zijn. Maar zeker niet eerder.

Die avond, op de dag af twee weken na zijn eerste bezoek aan Sbirro's restaurant, werden de beide wensen van Costain vervuld: hij dineerde met Amirstaans lam en hij ontmoette Sbirro. Beiden overtroffen al zijn verwachtingen.

Toen de ober meteen nadat hij ze een plaats had gewezen over hun tafeltje boog en ernstig aankondigde: 'Vanavond is de specialiteit er, mijnheer,' schrok Costain toen hij merkte dat zijn hart vol verwachting bonsde. Hij zag Lafflers handen op het tafeltje voor hem hevig trillen. Maar dat is toch niet gewoon, bedacht hij zich plotseling, twee volwassen mannen die kennelijk intelligent en volledig bij zinnen zijn, gedragen zich nerveus als een paar katten die

72

wachten tot hun vlees wordt toegeworpen!

'Dit is het!' Hij schrok zo van Lafflers stem dat hij bijna uit zijn stoel opsprong. 'De culinaire triomf van alle tijden. En nu je ervoor staat raak je in verlegenheid door de hevige emotie die erdoor wordt opgewekt.'

'Hoe wist je dat?' vroeg Costain zwakjes.

'Hoe? Omdat ik tien jaar geleden net als jij in verlegenheid raakte. Als je daarbij jouw veranderde houding voegt is het gemakkelijk te zien hoe geschokt je bent door de wetenschap dat de mens nog niet vergeten is voor zijn vlees te kwijlen.'

'En de anderen,' fluisterde Costain, 'hebben zij allemaal hetzelfde gevoel?'

'Oordeel zelf.'

Costain keek steels naar de tafeltjes vlakbij. 'Je hebt gelijk,' zei hij tenslotte, 'in elk geval ben ik niet de enige.'

Laffler knikte met zijn hoofd naar de andere kant. 'Eén van de anderen staat kennelijk een teleurstelling te wachten,' merkte hij op. Costain volgde het gebaar. Aan het aangewezen tafeltje zat een grijsharige man opvallend alleen en Costain keek fronsend in de richting van de lege stoel tegenover hem.

'Hé, ja,' herinnerde hij zich, 'die erg corpulente, kale man, nietwaar? Ik geloof dat het voor de eerste keer in twee weken is dat hij hier niet dineert.'

'Eerder voor het eerst in tien jaar,' zei Laffler meelevend. 'Weer of geen weer, rampen of tegenspoed, ik geloof niet dat hij ooit een avond in Sbirro's restaurant gemist heeft sinds ik hier voor de eerste keer dineerde. Stel je zijn gezicht eens voor als hem verteld wordt dat juist de eerste keer wanneer hij er niet was Amirstaans lam het *plat du jour* was.'

Costain keek nog eens naar de lege stoel met een vaag gevoel van onbehagen.

'De allereerste keer?' mompelde hij.

'Mijnheer Laffler! En een vriend! Wat een genoegen. Wat een groot, gróót genoegen. Nee, blijft u toch zitten, ik zal even een stoel bijschuiven.' Op wonderbaarlijke wijze verscheen er een stoel onder de figuur die naast de tafel stond. 'Het Amirstaans lam zal een onverdeeld succes worden, hoor? Ik heb zelf de hele dag in die miserabele keuken staan zweten en die domme kok opgepord alles nauwkeurig te doen. Het nauwkeurig doen is het belangrijkste, hoor? Maar ik zie dat uw vriend mij niet kent. Misschien een introductie?'

Deze woorden volgden op elkaar in een vriendelijke, gladde stroom. Ze murmelden, ze snorden, ze hypnotiseerden Costain zodat hij niet anders kon doen dan staren. De mond waar deze golvende monoloog uitrolde was verontrustend groot, met dunne beweeglijke lippen die bij elke lettergreep krulden en draaiden.

Onder de platte neus was een onregelmatige streep haren te zien; wijd uiteenstaande ogen, bijna Oosters in voorkomen, die schitterden in het onvaste schijnsel van gaslicht; en lang, sluik haar dat van hoog op het ongerimpeld voorhoofd achterover gekamd was – haar dat zó licht was, dat het leek of alle kleur eruit gebleekt was. Hij zocht koortsachtig in zijn geheugen, maar er borrelde geen duidelijke herinnering op.

De stem van Laffler deed Costain opschrikken uit zijn gepeins. 'Mijnheer Sbirro. Mijnheer Costain, een goede vriend en medewerker.' Costain kwam overeind en schudde de uitgestoken hand. Die was warm en droog en zo hard als steen in zijn handpalm.

'Wat een genoegen, mijnheer Costain. Wat een groot, gróót genoegen,' klonk de stem spinnend. 'Bevalt mijn kleine zaak u? Er staat u een heerlijke traktatie te wachten, dat kan ik u verzekeren.'

Laffler onderdrukte een lachje. 'O, maar Costain is hier al twee weken regelmatig komen dineren,' zei hij. 'Hij is op weg een groot bewonderaar van je te worden, Sbirro.'

De ogen werden naar Costain gedraaid. 'Dat is een heel groot compliment. U complimenteert mij met uw aanwezigheid en ik doe hetzelfde met mijn gerechten, hoor? Maar Amirstaans lam overtreft alles wat u in het verleden geproefd heeft, dat verzeker ik u. Al de moeite om het te krijgen en alle problemen bij de bereiding worden werkelijk beloond.'

Costain trachtte het tergende vraagstuk van dat gezicht opzij te zetten.

'Ik heb me afgevraagd,' zei hij, 'waarom u na al deze moeilijkheden die u noemt, zelfs nog de moeite neemt Amirstaans lam aan het publiek te presenteren. Uw andere gerechten zijn toch zeker uitmuntend genoeg om uw reputatie hoog te houden?'

Sbirro glimlachte zo breeduit dat zijn gezicht volmaakt rond werd.

'Misschien is het een kwestie van psychologie, hoor? Iemand ontdekt een wonder en moet het met anderen delen. Hij moet misschien tot het uiterste gaan om het overduidelijke genoegen te zien van degenen die het met hem ervaren. Of misschien,' hij haalde zijn schouders op, 'is het gewoon een kwestie van goed zaken doen.'

'Maar waarom stelt u, in dat licht bezien, en alle geboden die u uw klanten oplegt in aanmerking genomen, het restaurant open voor publiek in plaats van het als een besloten club te drijven?' hield Costain aan.

De ogen vonkten plotseling naar die van Costain en draaiden daarop weg.

'Zo scherpzinnig, hoor? Dan zal ik het u vertellen. Omdat er meer privacy in een publieke eetgelegenheid te vinden is dan in de meest exclusieve club die er bestaat! Hier vraagt niemand inlichtingen over je zaken, niemand wenst de intimiteiten van je leven te kennen. Hier is het zaak te eten. Wij zijn niet nieuwsgierig naar namen en adressen of de redenen van het komen en gaan van onze gasten. Wij verwelkomen u hier als u er bent, we betreuren het niet als u hier niet langer komt. Dat is het antwoord, hoor?'

Costain was geschrokken door deze heftige woorden. 'Ik was niet van plan mijn neus in uw zaken te steken,' stamelde hij.

Sbirro likte met het puntje van zijn tong over zijn dunne lippen. 'Nee, nee,' verzekerde hij, 'u bemoeit zich ook niet met mijn zaken. Laat ik u die indruk niet geven. Integendeel, ik zie uw vragen tegemoet.'

'Ach kom, Costain,' zei Laffler. 'Laat je niet bang maken door Sbirro. Ik ken hem al jaren en ik kan je garanderen dat blaffende honden niet bijten. Voor je het weet is hij bezig je alle bijzonderheden van het huis te vertellen – op het laatst nodigt hij je natuurlijk uit zijn kostelijke keuken te bezichtigen.'

'Aha,' glimlachte Sbirro, 'wat dat betreft zal mijnheer Costain nog een tijdje moeten wachten. Voor de rest sta ik altijd tot zijn beschikking.'

Laffler sloeg joviaal met zijn hand op tafel. 'Wat heb ik je ge-

75

zegd!' zei hij. 'Zeg eens eerlijk, Sbirro: heeft niemand, behalve je personeelsleden dan, ooit een stap in het heiligste der heiligen mogen zetten?'

Sbirro keek omhoog. 'U ziet aan de muur boven het portret van iemand die ik die eer bewees,' zei hij ernstig. 'Een heel erg geliefde vriend en al heel lang een trouwe gast, hij is het bewijs dat mijn keuken niet ongerept is.'

Costain bestudeerde de afbeelding en schoot overeind toen hij het herkende. 'Hee,' zei hij opgewonden, 'dat is die beroemde schrijver – je weet wie ik bedoel. Laffler – hij schreef altijd van die prachtige korte verhalen en cynische stukjes en plotseling ging hij weg en verdween in Mexico!'

'Natuurlijk,' riep Laffler uit, 'en dan te bedenken dat ik jaren onder zijn portret heb gezeten zonder het me te realiseren!' Hij wendde zich naar Sbirro. 'Een goede vriend zei je? Zijn verdwijning moet een slag voor je geweest zijn.'

Het gezicht van Sbirro werd langer: 'Dat was het, dat was het, laat ik u dat zeggen. Maar bekijkt u het eens van deze kant, heren: hij was misschien wel groter in zijn sterven dan in zijn leven. Hij was een heel tragisch man, dikwijls vertelde hij me dat hij zijn enige gelukkige uren aan juist deze tafel doorbracht. Aandoenlijk, is het niet? En dan te bedenken dat de enige gunst die ik hem ooit kon bewijzen was dat ik hem getuige liet zijn van de geheimen van mijn keuken, die alles bij elkaar niets meer is dan een gewone, eenvoudige keuken.'

'U schijnt erg zeker van zijn overlijden te zijn,' merkte Costain op. 'Per slot van rekening is daar nooit een bewijs voor op tafel gekomen.'

Sbirro keek peinzend naar het portret. 'Helemaal niets,' zei hij zachtjes. 'Merkwaardig, hoor?'

Bij de aankomst van het hoofdgerecht sprong Sbirro overeind en begon hen persoonlijk te bedienen. Met wijd open ogen tilde hij de schotel van het dienblad en snoof de geur die er uit opsteeg genietend op. Daarna schepte hij heel voorzichtig om geen druppeltje jus te morsen twee borden vol met hompen druipend vlees. Alsof hij uitgeput was geraakt door dit werk ging hij zwaar ademend weer op zijn stoel zitten. 'Heren,' zei hij, 'eet u smakelijk.'

Costain kauwde zijn eerste mondvol heel weloverwogen en slikte door. Daarna keek hij met glazige ogen naar de lege tanden van zijn vork.

'Grote God'! zuchtte hij.

'Het is heerlijk, hè? Beter dan u gedacht had?'

Costain schudde duizelig zijn hoofd. 'Het is even onmogelijk,' zei hij langzaam, 'voor de oningewijde om de verrukkingen van Amirstaans lam te bevatten als het voor een sterfelijk mens is in zijn eigen ziel te kijken.'

'Misschien,' Sbirro boog zijn hoofd zo dichtbij dat Costain de warme, onwelriekende adem in zijn neus voelde kietelen, 'misschien heeft u juist een vluchtige blik in uw eigen ziel geworpen, hoor?'

Costain probeerde zich voorzichtig terug te trekken zonder onbeleefd te lijken. 'Misschien,' lachte hij, 'en dat leverde een aangename aanblik op: allemaal slagtanden en klauwen. Maar zonder de bedoeling op een of andere wijze oneerbiedig te zijn, zou ik het toch nauwelijks waarderen mijn geloof op *lamsvlees en casserole* te bouwen.'

Sbirro kwam overeind en legde een hand vriendelijk op zijn schouder.

'Zo schrander,' zei hij. 'Soms als u niets te doen heeft, niets behalve een poosje in een donkere kamer te zitten en over deze wereld te denken – hoe die is en wat ervan zal worden – dan moet u uw gedachten eens een beetje richten op de betekenis van het Lam in de religie. Dat zal zó interessant zijn. Maar nu,' hij maakte een diepe buiging voor beide mannen, 'heb ik u lang genoeg van uw diner afgehouden. Het was me een waar genoegen' – hij knikte naar Costain – 'en ik ben er zeker van dat we elkaar weer zullen ontmoeten.' De tanden glansden, de ogen schitterden en Sbirro was door het gangpad tussen de tafels verdwenen.

Costain keerde zich om, zodat hij de verdwijnende gestalte na kon staren. 'Heb ik hem soms beledigd?' vroeg hij.

Laffler keek op van zijn bord. 'Hem beledigd? Hij is dol op dat soort gesprekken. Amirstaans lam is voor hem een ritueel. Breng hem aan de gang en hij zal bij je terug komen en heel wat keren vasthoudender dan een priester die iemand wil bekeren.'

Costain richtte zich weer op zijn maaltijd, terwijl het gezicht nog steeds voor zijn ogen zweefde. 'Interessante man,' overpeinsde hij, 'héél interessant.'

Het kostte hem een maand om de kwellende vertrouwdheid van dat gezicht te ontdekken en toen dat lukte moest hij hardop lachen in bed.

Ja, natuurlijk! Sbirro had model kunnen staan voor de Cheshire kat in Alice in Wonderland!

Hij bracht deze gedachte over aan Laffler op de eerste de beste avond toen ze tegen een koude, gierende wind optornden naar de straat waar het restaurant lag. Laffler keek alleen maar voor zich uit.

'Je kunt gelijk hebben,' zei hij, 'maar ik ben geen geschikte beoordelaar. Het is lang geleden dat ik het boek gelezen heb. Inderdaad een echo uit het verleden.'

Alsof zijn woorden gehoord waren weergalmde een doordringende kreet door de straat en met een ruk bleven beide mannen stil staan. 'Daar is iemand in moeilijkheden,' zei Laffler. 'Kijk!'

Niet ver van de ingang van Sbirro's restaurant waren twee vechtende gestalten te onderscheiden in de schemering. Ze zwaaiden heen en weer en plotseling tuimelden ze kronkelend op elkaar op het trottoir. Het jammerlijke gehuil steeg nogmaals op en Laffler holde er, ondanks zijn omvang met een vaartje op af, met Costain behoedzaam op zijn hielen.

Op het plaveisel lag languit een slanke gestalte met de donkere gelaatskleur en het witte haar van een van Sbirro's bedienden. Zijn vingers plukten tevergeefs aan grote handen die om zijn keel gesloten waren en zijn knieën duwden zwakjes omhoog tegen de kolossale massa van een man die hem met zijn volle gewicht ruw tegen de grond drukte.

Laffler kwam hijgend aangelopen. 'Hou daarmee op!' schreeuwde hij. 'Wat is hier aan de hand?'

De smekende ogen puilden uit hun kassen en keken Laffler aan. 'Help, mijnheer. Deze man ... dronken ...'

'Dronken ben ik, jij vuile ...' Costain zag nu dat de kerel een zeeman was in een smoezelig uniform. De lucht in zijn omgeving stonk naar sterke drank. 'Mijn zakken rollen en me ook nog voor dronkelap uitmaken, hoe durf je!' Hij duwde zijn hand strakker om de keel en zijn slachtoffer kermde.

Laffler greep de zeeman bij de schouder. 'Laat hem los, hoor je me! Laat hem onmiddellijk los!' schreeuwde hij en het volgende ogenblik werd hij tegen Costain aangesmeten die achteruit wankelde door de hevige botsing.

De aanslag op zijn lichaam bracht Laffler tot onmiddellijk en waanzinnig handelen. Zonder een kik te geven sprong hij op de zeebonk af en hij sloeg en trapte als een razende op diens onbeschermde gezicht en flanken. Eerst verbluft kwam de man snel overeind en keerde zich tegen Laffer. Een ogenblik hielden de mannen elkaar vast en daarna, toen Costain zich bij de aanvaller voegde, vielen ze alledrie spartelend op de grond. Langzaam kwamen Laffler en Costain overeind en keken naar het lichaam voor hen.

'Hij is bewusteloos van de drank,' zei Costain, 'of hij heeft zijn hoofd gestoten toen hij viel. In elk geval is het een zaak voor de politie.'

'Nee, nee, mijnheer!' De kelner krabbelde zwakjes overeind en bleef wankelend staan. 'Geen politie, mijnheer. Dat wil mijnheer Sbirro niet. Begrijpt u, mijnheer?' Hij greep smekend Costains hand en Costain keek naar Laffler. 'Natuurlijk niet,' zei Laffler. 'We hoeven de politie er niet mee lastig te vallen. Ze zullen hem gauw genoeg oppikken, die moordlustige gek. Maar waar begon dit alles in vredesnaam mee?'

'Die man, mijnheer, hij loopt heel wankelend rond en zonder opzet raak ik hem aan. Toen viel hij me aan en beschuldigde mij dat ik hem wilde beroven.'

'Net wat ik dacht.' Laffler trok de kelner vriendelijk mee. 'Ga nu maar naar binnen en laat je verzorgen.'

De man scheen op het punt te staan om in tranen uit te barsten. 'Aan u heb ik mijn leven te danken. Als ik iets voor u kan doen . . .'

Laffler stond nu op de trap die naar het souterrain leidde waar de voordeur van Sbirro's restaurant was. 'Nee, nee, het was niets. Ga nu maar en als Sbirro vragen heeft stuur hem dan naar mij toe. Ik zal het wel uitleggen.'

'Mijn leven, mijnheer,' waren de laatste woorden die ze hoorden toen de binnendeur achter hen dichtging.

'Daar heb je het nou,' zei Laffler, toen hij even later zijn stoel bijschoof naar hun tafeltje, 'de beschaafde mens in al zijn glorie. Stinkend naar alcohol en op leven en dood worstelend met een miserabele onschuldige die te dichtbij kwam.'

Costain deed een poging de zenuwschokkende herinnering aan het gebeuren in een beter daglicht te plaatsen. 'Het zijn nerveuze types die aan de drank raken,' zei hij. 'Er is vast een reden voor de toestand van die zeeman.'

'Een reden? Natuurlijk is die er. Gewoon primitieve woestheid!' Laffler maakte een gebaar met zijn arm of hij iedereen wilde omhelzen. 'Waarom zitten we hier allemaal aan ons vlees? Niet alleen om lichamelijke behoeften te stillen, maar ook omdat ons primitieve Zelf om verlossing vraagt. Denk eens terug, Costain. Herinner jij je dat ik Sbirro eens beschreef als het summum van beschaving? Zie je nu waarom? Een briljant man, hij begrijpt de aard van menselijke wezens volkomen. Maar niet zoals minder hoogstaande mensen richt hij al zijn inspanningen op de bevrediging van onze inborst, zonder dat daar schade uit voortvloeit voor een onschuldige toeschouwer.'

'Als ik terug denk aan de verrukkingen van Amirstaans lam,' zei Costain, 'begrijp ik heel goed waar je op aanstuurt. En is het trouwens niet zo'n beetje tijd dat het op het menu verschijnt? Het moet al langer dan een maand geleden zijn dat het voor de laatste keer werd geserveerd.'

De ober die de glazen volschonk, aarzelde. 'Het spijt me, mijnheer. Geen specialiteit vanavond.'

'Daar heb je je antwoord,' gromde Laffler, 'en waarschijnlijk net mijn pech om het de volgende keer helemaal mis te lopen.'

Costain staarde hem aan. 'Ach, kom, dat is onmogelijk.'

'Nee, verdomme.' Laffler dronk de helft van zijn waterglas in één slok leeg en de ober vulde onmiddellijk zijn glas bij. 'Ik moet weg naar Zuid-Amerika voor een inspectieronde bij verrassing. Een maand, twee maanden, de hemel mag weten hoe lang.'

'Staat het er daar zó slecht voor?'

'Het kon beter zijn.' Laffler grinnikte plotseling. 'Je moet niet vergeten dat het hele aardse dollars en centen zijn waarmee de rekening van Sbirro betaald moet worden.'

'Ik heb er geen woord over gehoord op kantoor!'

'Het zou ook geen verrassingstocht zijn als je wel wat had gehoord. Niemand weet er iets van behalve ikzelf – en jij nu. Eens uitvissen wat voor smoesjes ze daar ophangen. Wat het kantoor betreft ben ik ergens een uitstapje aan het maken. Misschien aan het herstellen in een of ander sanatorium van mijn harde werken. Hoe dan ook, de zaken zullen in goede handen zijn. Onder andere de jouwe.'

'De mijne?' zei Costain verrast.

'Als je morgen aan het werk komt zul je ontdekken dat je promotie hebt gemaakt, zelfs als ik er niet ben om dat persoonlijk te zeggen. Denk erom, het heeft niets met onze vriendschap te maken; je hebt je werk goed gedaan en daar ben ik je ontzettend dankbaar voor.'

Costain bloosde onder het compliment. 'Je denkt er morgen niet te zijn. Dus je vertrekt vanavond?'

Laffler knikte. 'Ik heb geprobeerd wat boekingen te ritselen. Als dat lukt, nou, dan is dit een soort afscheidsfeestje.'

'Weet je,' zei Costain langzaam, 'ik hoop oprecht dat jouw reserveringen niet lukken. Ik geloof dat onze dineetjes hier meer voor mij zijn gaan betekenen dan ik me ooit durfde voor te stellen.'

De stem van de ober kwam tussenbeide. 'Wenst u dat ik nu opdien, mijnheer?' en allebei schrokken ze op.

'Natuurlijk, natuurlijk,' zei Laffler scherp. 'Ik realiseerde me niet dat je stond te wachten.'

'Wat me dwars zit,' vertelde hij aan Costain toen de ober wegliep, 'is de gedachte aan Amirstaans lam dat ik moet missen. Om je de waarheid te zeggen heb ik mijn vertrek al een week uitgesteld in de hoop op een avond geluk te hebben, maar nu kan ik het niet langer uitstellen. Ik hoop echt dat je met passende spijt aan mij denkt als je aan jouw portie Amirstaans lam zit.'

Costain lachte. 'Dat zal ik inderdaad,' zei hij en begon te eten.

Hij had amper het bord leeg of een ober reikte er naar. Het was niet hun vaste ober, zag hij, het was niemand anders dan het slachtoffer van de aanranding.

'En,' zei Costain, 'hoe voel je je nu? Nog een beetje van de kaart?'

De ober besteedde geen aandacht aan hem. In plaats daarvan wendde hij zich tot Laffler en het leek of hij onder grote spanning stond. 'Mijnheer,' fluisterde hij. 'Mijn leven ben ik u verschuldigd, en ik kan u terugbetalen!'

Laffler keek verbaasd op en schudde toen heftig zijn hoofd. 'Nee,' zei hij, 'ik wil niets van je, begrepen? Je hebt me al voldoende terugbetaald met je bedankjes. Ga nu weer verder met je werk en laat ik er niets meer over horen.'

De ober verroerde zich niet, maar zijn stem werd iets luider. 'Bij het lichaam en bloed van uw God, mijnheer, ik zal u helpen zelfs als u dat niet wilt! *Ga niet in die keuken, mijnheer*. Ik zet mijn leven op het spel voor het uwe als ik dit zeg, mijnheer. Niet vanavond en geen enkele andere avond van uw leven mag u die keuken van Sbirro binnengaan.'

Laffler week verbluft achteruit in zijn stoel. 'Niet in de keuken gaan? Waarom zou ik niet in de keuken gaan, als mijnheer Sbirro het ooit in zijn hoofd haalt me daar uit te nodigen? Waar heb je het eigenlijk over?'

Een harde hand werd op Costains rug gelegd en een andere greep de arm van de ober. De ober bleef als vastgevroren op de plek staan met zijn lippen samengeperst en zijn ogen neergeslagen.

'Wat gaat *waar* eigenlijk over, heren?' snorde de stem. 'Wat een geluk dat ik langs kwam. Net op tijd zoals altijd, begrijp ik, om alle vragen te beantwoorden, hoorr?'

Laffler slaakte een zucht van opluchting. 'Aha, Sbirro, de hemel zij dank dat je er bent. Deze man mompelt hier iets over dat ik nooit in je keuken moet komen. Begrijp jij wat hij bedoelt?'

De tanden werden in een brede grijns zichtbaar. 'Maar natuurlijk. Deze brave man wilde je in alle vriendschappelijkheid advies geven. Het gebeurde toevallig dat mijn al te emotionele kok een gerucht opving dat ik misschien een gast in zijn kostelijke keuken zou uitnodigen en hij kreeg een vreselijke aanval van woede. Wat een razernij heren! Hij dreigde zelfs op staande voet ontslag te nemen en u kunt begrijpen wat dat voor Sbirro's restaurant zou betekenen, hoorr? Gelukkig ben ik erin geslaagd hem duidelijk te maken wat een eerbewijs het is om zich door een gewaardeerde gast en waarachtige *connoisseur* op de vingers te laten kijken en nu is hij heel inschikkelijk, hoorr? Deze uitnodiging aan u, mijnheer Laffler, was bedoeld als verrassing, maar de verrassing is ervan af en alleen de uitnodiging is overgebleven.'

Laffler bette zweetdruppeltjes van zijn voorhoofd. 'Meent u het ernstig?' zei hij schor. 'Meent u werkelijk dat we vanavond getuige zullen zijn van de bereiding van uw gerechten?'

Sbirro trok met een scherpe vingernagel langs het tafelkleed en er bleef een dunne rechte lijn achter in het linnen. 'Aha,' zei hij, 'ik sta voor een groot dilemma.' Hij keek bedaard naar de lijn. 'U, mijnheer Laffler, bent tien lange jaren mijn gast geweest. Maar onze vriend hier . . .'

Costain hief afwerend zijn arm op. 'Ik begrijp het volkomen. De uitnodiging geldt alleen voor mijnheer Laffler en mijn aanwezigheid brengt u uiteraard in verlegenheid. Toevallig heb ik vroeg in de avond een afspraak en ik moet dus toch snel weg. Dus u ziet, er is helemaal geen dilemma, heus niet.'

'Nee,' zei Laffler, 'daar komt absoluut niets van in. Dat zou helemaal niet eerlijk zijn. We hebben dit tot nu toe samen gedeeld, Costain, en ik zou niet half zo veel genieten van de belevenis als jij er niet bij bent. Sbirro wil voor deze ene keer vast wel een beetje soepel zijn.'

Ze keken allebei naar Sbirro die spijtig zijn schouders ophaalde.

Costain stond met een ruk op. 'Ik blijf hier niet zitten om jouw grote avontuur te bederven, Laffler. En bovendien,' schertste hij, 'denk eens aan die woeste kok die met zijn keukenmes op je staat te wachten. Ik wil er liever niet bij zijn. Ik zeg maar vast tot ziens,' vervolgde hij om het beteuterde zwijgen van Laffler te verbreken, 'en laat je aan Sbirro over. Ik ben er zeker van dat hij zijn uiterste best zal doen je iets goeds te laten zien.'

Hij stak zijn hand uit en Laffler kneep er pijnlijk hard in.

'Dat is heel geschikt van je, Costain,' zei hij. 'Ik hoop dat je hier blijft dineren tot we elkaar weer treffen. Dat zal heus niet lang duren.'

Sbirro ging opzij zodat Costain kon passeren. 'Ik verwacht u,' zei hij. *Au revoir.*

Costain hield even stil in de schemerige hal om zijn sjaal recht te trekken en zijn gleufhoed in de juiste stand te duwen. Toen hij zich tenslotte tevreden van de spiegel afwendde, zag hij met een laatste blik dat Laffler en Sbirro al bij de keukendeur waren; Sbirro hield de deur uitnodigend wijd open met één hand, terwijl de andere haast teder op de vlezige schouders van Laffler rustte.

Roald Dahl
Lam naar de slachtbank

*Roald Dahls aanzienlijke reputatie op het gebied van de mis-
daadfictie berust voornamelijk op een groot aantal korte verhalen
die vrijwel alle heel spannend zijn en zeer vele griezelelementen
bevatten. Deze zijn samengebracht in minstens negen bundels,
waaronder de schitterende selectie* The Best of Roald Dahl *(1978).
Hij heeft tweemaal de* Edgar Award *gewonnen die wordt uitgereikt door de* Mystery Writers of America. *Daarnaast heeft hij de
scenario's geschreven voor zulke uiteenlopende films als* You
Only Live Twice *(1965) en* Willie Wonka and the Chocolate Factory *(1971). Die laatste film is gebaseerd op de roman* Charlie
and the Chocolate Factory, *die in 1964 werd uitgegeven en een van
de vele schitterende boeken is die hij voor kinderen heeft geschreven.*

De kamer was warm en schoon, de gordijnen waren dichtgetrokken
en de twee staande lampen brandden – de lamp naast haar en die
naast de lege stoel tegenover haar. Op het buffet achter haar twee
grote glazen, sodawater, whisky. Verse ijsblokjes in de thermosfles.

Mary Maloney wachtte tot haar echtgenoot thuis zou komen van
zijn werk.

Af en toe keek ze even op naar de klok, maar zonder zich zorgen
te maken, alleen om zichzelf te plezieren met de gedachte dat iedere minuut die voorbij was het moment waarop hij kwam dichterbij
bracht. Ze straalde kalmte uit en er speelde voortdurend een glim-
lachje om haar mond, bij alles wat ze deed. De houding van haar
hoofd toen ze zich over haar naaiwerk heen boog, was opmerkelijk
rustig. Haar huid – want ze was nu zes maanden in verwachting –
had een prachtig doorschijnend aanzien gekregen, de mond was

zacht, en de ogen leken met hun nieuwe, vreedzame blik groter dan voorheen.

Toen de klok tien minuten voor vijf aanwees, begon ze te luisteren en een paar momenten later, punctueel als altijd, hoorde ze banden op het grint buiten, het dichtslaan van het autoportier, de voetstappen langs het raam, de sleutel die in het slot werd omgedraaid. Ze legde haar naaiwerk weg, stond op en liep toen hij binnenkwam op hem af om hem een kus te geven.

'Hallo, lieveling,' zei ze.

'Hallo,' antwoordde hij

Ze pakte zijn jas aan en hing die in de kast. Toen liep ze naar het buffet en maakte de drankjes klaar, een vrij sterke voor hem en een sterk aangelengde voor haarzelf; en al snel zat ze weer in haar stoel met het naaiwerk en zat hij in de andere stoel, tegenover haar, waarbij hij het grote glas met beide handen vasthield en heen en weer schudde, zodat de ijsblokjes tegen de zijkant aan rinkelden.

Voor haar was dit altijd een heerlijk moment van de dag. Ze wist dat hij niet veel wilde praten tot hij zijn eerste glas leeg had en zij was er, aan haar kant, tevreden mee rustig te zitten en van zijn gezelschap te genieten na de lange uren die ze alleen in huis had doorgebracht. Ze vond het zalig intens te genieten van de aanwezigheid van deze man en die warme mannelijke gloed te voelen – vrijwel zoals iemand die aan het zonnen is, de zon voelt – die hij uitstraalde wanneer ze samen waren, zonder anderen erbij. Ze hield van hem om de manier waarop hij losjes in een stoel zat, om de manier waarop hij een deur door kwam, of langzaam met grote passen de kamer door liep. Ze hield van de strakke, afwezige blik in zijn ogen wanneer die op haar rustten, de grappige vorm van de mond en vooral van de manier waarop hij bleef zwijgen over zijn vermoeidheid, rustig en in zichzelf gekeerd wachtend tot de whisky een deel daarvan had weggenomen.

'Moe, lieveling?'

'Ja,' zei hij. 'Ik ben moe.' En toen hij dat zei, deed hij iets ongewoons. Hij bracht het glas naar zijn lippen en leegde dat in één teug, hoewel dat nog half, op zijn minst half vol was. Ze keek niet werkelijk naar hem, maar ze wist wat hij had gedaan, omdat ze de ijsblokjes op de bodem van het lege glas hoorde vallen toen hij zijn

86

arm weer omlaag bracht. Hij bleef even voorover geleund in de stoel zitten, stond toen op en liep langzaam naar het buffet om voor zichzelf nog eens een glas in te schenken.

'Dat doe ik wel!' riep ze, opspringend.

'Ga zitten,' zei hij.

Toen hij terug kwam, zag ze dat de inhoud van zijn glas donkergeel van kleur was door de hoeveelheid whisky die erin zat.

'Lieveling, zal ik je pantoffels voor je halen?'

'Nee.'

Ze keek toe hoe hij slokjes begon te nemen van de donkergele vloeistof en ze kon er kleine, olie-achtige draaiklokjes in zien, omdat hij zo sterk was.

'Ik vind het schandalig,' zei ze, 'dat ze een politieman die zoveel jaren in dienst is als jij, nog altijd de hele dag laten lopen.'

Hij gaf geen antwoord, dus boog ze haar hoofd weer en ging verder met naaien; maar iedere keer wanneer hij het glas naar zijn lippen bracht, hoorde ze de ijsblokjes tegen de zijkant ervan rinkelen.

'Lieveling,' zei ze. 'Zal ik wat kaas voor je halen? Ik heb geen avondeten gemaakt omdat het donderdag is.'

'Nee,' zei hij.

'Als je te moe bent om buitenshuis te eten,' ging ze verder, 'kunnen we daar nog wat aan doen. Er zit voldoende vlees en zo in de diepvries en ik kan je het eten hier geven, zonder dat je je stoel ook maar uit hoeft te komen.'

Haar ogen keken hem aan, wachtend op een antwoord, een glimlach, een klein knikje, maar hij reageerde niet.

'In ieder geval,' ging ze verder, 'zal ik eerst wat kaas en een paar crackers voor je halen.'

'Daar heb ik geen trek in,' zei hij.

Ze schoof wat ongemakkelijk heen en weer op haar stoel, terwijl de grote ogen zijn gezicht nog steeds in de gaten hielden. 'Maar je *moet* wat eten. Ik kan hier makkelijk een hapje klaar maken. Ik zou het prettig vinden dat te doen. We kunnen lamscoteletjes nemen. Of varkensvlees. Wat je maar hebben wilt. Het zit allemaal in de diepvries.'

'Laat maar,' zei hij.

'Maar lieveling, je *moet* eten! Ik zal het avondeten klaar maken en dan moet je maar zien of je het hebben wilt of niet.'

'Ga zitten,' zei hij. 'Ga nog een minuut zitten.'

Pas toen begon ze bang te worden.

'Kom op,' zei hij. 'Ga zitten.'

Ze liet zich langzaam weer in de stoel zakken, terwijl ze hem aldoor met die grote, verbijsterde ogen bleef aankijken. Hij had zijn tweede whisky opgedronken en staarde met gefronste wenkbrauwen in het lege glas.

'Luister,' zei hij. 'Ik moet je iets vertellen.'

'Wat dan, lieveling? Wat is er aan de hand?'

Hij zat nu volslagen bewegingloos en hield zijn hoofd omlaag, zodat het licht van de lamp naast hem het bovenste deel van zijn gezicht bescheen en zijn kin en mond in de schaduw bleven. Het viel haar op dat er een spiertje bij zijn linker ooghoek trilde.

'Ik ben bang dat dit wel een beetje als een schok voor jou zal komen,' zei hij, 'maar ik heb er veel over nagedacht en ik ben tot de conclusie gekomen dat er niets anders op zit dan het je nu meteen te vertellen. Ik hoop dat je het me niet al te kwalijk zult nemen.'

En hij vertelde het haar. Het duurde niet lang, op zijn hoogst vier of vijf minuten, en zij bleef al die tijd heel stil zitten, hem met een soort verdoofd afgrijzen aankijkend terwijl hij zich met ieder woord verder en verder van haar verwijderde.

'Zo staan de zaken ervoor,' voegde hij eraan toe. 'En ik weet dat het niet zo'n best moment is om het jou te vertellen, maar ik kon eenvoudigweg niet anders. Natuurlijk zal ik je geld geven en het zo regelen dat er voor je wordt gezorgd. Maar verder hoeft er werkelijk geen drukte over te worden gemaakt. Dat hoop ik in ieder geval. Dat zou niet zo best zijn voor mijn baan.'

Haar eerste instinctieve reactie was er niets van te geloven, alles te verwerpen. Ze bedacht zich dat hij misschien helemaal niets had gezegd, dat ze zich alles slechts had verbeeld. Misschien moest ze maar gewoon de dingen doen die ze gewend was te doen, alsof ze niet had zitten luisteren, en zou ze dan later, wanneer ze bij wijze van spreken weer wakker werd, tot de ontdekking komen dat niets van dit alles werkelijk was gebeurd.

'Ik ga het eten maken,' slaagde ze erin te fluisteren, en ditmaal hield hij haar niet tegen.

Toen ze de kamer doorliep, kon ze haar voeten de grond niet voelen raken. Ze kon helemaal niets voelen – met uitzondering van een lichte misselijkheid en een verlangen om over te geven. Allés deed ze nu automatisch – de trap af naar de kelder, de lichtknop, de diepvries, de hand die in de kist werd gestoken en het eerste het beste pakte waarmee hij in aanraking kwam. Ze haalde dat eruit en keek ernaar. Het was in papier gewikkeld, dus haalde ze het papier eraf en keek er opnieuw naar.

Een lamspoot.

Oké, dan zouden ze lam eten. Ze nam hem mee naar boven, het smalle bot aan het ene uiteinde met beide handen vasthoudend, en toen ze door de woonkamer liep zag ze hem bij het raam staan, met zijn rug naar haar toe, en hield pas op de plaats.

'Maak in Godsnaam geen avondeten voor me,' zei hij toen hij haar hoorde, maar zonder zich om te draaien. 'Ik ga weg.'

Op dat moment liep Mary Maloney eenvoudigweg op hem af, zwaaide meteen daarna de grote ingevroren lamspoot hoog door de lucht en liet die toen zo krachtig mogelijk neerdalen op zijn achterhoofd.

Ze had hem net zo goed met een stalen knots kunnen slaan.

Ze deed een stap achteruit, afwachtend, en het gekke was dat hij minstens vier of vijf seconden daar bleef staan, zachtjes heen en weer wiegend. Toen viel hij met een klap op het tapijt.

De zware val, het lawaai, de kleine tafel die omviel, zorgden er mede voor dat ze uit haar schoktoestand ontwaakte. Ze kwam langzaam weer bij haar positieven en voelde zich koud en verbaasd. Een tijdje bleef ze, knipperend, naar het lichaam staan kijken terwijl ze het belachelijke stuk vlees nog altijd stevig met beide handen vasthield.

Oké, zei ze tegen zichzelf. Dus ik heb hem vermoord.

Het was verbazingwekkend hoe helder haar geest nu opeens werd. Ze begon heel snel na te denken. Als echtgenote van een rechercheur wist ze heel goed welke straf haar te wachten stond. Dat was prima. Dat kon haar niets schelen. In feite zou het een opluchting zijn. Maar hoe zat het, aan de andere kant, met het kind? Welke wetten bestonden er voor moordenaressen met ongeboren kinderen? Werden beiden ter dood gebracht – moeder en kind? Of wachtten ze tot de tiende maand? Wat deden ze in zo'n geval?

Mary Maloney wist het niet. En ze was beslist niet van plan enig risico te lopen.

Ze bracht het vlees naar de keuken, deed het in een pan, zette de oven op zijn hoogste stand en schoof de pan erin. Toen waste ze haar handen en rende naar boven, naar de slaapkamer. Ze ging voor de spiegel zitten, fatsoeneerde haar haren, werkte haar lippen en gezicht bij. Ze probeerde een glimlach. Die was nogal eigenaardig. Ze probeerde het opnieuw.

'Hallo, Sam,' zei ze vrolijk, hardop.

De stem klonk ook eigenaardig.

'Ik wil graag een paar aardappels, Sam. Ja, en ook een blikje doperwten, denk ik.'

Dat was beter. De glimlach oogde en de stem klonk nu beter. Ze oefende nog een aantal malen. Toen rende ze de trap af, pakte haar jas, liep via de achterdeur naar buiten, de tuin door, de straat op.

Het was nog voor zessen en de lichten in de kruidenierswinkel waren nog aan.

'Hallo, Sam,' zei ze, vrolijk glimlachend naar de man achter de toonbank.

'Een goede avond, mevrouw Maloney. Hoe gaat het met u?'

'Ik wil graag een paar aardappels, Sam. Ja, en ook een blikje doperwten, denk ik.'

De man draaide zich om en stak zijn arm uit naar de plank waarop de erwten stonden.

'Patrick is tot de conclusie gekomen dat hij moe is en vanavond niet buiten de deur wil eten,' zei ze tegen hem. 'Gewoonlijk gaan we op de donderdagen uit eten, weet je, en nu zit ik zonder aardappels en groente.'

'En het vlees dan, mevrouw Maloney?'

'Vlees heb ik, dank je. Ik heb een lekkere lamspoot uit de diepvries gehaald.'

'Oh.'

'Ik vind het eigenlijk niet zo plezierig om zo'n stuk vlees in bevroren toestand te bereiden, Sam, maar ditmaal moet ik het dan maar eens proberen. Denk je dat het goed zal gaan?'

'Ik persoonlijk,' zei de kruidenier, 'geloof niet dat het verschil uitmaakt. Wilt u deze aardappels uit Idaho?'

'Oh ja, prima. Twee graag.'

'Verder nog iets?' De kruidenier hield zijn hoofd schuin en keek haar vriendelijk aan. 'En als toetje? Wat gaat u hem als toetje voorzetten?'

'Tsja . . . Wat zou jij me aanraden, Sam?'

De man keek zijn winkel rond. 'Wat zou u denken van een lekker groot stuk citroengebak? Ik weet dat hij daarvan houdt.'

'Perfect,' zei ze. 'Daar is hij dol op.'

En toen alles was ingepakt en ze had betaald, produceerde ze haar meest stralende glimlach en zei: 'Dank je, Sam. Een goede avond.'

'Een goede avond, mevrouw Maloney. En ik moet *u* bedanken.'

En nu, zei ze tegen zichzelf toen ze snel terug liep, deed ze niets anders dan naar huis terug gaan, naar haar echtgenoot die op zijn avondeten zat te wachten; en ze moest dat goed bereiden en zo smakelijk mogelijk maken, omdat de arme man moe was; en wanneer ze bij het betreden van het huis iets ongewoons, of tragisch, of afschuwelijks ontdekte, zou dat natuurlijk een schok zijn en zou ze buiten zichzelf raken van verdriet en afgrijzen. Let wel: ze *verwachtte* niets iets aan te treffen. Ze ging alleen maar naar huis met de aardappels en de groente. Mevrouw Patrick Maloney ging op donderdagavond naar huis met de aardappels en de groente om het avondeten voor haar echtgenoot klaar te maken.

Zo moet het, zei ze tegen zichzelf. Doe alles op de juiste en natuurlijke manier. Zorg ervoor alles volkomen natuurlijk te houden en dan zal je helemaal geen toneel hoeven spelen.

Dus neuriede ze een deuntje en glimlachte toen ze door de achterdeur de keuken weer inliep.

'Patrick!' riep ze. 'Hoe is het met je, lieveling?'

Ze zette het pakje op de tafel neer en liep door naar de woonkamer; en toen ze hem daar op de gond zag liggen met zijn benen dubbelgevouwen en een arm onder zijn lichaam gedraaid, was dat werkelijk nogal een schok. Alle oude liefde voor hem en al het oude verlangen naar hem welden in haar op, en ze rende op hem af, knielde naast hem neer en begon hartverscheurend te huilen. Het was makkelijk. Ze hoefde er geen toneel voor te spelen.

Een paar minuten later stond ze op en liep naar de telefoon. Ze kende het nummer van het politiebureau uit haar hoofd en toen de man aan de andere kant van de lijn opnam, zei ze: 'Snel! Kom snel! Patrick is dood!'

'Met wie spreek ik?'

'Mevrouw Maloney. Mevrouw Patrick Maloney.'

'Wilt u zeggen dat Patrick Maloney dood is?'

'Ik denk het wel,' snikte ze. 'Hij ligt op de grond en ik denk dat hij dood is.'

'We komen er meteen aan,' zei de man.

De auto arriveerde heel snel en toen ze de voordeur open deed, liepen twee agenten naar binnen. Ze kende hen beiden – ze kende bijna alle wijkagenten – en ze liet zich meteen hysterisch huilend in de armen van Jack Noonan vallen. Hij zette haar voorzichtig neer in een stoel en liep toen naar de andere politieman, die O'Malley heette en bij het lichaam geknield zat.

'Is hij dood?' riep ze.

'Ik ben bang van wel. Wat is er gebeurd?'

In het kort vertelde ze dat ze naar de kruidenier was gegaan en hem bij haar terugkeer op de grond had gevonden. Terwijl ze aan het praten, aan het huilen en aan het praten was, ontdekte Noonan een klein klonterje gestold bloed op het hoofd van de dode man. Hij wees O'Malley erop, die meteen overeind kwam en snel naar de telefoon liep.

Al spoedig daarna kwamen andere mannen het huis in. Eerst een arts, toen twee rechercheurs, van wie ze er een van naam kende. Later arriveerde er een politiefotograaf die foto's nam, gevolgd door een man die verstand had van vingerafdrukken. Er werd bij het lijk heel wat afgefluisterd en gemompeld en de rechercheurs bleven haar vele vragen stellen. Maar ze bejegenden haar onveranderlijk vriendelijk. Ze deed haar verhaal opnieuw, ditmaal beginnend bij het begin, toen Patrick binnengekomen was en zij had zitten naaien, en hij moe was geweest, zo moe dat hij niet buitenshuis had willen gaan eten. Ze vertelde hoe ze het vlees in de oven had gedaan – 'daar zit het nu nog in gaar te stoven' – en hoe ze snel even naar de kruidenier was gegaan om aardappels en groente te halen en hoe ze hem bij thuiskomst liggend op de grond had gevonden.

'Welke kruidenier?' vroeg een van de rechercheurs.

Dat vertelde ze hem en hij draaide zich om en fluisterde iets tegen de andere rechercheur, die onmiddellijk naar buiten ging.

Nog geen kwartier later was hij al weer terug met een blaadje vol aantekeningen en werd er weer gefluisterd en hoorde ze door haar gesnik heen een paar van de gefluisterde mededelingen: '... deed heel normaal ... heel opgewekt ... wilde hem een lekker maal voorzetten ... doperwten ... citroentaart ... onmogelijk dat zij ...'

Na een tijdje vertrokken de fotograaf en de arts en kwamen er twee mannen binnen die het lijk op een stretcher meenamen. Toen ging de man van de vingerafdrukken weg. De twee rechercheurs bleven, evenals de twee agenten. Ze waren uitzonderlijk aardig voor haar en Jack Noonan vroeg of ze soms niet ergens anders heen wou gaan, naar het huis van haar zuster wellicht, of naar zijn eigen vrouw die voor haar zou kunnen zorgen en haar wel een nachtje te logeren kon hebben.

Nee, zei ze. Ze had op dat moment het gevoel dat ze geen meter zou kunnen lopen. Zouden ze het heel erg vinden wanneer ze gewoon bleef waar ze was tot ze zich weer wat beter voelde? Ze voelde zich op dat moment niet al te best, en dat was ook werkelijk zo.

Zou ze dan niet beter op bed kunnen gaan liggen? vroeg Jack Noonan.

Nee, zei ze. Ze bleef liever waar ze was, in deze stoel. Misschien dat ze wat later, wanneer ze zich beter voelde, in beweging zou komen.

Dus lieten ze haar daar zitten terwijl ze gingen doen wat er van hen werd verwacht: het huis doorzoeken. Af en toe stelde een van de rechercheurs haar nog een vraag. Soms zei Jack Noonan iets vriendelijks tegen haar wanneer hij langs haar liep. Haar echtgenoot, vertelde hij, was gedood door een klap op zijn achterhoofd met een bot voorwerp, vrijwel zeker een groot stuk metaal. Ze waren op zoek naar het wapen. Het kon zijn dat de moordenaar dat had meegenomen, maar aan de andere kant was het ook mogelijk dat hij het had weggegooid of ergens in het huis had verborgen.

'Het is het oude liedje,' zei hij. 'Zoek en vind het wapen en dan heb je de dader.'

Later kwam een van de rechercheurs naast haar zitten. Wist ze, vroeg hij, of er iets in huis was dat als wapen kon zijn gebruikt? Zou ze het vervelend vinden eens rond te kijken om te zien of er iets weg was – een heel grote schroefsleutel, bijvoorbeeld, of een zware metalen vaas.

Ze hadden geen metalen vazen, zei ze.

'Of een grote schroefsleutel?'

Ze dacht niet dat ze een grote schroefsleutel hadden. Maar misschien dat er een paar van dergelijke dingen in de garage lagen.

Het zoeken ging verder. Ze wist dat er andere politiemensen in de tuin en om het huis heen rondliepen. Ze kon hun voetstappen op het grint buiten horen, en soms zag ze even het licht van een zaklantaarn door een kiertje in de gordijnen. Het werd al laat, tegen negenen, zag ze op de klok op de schoorsteenmantel. De vier mannen die de kamers doorzochten leken moe en een beetje moedeloos te worden.

'Jack,' zei ze toen brigadier Noonan weer langs liep, 'zou je misschien iets voor me willen inschenken?'

'Natuurlijk wil ik dat doen. Deze whisky?'

'Ja, alsjeblieft. Een klein glaasje maar. Wellicht ga ik me daardoor wat beter voelen.'

Hij overhandigde haar het glas.

'Waarom neem je er zelf ook niet eentje?' zei ze. 'Je moet ontzettend moe zijn. Alsjeblieft. Je bent heel aardig voor me geweest.'

'Tsja,' antwoordde hij. 'Strikt gesproken mag het niet, maar misschien neem ik wel een drupje, om op de been te blijven.'

Een voor een kwamen de anderen binnen en werden ertoe overgehaald een slokje whisky te nemen. Ze stonden nogal verlegen met een glas in hun hand in de kamer, niet op hun gemak in haar gezelschap, proberend troostende dingen tegen haar te zeggen. Brigadier Noonan slenterde de keuken in, kwam snel weer terug en zei: 'Mevrouw Maloney, weet u dat uw oven nog steeds aan staat en dat het vlees er nog in zit?'

'Oh mijn hemel!' riep ze. 'Dat is waar ook!'

'Zal ik hem maar voor u uitdraaien?'

'Wil je dat doen, Jack? Heel hartelijk dank.'

Toen de rechercheur voor de tweede maal de woonkamer in liep, keek ze hem met haar grote, donkere, betraande ogen aan. 'Jack Noonan,' zei ze.

'Ja?'

'Zou je me een kleine dienst willen bewijzen – jij en deze andere mensen?'

'Dat kunnen we proberen, mevrouw Maloney.'

'Tsja,' zei ze. 'Jullie zijn nu allemaal hier en jullie zijn goede vrienden van mijn lieve Patrick geweest. En jullie doen allemaal je best om de man te vinden die hem heeft vermoord. Jullie zullen zo onderhand wel verschrikkelijke honger hebben omdat het al lang etenstijd is geweest, en ik weet dat Patrick, God hebbe zijn ziel, het me nooit zou vergeven wanneer ik jullie hier in huis zou laten blijven zonder jullie de gepaste gastvrijheid te bieden. Waarom eten jullie dat lamsvlees dat in de oven staat niet op? Het moet nu net zo ongeveer goed gaar zijn.

'Ik peins er niet over,' zei brigadier Noonan.

'Alsjeblieft,' smeekte ze. 'Eet het alsjeblieft op. Ik zou zelf geen hap door mijn keel kunnen krijgen, zeker niet van iets wat ik in huis had toen hij nog hier was. Maar jullie kunnen het rustig opeten. Jullie zouden me een dienst bewijzen door het op te eten. En daarna kunnen jullie dan je werkzaamheden weer voortzetten.'

De vier politiemensen aarzelden behoorlijk lang, maar ze hadden duidelijk honger en uiteindelijk lieten ze zich ertoe overhalen de keuken in te lopen en een hapje te eten. De vrouw bleef waar ze was, door de openstaande deur naar hen luisterend, en ze kon hen horen praten met elkaar, met dikke, onduidelijke stemmen omdat ze hun mond vol vlees hadden.

'Wil je nog wat, Charlie?'

'Nee. We kunnen er beter wat van overlaten.'

'Ze *wil* dat we alles opeten. Dat heeft ze zelf gezegd. Bewijzen we haar een dienst mee.'

'Oké, geef me dan nog maar een beetje.'

'De vent moet een verdomd grote knots hebben gebruikt om die arme Patrick neer te slaan,' zei een van hen. 'De dokter zegt dat zijn schedel in barrels was geslagen, alsof iemand met een voorhamer in de weer was geweest.'

'Daarom zou het moordwapen eigenlijk heel makkelijk te vinden moeten zijn.'

'Je haalt me de woorden uit de mond.'

'Wie het ook gedaan heeft: ze zullen niet langer met zo'n ding rond blijven lopen dan strikt noodzakelijk is.'

Een van hen liet een boer.

'Ik persoonlijk ben van mening dat het hier nog ergens in huis moet zijn.'

'Waarschijnlijk vlak onder onze neus. Wat denk jij ervan, Jack?'

En in de andere kamer begon Mary Maloney te giechelen.

Isaac Asimov
Indien niemand achtervolgt

Science-fiction en fictie, geschiedenis, Shakespeare, de bijbel, waar moet men beginnen bij het samenstellen van een lijst van de literaire prestaties van dr. Asimov? Hij heeft twee misdaadromans geschreven (Murder at the ABA *en* A Whiff of Death) *en drie bundels misdaadverhalen* (Tales of the Black Widowers – *1974* – More Tales of the Black Widowers – *1976* – *en* The Casebook of the Black Widowers – *1980), evenals de beroemde science-ficton mysteries* The Cave of Steel *(1954),* The Naked Sun *(1957) en* The Robots of Dawn *(1983).*

De Zwarte Weduwnaren uit Asimov's misdaadverhalen vormen een sympathieke groep heren die regelmatig bij elkaar komen om in een ontspannen sfeer inspiratie op te doen en na de maaltijd problemen op te lossen. Ondanks de omgeving waarbinnen de verhalen zich afspelen, is voor zover wij weten slechts bij een van de mysteries van de Zwarte Weduwnaren eten betrokken.

Thomas Trumbull fronste zoals gewoonlijk woest zijn wenkbrauwen en zei: 'Hoe rechtvaardigt u uw bestaan, meneer Stellar?'

Mortimer Stellar trok zijn wenkbrauwen verbaasd op en keek aan tafel om zich heen naar de zes Zwarte Weduwnaren wier gast hij die avond was.

'Wilt u die vraag nog eens herhalen?' zei hij.

Maar voordat Trumbull dat kon doen, was Henry, de geduchte ober van de club, al zachtjes op Stellar afgelopen om hem zijn cognac aan te bieden, die Stellar van hem aannam met een afwezig gemompeld: 'Dank u.'

'Het is een eenvoudige vraag,' zei Trumbull. 'Hoe rechtvaardigt u uw bestaan?'

'Ik wist niet dat ik dat moest doen,' zei Stellar.

'Stel dat u het zou moeten doen,' zei Trumbull. 'Stel dat u nu voor Gods zetel zou staan om te worden geoordeeld.'

'U klinkt als een uitgever,' zei Stellar, niet onder de indruk.

En Emmanuel Rubin, die die avond als gastheer optrad en zelf eveneens een schrijver was, lachte en zei: 'Nee, Mort, zo klinkt hij niet. Hij doet lelijk, maar niet lelijk genoeg.'

'Bemoei je er niet mee, Manny,' zei Trumbull, een vinger opstekend.

'Oké,' zei Stellar. 'Ik zal u een antwoord op uw vraag geven. Ik hoop dat sommige mensen door mijn verblijf op deze aarde iets meer van de wetenschap zijn gaan afweten dan het geval zou zijn geweest indien ik nooit had geleefd.'

'Hoe heeft u dat voor elkaar gekregen?'

'Door de boeken en artikelen die ik over de wetenschap voor leken schrijf.' Stellars blauwe ogen glinsterden achter zijn zware, zwarte brilmontuur, en hij voegde er zonder een merkbaar spoortje van bescheidenheid aan toe: 'En dat zijn waarschijnlijk de beste dingen die ik ooit heb geschreven.'

'Ze zijn vrij goed,' zei James Drake, de scheikundige, die zijn vijfde sigaret van die avond uit maakte en hoestte alsof hij de tijdelijke rust voor zijn longen op die manier wilde vieren. 'Maar ik zou u toch niet beter willen noemen dan Gamow.'

'Smaken verschillen,' zei Stellar koud. 'Ik zou dat wel willen doen.'

Mario Gonzalo zei: 'U schrijft niet alleen over de wetenschap, nietwaar? Ik meen me te herinneren dat ik een artikel van u heb gelezen in een televisiegids en dat dat alleen humoristisch was.' Hij had de karikatuur die hij tijdens het eten van Stellar had getekend, rechtop gezet. De zwarte bril had een opvallend aanzien gekregen, evenals het schouderlange, lichter wordende bruine haar, de brede grijns en de horizontale lijnen op het voorhoofd.

'Mijn hemel,' zei Stellar. 'Ben ik dat?'

'Beter kan Mario niet,' zei Rubin. 'Vermoord hem er niet om.'

'Laten we het een beetje ordelijk laten verlopen,' zei Trumbull prikkelbaar. 'Meneer Stellar, wilt u alstublieft de vraag beantwoorden die Mario u heeft gesteld? Schrijft u alleen over de wetenschap?'

Geoffrey Avalon, die rustig slokjes van zijn cognac had zitten nemen, zei met zijn diepe stem die in een gezelschap volkomen dominant kon zijn indien hij dat wenste: 'Zijn we geen tijd aan het verspillen? We hebben allemaal de artikelen van de heer Stellar gelezen. Je kunt hem onmogelijk ontlopen. Hij is overal.'

'Ik hoop dat je het niet erg vindt, Jeff,' zei Trumbull, 'maar tot die conclusie probeer ik nu juist op een systematische manier te komen. Ik heb zijn artikelen gezien en Manny zegt dat hij ruim honderd boeken heeft geschreven over allerlei onderwerpen, maar de vraag is waarom en hoe.'

De maandelijkse maaltijd van de Zwarte Weduwnaren naderde zijn einde – de fase waarin de gast het vuur na aan de schenen werd gelegd. Het was een proces dat geacht werd te verlopen langs de eenvoudige, doodnormale lijnen van een gerechtelijk kruisverhoor, maar zo ging het nooit. Het feit dat het zo vaak in een volstrekte chaos eindigde, was Trumbull een grote doorn in het oog. Trumbull was de code-expert van de club en droomde er altijd van dat een dergelijke sessie net zo zou verlopen als voor een krijgsraad.

'Laten we daar dan maar eens verder op doorgaan, meneer Steller,' zei hij. 'Waarom schrijft u in vredesnaam zoveel boeken over zovele onderwerpen?'

'Omdat dat veel geld binnenbrengt,' zei Stellar. 'Je niet specialiseren is een lucratieve aangelegenheid. De meeste schrijvers zijn specialisten. Dat moeten ze ook wel zijn. Manny Rubin is een specialist – hij schrijft detectives, als hij tenminste de moeite neemt om so wie so de pen ter hand te nemen.'

Rubins dunne baardje ging omhoog en achter zijn dikke brilleglazen werden zijn ogen groot van verontwaardiging. 'Ik heb toevallig meer dan veertig boeken gepubliceerd en dat zijn niet allemaal detectives. Ik heb sportverhalen geschreven . . .' hij begon met zijn vingers af te tellen, 'en bekentenisliteratuur en science fiction-verhalen en . . .'

'Maar meestal mysterieuze verhalen,' verbeterde Stellar hem soepel. 'Ik probeer me niet te specialiseren. Ik ben bereid te schrijven over ieder onderwerp dat mijn verbeelding aan het werk zet. Dat maakt het leven interessanter voor me, zodat ik nooit met een "writers-block" word geconfronteerd. Bovendien hoef ik me daardoor niets aan te trekken van wat er op een gegeven moment in de mode is. Wat maakt het uit als een bepaald soort artikel niet langer populair blijkt te zijn? Dan schrijf ik andere.'

Roger Halsted streek met zijn hand over het gladde, kaal wordende voorste deel van zijn schedel en zei: 'Maar hoe doet u dat? Heeft u bepaalde, vaste uren waarop u schrijft?'

'Nee,' zei Stellar. 'Ik schrijf wanneer ik daar zin in heb. Maar wel is het zo dat ik er voortdurend zin in heb.'

'In feite,' zei Rubin, 'wordt u door uzelf gedwongen te schrijven.'

'Dat heb ik nooit ontkend,' zei Stellar.

'Maar voortdurend schrijven lijkt niet in overeenstemming te zijn met artistieke inspiratie,' zei Gonzalo. 'Stromen de woorden zomaar uit uw pen? Verandert u er later nog wel eens iets in?'

Stellars gezicht betrok en even leek hij te staren naar zijn glas cognac. Hij duwde dat opzij en zei: 'Iedereen lijkt zich zorgen te maken over inspiratie. U bent zelf een kunstenaar, meneer Gonzalo. Indien u op inspiratie wachtte, zou u omkomen van de honger.'

'Soms kom ik wel eens bijna om van de honger als ik dat niet doe,' zei Gonzalo.

'Ik schrijf gewoon,' zei Stellar een beetje ongeduldig. 'Het is niet zo moeilijk om dat te doen. Ik heb een eenvoudige, onopgesmukte, open stijl, zodat ik geen tijd hoef te verspillen aan het bedenken van slimme zinnen. Ik geef mijn ideeën duidelijk en ordelijk weer, omdat ik een heldere en ordelijke geest heb. Bovenal echter heb ik zekerheid. Ik weet dat ik hetgeen ik schrijf zal kunnen verkopen en dus zit ik niet diep en moeizaam over iedere zin na te denken, me afvragend of mijn uitgever daar wel mee akkoord zal kunnen gaan.'

'En u wist onder het schrijven niet altijd aan wie u iets zou verkopen,' zei Rubin. 'Ik neem aan dat u toen u pas begon wel een groot aantal keren een afwijzing zult hebben ontvangen.'

'Inderdaad. In die tijd duurde het schrijven heel wat langer en was het ook veel moeilijker. Maar dat is nu al weer dertig jaar geleden. In dat opzicht heb ik nu al lange tijd zekerheid.'

Drake draaide aan zijn keurige grijze snor en zei: 'Kunt u alles wat u schrijft nu werkelijk goed verkopen? Geen uitzonderingen op die regel?'

'Vrijwel alles, maar niet altijd meteen,' zei Stellar. 'Soms krijg ik het verzoek iets te herzien en indien dat een redelijk verzoek is, herzie ik zo'n tekst en indien dat een onredelijk verzoek is, doe ik dat niet. En eens in de zoveel tijd – minstens één keer per jaar, denk ik – wordt een geschrift van me domweg afgewezen.' Hij haalde zijn schouders op. 'Dat hoort bij het free-lancen. Je kunt er niets aan veranderen.'

'Wat gebeurt er met iets dat is afgewezen of dat u niet wenst te herzien?' vroeg Trumbull.

'Dat probeer ik dan elders te slijten. De ene uitgever kan iets mooi vinden dat door een ander werd afgewezen. En als ik het nergens kan verkopen, leg ik het weg, omdat er altijd een nieuwe markt kan komen. Ik zou een verzoek kunnen krijgen om iets te schrijven wat ik op die manier al kant en klaar in de kast heb liggen.'

'Heeft u niet het gevoel dan tweedehands waar te verkopen?' zei Avalon.

'Nee, helemaal niet,' zei Stellar. 'Wanneer een artikel wordt afgewezen, betekent dat niet automatisch dat het slecht is. Het betekent alleen maar dat een bepaalde uitgever het niet geschikt vond. Een andere uitgever kan het wel geschikt vinden.'

Avalon, een jurist, meende een voet tussen de deur te kunnen krijgen. 'Zo redenerend zouden we kunnen stellen dat het feit dat een uitgever een van uw artikelen goed vindt, koopt en publiceert, niet noodzakelijkerwijze bewijst dat dat artikel echt goed is.'

'Een zo'n afzonderlijk voorval bewijst dat inderdaad in het geheel niet,' zei Stellar. 'Maar wanneer het zich telkens weer voordoet, begint het bewijsmateriaal ten gunste van jezelf zich wel op te stapelen.'

'Wat gebeurt er indien *iedereen* een artikel afwijst?' zei Gonzalo.

'Dat gebeurt eigenlijk vrijwel nooit,' zei Stellar. 'Maar als ik er genoeg van krijg een artikel in te sturen, is de kans groot dat ik het zal opsplitsen. Vroeg of laat zal ik dan iets schrijven over een onderwerp dat er nauw verband mee houdt en dan verwerk ik daar delen van het afgewezen artikel in. Ik laat *niets* verloren gaan.'

'Dus wordt alles wat u heeft geschreven op een gegeven moment gedrukt. Klopt dat?' En Gonzalo schudde even zijn hoofd, duidelijk bewonderend.

'Dat klopt wel zo ongeveer.' Maar toen fronste Stellar zijn wenkbrauwen. 'Behalve natuurlijk,' zei hij, 'als je te maken hebt met een idiote uitgever die iets koopt en het dan vervolgens niet publiceert.'

'Oh, is zoiets dergelijks je wel eens overkomen?' zei Rubin. 'Is het tijdschrift over de kop gegaan?'

'Nee, het leidt een bloeiend bestaan. Heb ik je daar ooit wel eens iets over verteld?'

'Voor zover ik me dat kan herinneren niet.'

'Ik heb het over Bercovich. Heb jij ooit wel eens iets aan hem verkocht?'

'Joel Bercovich?'

'Is het waarschijnlijk dat er twee uitgevers bestaan met zo'n achternaam? *Natuurlijk* heb ik het over Joel Bercovich.'

'Best. Hij heeft een aantal jaren geleden het tijdschrift *Mystery Story* uitgegeven. Ik heb hem een paar artikelen verkocht. Af en toe ga ik nog wel eens met hem lunchen. Hij houdt zich nu niet meer bezig met dergelijke verhalen.'

'Dat weet ik. Hij geeft nu het tijdschrift *Way of Life* uit. Een van die fraai geïllustreerde gevallen die worden gekocht door mensen die menen eens rijk te zullen worden.'

'Wacht even! *Wacht even!*' riep Trumbull. 'We dwalen af. Laten we terugkeren naar de oorspronkelijke vragen.'

'Wacht u nu eens even,' zei Stellar die een duidelijk geërgerd handgebaar in de riching van Trumbull maakte. 'Mij is gevraagd of alles wat ik schrijf ook wordt gepubliceerd en ik wil daarop een antwoord geven, omdat ik daardoor weer moet denken aan iets wat me helemaal niet lekker zit en wat ik graag van me af zou willen praten.'

'Ik denk dat hij daartoe het recht heeft, Tom,' zei Avalon.

'Ga uw gang dan maar,' zei Trumbull ontevreden, 'maar doet u er niet te lang over.'

Stellar knikte met een soort gegriefd ongeduld en zei: 'Ik heb Bercovich tijdens een of ander officieel feest leren kennen. Ik kan me niet eens meer herinneren ter ere waarvan dat werd gegeven, noch wie er precies waren. Maar ik kan me Bercovich wel herinneren, omdat we uiteindelijk later tot zaken zijn gekomen. Ik ben erheen gegaan met Gladys, mijn vrouw, en Bercovich was er ook met zijn vrouw en er waren misschien nog zo'n acht andere stellen. Een vrij groot feest.

Eigenlijk was het een heel groot, en dodelijk vervelend feest. Heel formeel. Geen smoking, dat vonden ze kennelijk te ver gaan, maar wel formeel. De bediening was traag; het eten was slecht; de gesprekken niet geïnspireerd. Ik vond het afschuwelijk. Luister eens, Manny, wat vind jij van Bercovich?'

Rubin haalde zijn schouders op. 'Hij is een uitgever en daardoor zijn zijn goede punten beperkt, maar ik heb wel ergere mensen meegemaakt. Hij is geen idioot.'

'Is hij dat niet? Nou ja, ik moet toegeven dat hij toen een geschikte vent leek. Ik had vaag van hem gehoord, maar hij kende mij wel, uit de aard der zaak.'

'Oh, uit de aard der zaak,' zei Rubin die zijn lege cognacglas ronddraaide.

'Inderdaad,' zei Stellar verontwaardigd. 'Het hele verhaal draait nu juist om het feit dat hij me kende, want anders zou hij me niet om een artikel hebben gevraagd. Na het diner kwam hij naar me toe en zei dat hij dingen van me had gelezen en die bewonderde, en ik knikte en glimlachte. Toen zei hij: "En, wat vond u van deze avond?"

"Een beetje sloom," zei ik voorzichtig, want voor zover ik wist was hij de minnaar van de gastvrouwe en ik wilde hem niet nodeloos beledigen.

"Ik vind het een mislukking," zei hij toen. "Te formeel en dat past tegenwoordig niet meer bij de Amerikaanse scène." Toen ging hij verder. "Luister, ik geef een nieuw tijdschrift uit, *Way of Life*, en ik vraag me af of u voor ons een artikel zou kunnen schrijven over formeel gedrag. Het zou geweldig zijn als u ons laten we zeggen vijfentwintighonderd of drieduizend woorden kon leveren. Ik geef u de vrije hand om het onderwerp te benaderen zoals u dat wilt, mits het maar luchthartig gebeurt."

Nou, dat klonk interessant en dat zei ik hem ook. We spraken even over het honorarium en ik zei dat ik het zou proberen. Hij vroeg of hij het over een week of drie binnen zou kunnen hebben en ik zei misschien. Er leek hem veel aan gelegen te zijn.'

'Wanneer gebeurde dat alles?' vroeg Rubin.

'Ongeveer twee jaar geleden.'

'Hmm. Dus rond de tijd dat dat tijdschrift net was opgericht. Ik blader het af en toe wel eens door. Vol pretenties en eigenlijk je geld niet waard. Ik heb dat artikel van jou echter niet gezien.'

Stellar haalde zijn neus op. 'Natuurlijk heb je dat niet gezien.'

'Ga me nu niet vertellen dat u het niet heeft geschreven,' zei Gonzalo.

'Natuurlijk heb ik het wel geschreven. Binnen een week lag het al op het bureau van Bercovich. Het was een heel makkelijk artikel om te schrijven en het was goed. Licht satirisch, met een aantal voorbeelden van formeel gedrag aan de hand waarvan ik mijn visie kon geven. Om jullie de waarheid te zeggen, heb ik er zelfs een diner in beschreven van het soort dat ons toen was voorgeschoteld.'

'En hij heeft het artikel afgewezen?' vroeg Gonzalo.

Stellar loerde even de kant van Gonzalo op. 'Hij heeft het niet afgewezen. Binnen een week had ik een cheque in handen.'

'Waar gaat het dan om?' vroeg Trumbull ongeduldig.

'Hij heeft het nooit laten drukken,' schreeuwde Stellar. 'Die idioot heeft het nu al bijna twee jaar in zijn bureaula liggen. Hij heeft het niet gepubliceerd; hij heeft niet eens bepaald wanneer het nu eens zal worden uitgegeven.'

'Wat kan u dat nu schelen zolang hij er maar voor heeft betaald?' zei Gonzalo.

Stellar loerde opnieuw zijn kant op. 'U veronderstelt toch zeker niet dat ik een artikel alleen maar één keer wil verkopen? Ik kan gewoonlijk op herdrukken hier en daar rekenen en krijg daar dan wat extra geld voor. En daarnaast publiceer ik ook bundels van mijn artikelen. Ik kan dat artikel niet opnemen totdat het in een tijdschrift heeft gestaan.'

'Toch kan het geld dat ermee gemoeid is mijns inziens niet zo belangrijk zijn,' zei Avalon.

'Nee,' gaf Stellar toe. 'Maar het is ook niet volstrekt onbelangrijk. Bovendien begrijp ik het uitstel niet. Hij wilde het artikel zo snel mogelijk hebben. Toen ik het hem kwam brengen, kwijlde hij bijna. Hij zei: "Prima, prima, ik laat er een illustrator meteen mee aan de gang aan."

En toen gebeurde er niets meer. Je zou denken dat het artikel hem niet aanstond; maar waarom heeft hij het gekocht als het hem niet aanstond?'

Halsted hield zijn koffiekop omhoog om zich nog eens bij te laten schenken, en dat deed Henry. 'Misschien heeft hij het alleen maar gekocht om uw goodwill te kopen, om het zo maar eens te zeggen,' zei Halsted. 'Om ervoor te zorgen dat u nog andere artikelen voor hem zou schrijven ondanks het feit dat het artikel dat u al had geschreven, niet goed genoeg was.'

'Oh nee . . . Oh nee . . .' zei Stellar. 'Manny, wil jij deze onwetende mensen duidelijk maken dat andere uitgevers iets dergelijks niet doen. Ze hebben nooit voldoende geld om slechte artikelen te kopen als een vorm van het kweken van goodwill. Bovendien heb je geen baat bij de goodwill van mensen die slechte artikelen schrijven. En daarnaast is het ook nog eens zo dat je geen goodwill koopt door een artikel te kopen en het dan niet te publiceren.'

'In orde, meneer Stellar,' zei Trumball. 'Het zal u wel zijn opgevallen dat wij naar uw verhaal hebben geluisterd zonder dat ik u heb onderbroken. Nu wil ik u vragen waarom u het aan ons hebt verteld.'

'Omdat ik het moe ben erover te zitten broeden. Misschien dat een van u er een verklaring voor kan bedenken. Waarom publiceert hij het niet? Manny, jij hebt gezegd dat je vroeger ook wel dingen aan hem hebt verkocht. Heeft hij ooit wel eens iets van jou achtergehouden?'

'Nee,' zei Manny na even te hebben nagedacht. 'Dat kan ik me niet herinneren . . . Maar natuurlijk heeft hij een slechte tijd achter de rug.'

'Wat voor een slechte tijd?'

'Dat diner heeft twee jaar geleden plaats gevonden, zei je. Dus heb je hem toen in het gezelschap van zijn eerste vrouw gezien. Ze was een oudere vrouw, nietwaar, Mort?'

'Ik kan me haar niet herinneren,' zei Stellar. 'Ik heb haar alleen maar die ene keer gezien.'

.'Als je zijn tweede vrouw had gezien, zou je je haar wel hebben kunnen herinneren. Ze is een jaar of dertig en heel aantrekkelijk om te zien. Zijn eerste vrouw is ongeveer anderhalf jaar geleden gestorven. Ze was al lange tijd ziek geweest, zo bleek, hoewel ze haar best had gedaan dat verborgen te houden. Ik wist er bijvoorbeeld niets van af. Ze heeft een hartaanval gehad en daardoor is hij helemaal van de kaart geweest. Hij heeft toen een moeilijke periode doorgemaakt.'

'Oh. Ja, daar wist ik niets van af. Maar toch is hij opnieuw getrouwd, nietwaar?'

'Ergens vorig jaar, ja.'

'En hij ziet er goed uit en hij voelt zich getroost. Klopt?'

'Ik heb hem zo'n maand geleden in het voorbijgaan even gezien en toen zag hij er goed uit.'

'Waarom houdt hij dat artikel dan nog altijd achter?' zei Stellar.

Avalon zei nadenkend: 'Heeft u de heer Bercovich uitgelegd welke voordelen het publiceren van uw artikel voor hem kan hebben?'

'Hij *kent* de voordelen daarvan,' zei Stellar. 'Hij is een uitgever.'

'Tsja,' ging Avalon even nadenkend verder, 'dan kan het zijn dat hij bij een tweede lezing een paar ernstige tekortkomingen heeft ontdekt en het gevoel heeft dat het in deze vorm niet kan worden gepubliceerd. Misschien zit hij er wel een beetje mee in zijn maag dat hij het heeft gekocht en weet hij niet goed hoe hij u moet benaderen.'

Stellar lachte, maar humorloos. 'Uitgevers zitten nergens mee in hun maag en zijn zeker niet bang om je te benaderen. Als hij bij een tweede lezing dingen had ontdekt die hem niet aanstonden, zou hij me hebben gebeld en om een herziening hebben gevraagd. Ze hebben me vaak gevraagd veranderingen aan te brengen.'

'En doet u dat als u daarom wordt gevraagd?' zei Gonzalo.

'Dat heb ik u al verteld . . . Soms, als het verzoek me redelijk lijkt,' zei Stellar.

James Drake knikte, alsof dat het antwoord was dat hij had verwacht, en zei: 'En deze uitgever heeft u nooit om een revisie gevraagd?'

'*Nee*,' barstte Stellar los en voegde daar toen vrijwel meteen aan toe: 'Nou ja, eenmaal. Toen ik hem een keer belde om te vragen of al bekend was wanneer het zou worden gepubliceerd – ik raakte toen een beetje geprikkeld – vroeg hij me of ik het erg zou vinden wanneer hij het artikel ietsje inkortte, omdat het op sommige plaatsen een beetje onduidelijk leek. Ik vroeg hem waar het dan verdomme onduidelijk was, omdat ik wist dat dat niet zo was, en toen bleef hij nogal vaag. En ik had me net genoeg zitten ergeren om te zeggen dat ik niet wilde dat er ook maar één woord in werd veranderd. Hij kon het onveranderd afdrukken, of naar me terug sturen.'

'En ik veronderstel dat hij het niet terug heeft gestuurd?' zei Drake.

'Nee, inderdaad. Ik heb hem verdomme nog aangeboden het van hem terug te *kopen*. "Stuur het maar retour, Joel," zei ik. "Dan geef ik je het geld terug." En toen zei hij: "Kom nou, Mort, dat is niet nodig. Ik ben blij het in mijn voorraad te hebben, ook al maak ik er dan niet meteen gebruik van." Verdomde idioot! Wat doet het hem of mij nu voor goed als hij het in voorraad heeft?'

'Misschien is hij het kwijt geraakt en wil hij dat niet toegeven,' zei Halsted.

'Hij heeft geen enkele reden om dat niet te willen toegeven,' zei Stellar. 'Ik heb er een doorslag van, twee doorslagen, eigenlijk. Dus kan ik er makkelijk kopieën van laten maken.'

Het bleef stil rond de tafel. Toen fronste Stellar zijn wenkbrauwen en zei: 'Weet u dat hij eens heeft gevraagd of ik er een doorslag van had? Ik kan me alleen niet meer herinneren wanneer. Een van de laatste keren dat ik hem heb gebeld. "Tussen twee haakjes, Mort, heb je er een doorslag van?" vroeg hij – zomaar. "Tussen twee haakjes." Alsof die gedachte zomaar opeens bij hem was opgekomen. Ik kan me herinneren dat ik dacht dat hij een idioot was. Verwachtte hij dan dat een ervaren auteur zoals ik geen doorslag zou hebben? Ik had toen de indruk dat hij me wilde zeggen dat hij het manuscript was kwijtgeraakt, maar iets dergelijks heeft hij nooit werkelijk gezegd. Ik zei dat ik inderdaad een doorslag had en ben er toen verder niet op doorgegaan.'

'Ik heb de indruk dat dit alles niet de moeite die u eraan besteedt, waard is,' zei Trumbull.

'Dat is het ook niet,' zei Stellar, 'maar het zit me dwars. Ik heb heel zorgvuldig dossiers van mijn artikelen aangelegd. Dat moet wel. En dit artikel zit al zo lang in de map van dingen die nog moeten worden gepubliceerd dat ik dat meteen kan zien omdat het kaartje langs de randen al zwart is geworden omdat ik het zo vaak heb vastgepakt. Het irriteert me. Waarom heeft hij me gevraagd of ik een doorslag had? Waarom heeft hij niet gewoon gezegd dat hij het manuscript kwijt is indien dat werkelijk het geval is? En waarom vroeg hij naar een doorslag als hij het niet kwijt was?'

Henry, die bij de buffetkast had gestaan, zoals zijn gewoonte was nadat het diner was geserveerd en de tafel was afgeruimd, zei: 'Heren, mag ik een suggestie doen?'

'Mijn hemel, Henry, je wilt toch niet beweren dat deze nonsens jou iets zegt?' zei Trumbull.

'Nee, meneer Trumbull,' zei Henry. 'Ik ben bang dat ik er evenmin iets van begrijp als de andere mensen hier in de kamer. Ik denk alleen dat het mogelijk is dat meneer Bercovich de heer Stellar misschien had willen zeggen dat het manuscript zoek was, maar dan wellicht alleen als de heer Stellar had verklaard dat hij er geen doorslag van had. Het kan zijn dat hij het zinloos achtte het manuscript kwijt te raken of wellicht te vernietigen omdat de heer Stellar er een doorslag van *had*.'

'*Vernietigen*?' zei Stellar met een van verontwaardiging hoge stem.

'Veronderstel dat we eens nadenken over de vraag wat er zou gebeuren indien hij het manuscript publiceerde, mijnheer,' zei Henry.

'Dan zou het in druk verschijnen,' zei Stellar, 'en zouden de mensen het lezen. Dat is wat ik *wil zien* gebeuren.'

'En als de heer Bercovich het nu had afgewezen?'

'Dan zou ik het verdomme aan iemand anders hebben verkocht en zou het in druk zijn verschenen en zouden mensen het hebben gelezen.'

'En als hij het aan u had teruggestuurd, ofwel omdat u weigerde bepaalde passages te herschrijven ofwel omdat u het van hem had teruggekocht, zou u het ook nog iemand anders hebben verkocht en zou het worden gedrukt en gelezen.'

108

'Inderdaad!'

'Maar veronderstel nu eens, meneer Stellar, dat een uitgever het artikel domweg koopt en dan vervolgens *niet* publiceert. Kunt u het dan aan iemand anders verkopen?'

'Natuurlijk kan ik dat dan niet doen. *Way of Life* heeft de eerste publikatierechten gekocht, hetgeen betekent dat zij het alleenrecht op publikatie hebben voor iemand anders er gebruik van kan maken. Tot zij het publiceren of officieel afzien van hun recht daarop, kan ik het nergens aan de man brengen.'

'Meneer Stellar, is de gedachte dan niet bij u opgekomen dat de heer Bercovich alleen kan voorkomen dat het artikel wordt gelezen door precies hetgeen te doen wat hij heeft gedaan?'

'Henry, probeer je me duidelijk te maken dat hij niet wil dat het wordt gelezen?' zei Stellar met een stem vol onverholen ongeloof. 'Waarom heeft hij me dan in 's hemelsnaam gevraagd het te schrijven?'

'Hij heeft u gevraagd *een* artikel te schrijven, meneer,' zei Henry. 'Hij wist niet wat voor een artikel u precies zou schrijven tot hij dat onder ogen kreeg. Is het mogelijk dat hij na lezing van het artikel dat u heeft geschreven, besefte dat hij niet wilde dat anderen dat zouden lezen en daarom de enige actie heeft ondernomen die ervoor kon zorgen dat het – wellicht voor altijd – ongepubliceerd bleef? Hij heeft waarschijnlijk niet verwacht dat u behoorde tot het type schrijvers dat een uitgever vanwege zoiets achter zijn vodden blijft zitten.'

Stellar spreidde zijn handen uit, met de palmen naar boven, en keek naar de gezichten van de Zwarte Weduwnaren met iets wat op humorvolle uitputting leek. 'Zoiets belachelijks heb ik nog nooit gehoord!'

'Meneer Stellar, u kent Henry niet zo goed als wij,' zei Avalon. 'Indien dit zijn mening is, zou ik u willen aanraden er serieus over na te denken.'

'Maar waarom zou Joel dat artikel willen vernietigen of verborgen houden? Het is een absoluut onschadelijk verhaal.'

'Ik bied uitsluitend een mogelijke verklaring voor iets wat nu al twee jaar gaande is,' zei Henry.

'Maar jouw verklaring verklaart niets, Henry. Zij verklaart niet *waarom* hij wil dat dat artikel niet wordt gepubliceerd.'

'U heeft zelf gezegd, meneer, dat hij u heeft gevraagd om toestemming het artikel iets in te korten en dat u dat heeft geweigerd. Indien u daar wel mee akkoord was gegaan, zou hij er wellicht voor hebben gezorgd dat het een werkelijk onschadelijk artikel werd en het vervolgens hebben gepubliceerd.'

'Maar wat zou hij er dan uit willen hebben halen?'

'Ik ben bang dat ik dat niet weet, meneer Stellar, maar ik neem aan dat hij dat inkorten *zelf* wilde doen. Het kan zijn dat hij dat wilde om niet uw aandacht te vestigen op een passage die hij veranderd wilde hebben.'

'Maar als hij het zelf had ingekort, zou ik dat toch hebben gezien zodra het artikel was verschenen?' zei Stellar.

'Is het waarschijnlijk dat u het gepubliceerde artikel woord voor woord met het originele manuscript zou hebben vergeleken, meneer?' zei Henry.

'Nee,' gaf Stellar aarzelend toe.

'En zelfs indien u dat wel had gedaan, meneer, zou er sprake zijn geweest van een aantal kleine veranderingen, en zou u geen enkele reden hebben gehad om te veronderstellen dat de ene verandering belangrijker was dan een andere.'

'Henry, dit is een nog eigenaardiger mysterie dan het eerste,' zei Stellar. 'Wat zou hem nu dwars hebben kunnen zitten?'

'Dat weet ik niet, meneer Stellar,' zei Henry.

Avalon schraapte zijn keel, zoals juristen dat zo uitstekend kunnen doen, en zei: 'Meneer Stellar, het is nogal jammer dat u niet een van die doorslagen heeft meegenomen. Dan zou u het artikel aan ons hebben kunnen voorlezen en hadden wij wellicht de vinger op de kritische passages kunnen leggen. In ieder geval ben ik er zeker van dat we erdoor op zijn minst aangenaam zouden zijn beziggehouden.'

'Wie had nu kunnen denken dat zoiets dergelijks op zou komen?' zei Stellar.

Gonzalo zei enthousiast: 'Als uw vrouw thuis is, meneer Stellar, zouden we haar kunnen opbellen met het verzoek Henry het artikel over de telefoon voor te lezen. De club kan zich de daarmee gepaard gaande kosten wel veroorloven.'

Henry leek in gedachten verdiept te zijn. Nu zei hij langzaam, alsof hij opeens een idee had gekregen maar nog steeds in zichzelf aan het praten was: 'Het zou beslist niet iets onpersoonlijks kunnen zijn. Wanneer de goede smaak geweld aan was gedaan of de stelregels van het tijdschrift niet in acht waren genomen, zou hem dat meteen zijn opgevallen en dan had hij om specifieke veranderingen gevraagd. Zelfs indien hij het artikel na het eenmaal snel te hebben doorgelezen had gekocht en daarna onpersoonlijke vergissingen had ontdekt, zou hij beslist geen enkele reden hebben gehad om niet om die specifieke veranderingen te vragen. Kan het zijn dat een van zijn hogere bazen een veto over dat artikel heeft uitgesproken en dat de heer Bercovich u dat liever niet wilde zeggen?'

'Nee,' zei Stellar. 'Indien een uitgever als hij de vrije hand niet krijgt, neemt hij in negenennegentig van de honderd gevallen zijn ontslag. En zelfs als Bercovich daar het lef niet voor zou hebben gehad, zou hij van die gelegenheid dankbaar gebruik hebben gemaakt om me het manuscript terug te sturen. Hij zou het dan zeker niet achterhouden.'

'Dan moet het iets persoonlijks zijn,' zei Henry. 'Iets wat hem iets zegt, dat een vervelende, angstaanjagende betekenis voor hem heeft.'

'Iets dergelijks staat helemaal niet in het artikel,' hield Stellar vol.

'Misschien dat die bepaalde passage u of iemand anders niets zegt en alleen betekenis heeft voor de heer Bercovich.'

'Wat zou het Bercovich dan kunnen schelen?' onderbrak Drake hem.

'Misschien omdat het voor anderen betekenis zou *krijgen* als de aandacht erop werd gevestigd,' zei Henry. 'Daarom wilde hij de heer Stellar niet eens vertellen welke passage hij wilde inkorten.

'Je neemt telkens het woord "misschien" in je mond,' mompelde Stellar. 'Ik geloof er domweg niets van.'

Gonzalo zei abrupt: '*Ik* geloof het wel. Henry heeft al eerder gelijk gekregen en ik hoor niemand anders met een andere theorie op de proppen komen die het feit dat het artikel niet wordt gepubliceerd zou kunnen verklaren.'

'Maar waar hebben we het in vredesnaam over?' zei Stellar.

111

'Welke mysterieuze passage zou Joel dan dwars kunnen zitten?'

'Misschien kunt u zich een persoonlijke opmerking herinneren,' zei Henry, 'want daarom lijkt het te gaan. Heeft u niet gezegd dat u in uw artikel een verslag heeft opgenomen van een diner zoals dat het welk de heer Bercovich ertoe inspireerde u te vragen om het schrijven van een artikel?'

'Aha,' zei Gonzalo. 'Nu schieten we op! Je hebt het diner te accuraat beschreven, man, en Bercovich was bang dat de gastheer zichzelf zou herkennen en zich daardoor beledigd zou voelen. Misschien is die gastheer een oude en gewaardeerde vriend van hem die ervoor zou kunnen zorgen dat hij werd ontslagen als dat artikel zou worden gepubliceerd.'

Stellar zei, zonder te pogen zijn minachting verborgen te houden: 'In de eerste plaats ben ik een ervaren schrijver. Ik schrijf geen dingen die mensen in verlegenheid brengen of waardoor ik zou kunnen worden vervolgd. Ik kan u verzekeren dat ik dat diner zo gecamoufleerd heb beschreven dat niemand een duidelijke gelijkenis zou kunnen opvallen. Ik heb alle belangrijke punten van dat diner veranderd en geen namen genoemd . . . Bovendien vraag ik me af waarom hij het me niet gewoon zou hebben gezegd indien ik een uitglijder had gemaakt en het te waarheidsgetrouw had beschreven? Iets dergelijks zou ik meteen hebben veranderd.'

'Het moet nog iets persoonlijkers zijn,' zei Henry. 'Hij en zijn vrouw hebben dat diner bijgewoond. Wat heeft u over hen geschreven?'

'*Niets!*' zei Stellar. 'Veronderstel je werkelijk dat ik gebruik zou maken van de uitgever aan wie ik mijn artikel wilde verkopen? Natuurlijk niet. Ik heb in geen enkel opzicht aan hem gerefereerd, niet door een naam of welke toespeling dan ook. Ik heb helemaal niet gerefereerd aan iets wat hij heeft gezegd of gedaan.'

'En aan zijn vrouw?' vroeg Henry.

'Noch aan zijn vrouw . . . Tsja, wacht eens even! Het kan zijn dat zij me heeft geïnspireerd tot een klein stukje dialoog in dat artikel. Maar natuurlijk heb ik haar niet bij name genoemd of beschreven of zoiets dergelijks. Het was geheel onbetekenend.'

'Toch zou dat nog wel eens de reden kunnen zijn,' zei Avalon. 'Er werden te levendige herinneringen door opgeroepen. Ze was overleden en hij kon niet overgaan tot de publikatie van een artikel dat hem deed terugdenken aan . . . aan . . .'

'Indien u die zin wilt afmaken met "de dierbare overledene" loop ik weg,' zei Stellar. 'Dat is onzin, meneer Avalon. Met alle respect . . . nee, met veel te veel respect . . . constateer ik dat dat onzin is. Waarom zou hij me niet hebben gevraagd een paar zinnen te schrappen als herinneringen voor hem daardoor te levendig worden? Dat zou ik zonder meer hebben gedaan.'

'Meneer Stellar, het feit dat ik het nogal sentimenteel verwoord,' zei Avalon, 'betekent niet dat het geheel betekenisloos moet zijn. Het feit dat hij er met u niet over heeft gesproken, kan duiden op een zekere schaamte. Binnen onze cultuur wordt er wel eens de draak gestoken met verdriet om een dierbare overledene. U heeft er net ook de draak mee gestoken. Toch kan dat verdriet er wel degelijk zijn.'

'Manny Rubin zei dat ze zo ongeveer anderhalf jaar geleden is gestorven,' zei Stellar. 'Dat betekent minstens een half jaar nadat ik dat artikel heb geschreven. Tijd genoeg verlopen om het dan te publiceren, gezien het feit dat hij dat artikel zo snel wilde hebben. En het is nu al weer een half jaar geleden dat hij met een mooie vrouw is getrouwd . . . Kom nou. Hoe lang treur je om een verloren liefde als je iemand anders hebt gevonden?'

'Het zou zinvol kunnen zijn,' zei Henry, 'als meneer Stellar ons kon vertellen wat er in de desbetreffende passage stond.'

'Ja,' zei Gonzalo. 'Bel uw vrouw op en vraag haar die aan Henry voor te lezen.'

'Dat hoef ik niet te doen,' zei Stellar die Avalon gewond had zitten aankijken en zijn ogen maar met moeite van die man leek te kunnen losmaken. 'Ik heb dat verdomde artikel een paar weken geleden nog eens doorgelezen – voor de vijfde keer zo ongeveer – en dus zit het nog redelijk vers in mijn geheugen. Ik zal u vertellen waar het op neer kwam. We hadden het geroosterde vlees heel traag geserveerd gekregen en ik zat te wachten tot de anderen waren bediend voor ik ging eten. Enige andere mensen waren wat minder formeel en hadden al een paar happen genomen. Uiteindelijk besloot ik ook maar te beginnen en deed er een beetje zout op. Net toen ik een hap wilde nemen, viel het me op dat mevrouw Bercovich, die rechts naast me zat, nog niets had gekregen. Ik keek verbaasd en zij zei dat ze om iets speciaals had gevraagd en dat het daardoor wat langer duurde. Ik bood haar mijn bord aan, maar ze zei: "Nee, dank u. U heeft er al zout op gedaan." Ik heb dat voorval, zonder namen te noemen, beschreven, zodat ik een geestige opmerking kon maken die ik me nog woordelijk kan herinneren. "Zij was de enige aan tafel die bezwaar had tegen zout," heb ik toen geschreven. "De rest van ons had bezwaar tegen het vlees. In feite was het zo dat sommigen van ons het zout er hebben afgeschraapt en dat op een opvallende manier hebben opgegeten."'

Niemand moest erom lachen. Trumbull nam zelfs de moeite misselijkheid voor te wenden.

'Volgens mij heeft die passage beslist geen grote sentimentele waarde,' zei Halsted.

'Volgens mij ook niet,' zei Stellar, 'en dat is de eerste en enige keer dat ik melding van haar heb gemaakt, zonder haar naam te noemen of haar te beschrijven, en Joel heb ik helemaal onvermeld gelaten.'

'Toch heeft meneer Rubin verklaard dat de eerste mevrouw Bercovich aan een hartaanval is overleden,' zei Henry. 'En die term duidt in feite op algehele problemen met de bloedsomloop. Het kan heel goed zijn dat ze last heeft gehad van hoge bloeddruk en dus zoutloos moest eten.'

'Hetgeen de reden is waarom ze het gezouten vlees van Stellar weigerde,' zei Gonzalo. '*Dat klopt!*'

'En daarom had ze om een speciaal gerecht gevraagd,' zei Henry. 'En dat is iets waarop de heer Bercovich geen enkele aandacht gevestigd wilde zien. Meneer Rubin zei dat mevrouw Bercovich haar best had gedaan om haar lichamelijke toestand verborgen te houden. Misschien waren er maar heel weinig mensen die wisten dat ze zoutarm moest eten.'

'Wat zou het Joel nu kunnen schelen wanneer ze dat wel wisten?' zei Stellar.

'Nu moet ik weer met een veronderstelling komen, meneer. Misschien had de heer Bercovich genoeg van het wachten en misschien voelde hij zich al aangetrokken tot de vrouw die nu zijn tweede echtgenote is en heeft hij misbruik van die situatie ge-

114

maakt. Het kan zijn dat hij stiekem zout bij haar eten heeft gedaan of een vervangingsmiddel dat ze voor zout gebruikte, met opzet heeft verruild voor echt zout . . .'

'En haar op die manier heeft vermoord, bedoel je?' onderbrak Avalon hem.

Henry schudde zijn hoofd. 'Wie zal het zeggen? Ze zou op een gegeven moment toch zijn overleden. In ieder geval kan hij het gevoel hebben dat hij er op de een of andere manier toe heeft bijgedragen dat ze is overleden en hij zou in paniek kunnen raken door het idee dat iemand daar achter zou komen. Alleen al het melding maken van het feit dat er een vrouw aan tafel zat die zout weigerde, kan in zijn ogen betekenen dat zijn schuld daardoor wereldkundig wordt gemaakt . . .'

'Maar ik heb haar niet bij name genoemd, Henry,' zei Stellar. 'Niemand kan bepalen wie zij was. En zelfs wanneer iemand zou weten te achterhalen dat zij het was, hoe zou hij dan iets eigenaardigs kunnen gaan vermoeden?'

'U heeft volkomen gelijk, meneer Stellar,' zei Henry. 'De enige reden waarom we de heer Bercovich nu zijn gaan verdenken, is het merkwaardige gedrag van hem ten aanzien van dat artikel. Maar daar staat wel tegenover dat in de gezaghebbende bijbel staat dat de verdorvenen vluchten indien niemand hen achtervolgt.'

Stellar dacht even na en zei toen: 'Dat kan allemaal best zo zijn, maar daarmee wordt mijn artikel nog niet gepubliceerd.' Hij haalde een zwart adressenboekje tevoorschijn, zocht de B op en keek toen op zijn horloge. 'Ik heb hem al eens eerder thuis gebeld en het is nog geen tien uur.'

Avalon stak zijn hand op in een indrukwekkend gebaar om hem tegen te houden. 'Een ogenblikje, alstublieft, meneer Stellar. Ik vertrouw erop dat u uw uitgever niet gaat vertellen wat wij hier hebben gezegd. In de eerste plaats zou het smaad zijn. U zou uw beweringen niet kunnen staven met bewijzen en zou daardoor nog wel eens in grote moeilijkheden kunnen komen.'

Stellar zei ongeduldig: 'Ik wou dat u er allen van overtuigd was dat een ervaren schrijver weet wat laster en smaad zijn. Henry, hebben jullie hier een telefoon bij de hand?'

'Ja, meneer,' zei Henry. 'Ik kan een toestel naar de tafel brengen ... Mag ik ook op voorzichtigheid aandringen?'

'Maak je geen zorgen,' zei Stellar terwijl hij het nummer draaide. Hij wachtte even. Toen: 'Hallo, mevrouw Bercovich? U spreekt met Mort Stellar, een van de schrijvers die werken voor het tijdschrift van uw man. Kan ik Joel even spreken? ... Ja, natuurlijk. Ik wacht.' Hij keek niet op terwijl hij wachtte. 'Hallo, Joel, het spijt me dat ik je thuis bel, maar ik heb dat artikel over formeel gedrag nog eens zitten bekijken. Je weet nog niet wanneer je dat gaat publiceren nietwaar? ... Oké. Ik wilde je meteen bellen om mijn besluit niet opnieuw aan het wankelen te brengen. Je kunt het inkorten als je dat wilt ... Ja, ik heb er werkelijk geen bezwaar tegen ... Nee, Joel, wacht nu eens even. Nee, ik wil niet dat jij het doet. Ik heb een paar dingen die ik er *zelf* uit wil halen en misschien ben je daar dan wel tevreden mee ... Die passage over het eten van zout in plaats van vlees vind ik nu bijvoorbeeld niet geestig meer ... Ja, inderdaad. Wat zou je ervan denken als ik die passage schrapte over die vrouw die het gezouten vlees weigerde? Ben je bereid het artikel te publiceren als ik dat schrap?'

Op dat moment viel er even een stilte en nu keek Stellar de anderen grinnikend aan. Toen zei hij: 'In orde, Joel ... Natuurlijk kan ik dat doen. Wat dacht je van elf uur morgenochtend? Oké, tot dan!'

Stellar keek voldaan. 'Het was meteen raak. Hij herhaalde letterlijk wat ik had geschreven. En niemand kan me wijs maken dat hij zich zo'n passage uit een artikel dat hij twee jaar geleden heeft gekocht, moeiteloos zou weten te herinneren als dat geen speciale betekenis voor hem had gehad. Henry, ik denk zo dat je uiteindelijk toch gelijk hebt ... Nou, ik zal die passage eruit halen. Het belangrijkste is dat dat artikel van me nu zal worden gepubliceerd.'

Avalon fronste zijn wenkbrauwen en zei uiterst waardig: 'Ik zou, vanuit het standpunt van de publieke moraal bezien, zo zeggen dat het belangrijkste is dat een man kan hebben geprobeerd zijn vrouw te doden en dat zelfs ook werkelijk kan hebben gedaan zonder daarvoor te zijn gepakt.'

'Jeff, doe nu niet net alsof je gevoel voor deugdzaamheid is gekwetst,' zei Trumbull. 'Als Henry gelijk heeft, zal op geen enkele manier kunnen worden bewezen dat die man iets heeft gedaan, of

116

dat die vrouw mede is komen te overlijden doordat hij met het zout heeft geknoeid. Dus wat zouden we kunnen doen? In feite zou ik willen vragen wat we moeten doen. Het belangrijkste is dat Stellar het allemaal al heeft gedaan. Hij heeft die man twee jaar in een hel laten leven, eerst door dat artikel te schrijven en vervolgens door er voortdurend op te blijven aandringen dat het zou worden gepubliceerd.'

'Het belangrijkste, meneer,' zei Henry, 'zou nog wel eens kunnen zijn dat de heer Bercovich er hierdoor van zal worden weerhouden in de toekomst soortgelijke experimenten ten uitvoer te brengen. Uiteindelijk heeft hij nu een tweede echtgenote en het zou kunnen zijn dat hij op een gegeven moment ook genoeg van haar krijgt.'

Lord Dunsanay
De twee flessen pikante saus

Edward John Moreton Drax Plunkett, de achttiende baron Dunsanay, is erin geslaagd naast het verrichten van allerlei activiteiten die bij de adel horen, zoals reizen, jagen en cricket spelen, ook carrière te maken als schrijver. In zijn toneelstukken en korte verhalen zien we vaak een mengeling van fantasie en mysterie.

Het klassieke De twee flessen pikante saus *is wellicht zijn meest bekende korte verhaal. Hij schreef het in 1934 en het is verschenen in de bloemlezing* Powers of Darkness: A Collection of Uneasy Tales.

Ik heet Smithers. Ik ben wat je een klein mannetje zou kunnen noemen, dat op kleine schaal zaken doet. Ik ben vertegenwoordiger van Num-numo, een saus voor vlees en hartige hapjes – de wereldberoemde saus. Hij is werkelijk heel goed, geen schadelijke zuren erin, en hij kan geen kwaad voor je hart. Dus laat hij zich nogal makkelijk verkopen. Ik zou deze baan niet hebben gekregen als dat niet zo was. Maar ik hoop een keer een produkt te kunnen gaan verkopen dat iets moeilijker aan de man te brengen is, omdat je natuurlijk beter betaald krijgt naarmate iets moeilijker verkoopt. Op dit moment kan ik net in mijn levensonderhoud voorzien, zonder ooit iets over te houden; maar daar staat wel tegenover dat ik in een heel dure flat woon. Hoe dat is gebeurd, brengt me op mijn verhaal. En het is niet het verhaal dat u zou verwachten te horen van een kleine zakenman zoals ik, maar er is niemand anders die het kan vertellen. Diegenen die er naast mij iets van afweten, zijn er allemaal voor erover te zwijgen. Ik was op zoek naar een kamer in Londen toen ik mijn baan kreeg. Ik moest wel in Londen gaan wonen, omdat die stad centraal ligt; en ik ging naar een huizenblok, heel somber zag het eruit, en ik had een gesprek met de man die de manager was en zei hem dat ik een kamer wilde hebben. Flats, noemden ze die – alleen een slaapkamer en een soort van kast. In ieder geval was hij op dat moment een man aan het rondleiden die een echte heer was, in feite nog meer dan dat, dus besteedde hij niet zoveel aandacht aan me – de man die de manager van de flats was, bedoel ik. Dus liep ik maar zo'n beetje achter hen aan te hollen en kreeg allerlei verschillende kamers te zien en wachtte tot ik kamers te zien zou krijgen die ik me kon veroorloven. We kwamen bij een heel aardige flat, een zitkamer, een slaapkamer en een badkamer en een soort van kleine ruimte die ze een hal noemden. En zo heb ik Linley leren kennen. Hij was de vent die werd rondgeleid.

'Beetje duur,' zei hij.

De manager van de flats draaide zich om naar het raam en peuterde iets tussen zijn tanden vandaan. Gek hoeveel je door zo'n eenvoudige handeling duidelijk kunt maken. Hij bedoelde te zeggen dat hij honderden van dergelijke flats had en duizenden mensen die die wel wilden huren en dat het hem niets kon schelen wie huurde en wie verder zocht. Op de een of andere manier was zijn boodschap niet mis te verstaan. En toch zei hij helemaal niets, hij keek alleen uit het raam en peuterde iets tussen zijn tanden vandaan. En ik waagde het toen het woord te richten tot de heer Linley en zei: 'Hoe zou u erover denken, meneer, indien ik de helft betaalde en wij deze flat deelden? Ik zou u niet voor de voeten lopen want ik ben de hele dag weg van huis. U kunt de regels bepalen en ik zou u werkelijk niet meer in de weg zitten dan een kat.'

Het kan u verbazen dat ik dat toen heb gedaan; en het zal u nog veel meer verbazen dat hij mijn aanbod aannam – in ieder geval zou dat gebeuren indien u me kende, een kleine zakenman die op kleine schaal zaken doet. Toch kon ik meteen zien dat hij mij aardiger vond dan de man bij het raam.

'Maar deze flat heeft slechts één slaapkamer,' zei hij.

'Ik zou makkelijk een bed kunnen neerzetten in die kleine ruimte daar,' zei ik.

'De hal,' zei de man, die zich bij het raam omdraaide zonder de tandestoker weg te halen.

'En ik zou dat bed in de kast kunnen opbergen op het moment

dat u dat wenst,' zei ik.

Hij keek nadenkend en de andere man keek uit over Londen; en uiteindelijk accepteerde hij mijn aanbod, weet u.

'Vriend van u?' zei de man van de flat.

'Ja,' antwoordde meneer Linley.

Dat was werkelijk heel aardig van hem.

Ik zal u zeggen waarom ik het heb gedaan. In staat het bedrag op tafel te leggen? Natuurlijk niet. Maar ik hoorde hem tegen de man van de flat zeggen dat hij net uit Oxford was gekomen en een paar maanden in Londen wilde wonen. Het bleek dat hij het eenvoudigweg een tijdje comfortabel wilde hebben en niets wilde doen terwijl hij de balans eens opmaakte en een baantje ging zoeken, of waarschijnlijk domweg tot het moment dat hij zich de flat niet langer zou kunnen veroorloven. Tsja, zei ik tegen mezelf, wat heb ik aan Oxford op zakelijk gebied, vooral op het gebied van mijn zaken? Nou, eenvoudigweg alles.

Indien ik ook maar een kwart van de Oxfordse manier van doen van de heer Linle kon overnemen, zou ik mijn verkoopcijfers kunnen verdubbelen en dat zou dan al spoedig betekenen dat ik handel kon gaan drijven met iets wat moeilijker aan de man te brengen was en misschien wel drie maal zo goed betaalde. Meer dan de moeite waard dus. En je kunt het met een kwart betere manieren twee maal zover schoppen indien je er voorzichtig mee omspringt. Ik bedoel dat je niet de hele *Inferno* hoeft te kunnen citeren om te laten zien dat je Milton hebt gelezen; een halve versregel kan al voldoende zijn.

Nu terug naar het verhaal dat ik moet vertellen. En u zou misschien niet denken dat een kleine man als ik ervoor zou kunnen zorgen dat de rillingen u over uw rug lopen. Tsja, ik vergat die Oxfordse manieren al snel toen we eenmaal onze intrek hadden genomen in de flat. Ik vergat die omdat ik me zo verbaasde over de man zelf. Hij had een geest als het lichaam van een acrobaat, als het lijfje van een vogel. Die had geen behoefte aan kennis. Het viel je niet op of hij een goede opleiding had genoten of niet. Hij kreeg voortdurend allerlei ideeën, dingen waaraan je zelf nooit zou hebben gedacht. En niet alleen dat. Als er ideeën in de lucht zaten, leek hij die zonder meer te kunnen oppikken. Telkens weer merkte ik dat

120

hij precies wist wat ik wilde gaan zeggen. Geen kwestie van gedachten lezen, maar iets wat ze intuïtie noemen. Ik had geprobeerd mezelf een beetje schaken te leren om 's avonds niet aan Num-numo te hoeven denken als ik mijn zaken had afgehandeld. Dan liep hij langs, keek naar het probleem en zei: 'Je zult dat stuk wel als eerste verzetten' en dan zei ik: 'Maar waarheen?' en dan zei hij: 'Oh, een van die drie vakken.' En dan zei ik: 'Maar op alle drie die vakken zal ik hem kwijt raken.' En let wel, het ging om de koningin. En dan zei hij: 'Ja, inderdaad. Het zal wel de bedoeling zijn dat je dat stuk verliest.'

En dan had hij gelijk, weet u.

U moet weten dat hij de gedachtengang van de andere man had gevolgd. Dat had hij gedaan.

Tjsa, en toen werd er op een dag een afschuwelijke moord gepleegd in Unge. Ik weet niet of u zich dat kunt herinneren. Maar Steeger was bij een meisje in een bungalow op de North Downs gaan wonen en dat was de eerste keer dat we iets over hem hoorden.

Het meisje had 200 pond en daar heeft hij iedere penny van gekregen en zij is van de aardbodem verdwenen. En Scotland Yard kon haar niet vinden.

In ieder geval las ik toevallig dat Steeger twee flessen Num-numo had gekocht, want de politie van Otherthorpe was alles over hem aan de weet gekomen, behalve dan wat hij met het meisje had gedaan. Dat trok natuurlijk mijn aandacht, want anders zou ik nooit meer over die zaak hebben nagedacht en er met geen woord tegenover Linley over hebben gerept. Ik moest altijd aan Num-numo denken, omdat ik dat iedere dag probeerde te verkopen, en dat zorgde ervoor dat ik die andere kwestie niet kon vergeten. En dus zei ik op een dag tegen Linley: 'Het verbaast me, gezien het feit dat je een schaakprobleem zo goed kunt doorzien en zo goed kunt nadenken, dat je niet eens hebt geprobeerd dat mysterie van Otherthorpe op te lossen. Het is net zoiets als een schaakprobleem,' zei ik.

'Tien moorden zijn niet zo mysterieus als een partijtje schaak,' antwoordde hij.

'Scotland Yard is erdoor verslagen,' zei ik.

'Oh ja?' vroeg hij.

'Zijn er totaal door van de wijs gebracht,' zei ik.

'Had niet moeten gebeuren,' zei hij. En vrijwel meteen daarna zei hij: 'Wat zijn de feiten?'

We zaten beiden ons avondmaal te verorberen en ik vertelde hem de feiten die ik regelrecht uit de kranten had gehaald. Ze was een aantrekkelijke blondine, ze was klein en ze heette Nancy Elth, ze had 200 pond en ze woonde vijf dagen in de bungalow. Daarna was hij er nog veertien dagen blijven wonen, maar niemand had haar nog in levenden lijve gezien. Steeger zei dat ze naar Zuid-Amerika was gegaan, maar zei later dat hij Zuid-Amerika nooit had genoemd, wel Zuid-Afrika. Geen penny van haar geld stond nog op de bank waar ze het had bewaard en het bleek dat Steeger rond die tijd minstens 150 pond in zijn bezit had gekregen. Toen bleek Steeger een vegetariër te zijn, die al zijn eten bij de kruidenier haalde, en daardoor was de agent van het dorp Unge achterdocht gaan koesteren, want een vegetariër was een nieuw fenomeen voor die man. Daarna had hij Steeger in de gaten gehouden en dat was maar goed ook, want hij kon Scotland Yard antwoord geven op alle vragen die over hem werden gesteld, behalve natuurlijk op die ene. En hij vertelde de politie van Otherthorpe, dat zo'n zeven à acht kilometer verderop lag, wat hij wist en zij kwamen en probeerden ook een oplossing te vinden. Zij konden bijvoorbeeld vaststellen dat hij nadat zij was verdwenen nooit verder weg was geweest dan de bungalow en het kleine tuintje eromheen. U moet weten dat ze steeds achterdochtiger werden naarmate ze hem langer in de gaten hielden, zoals dat uit de aard der zaak gebeurt als je iemand in de gaten houdt. Dus al spoedig hielden ze alles wat hij deed nauwlettend in de gaten, maar als hij geen vegetariër was geweest, zouden ze hem nooit zijn gaan verdenken en dan zouden er zelfs voor Linley niet voldoende bewijzen zijn geweest. Niet dat ze veel dingen hebben gevonden die ernstig tegen hem pleitten, behalve dan die 150 pond die zomaar uit de lucht was komen vallen, en dat had Scotland Yard ontdekt en niet de politie van Otherthorpe. Nee, de agent van Unge ontdekte dat van die lorkebomen en daar wist Scotland Yard totaal geen raad mee en daar wist Linley tot op het laatste moment geen raad mee en daar wist ik natuurlijk ook geen raad mee. Er stonden tien lorkebomen in het tuintje en Steeger had een soort van overeenkomst met de huisbaas gesloten, voor hij de bungalow betrok, dat hij met die bomen kon doen wat hij wilde. En vanaf het moment dat de kleine Nancy Elth moet zijn overleden, hakte hij die allemaal om. Drie maal per dag was hij daar bijna een hele week mee bezig en toen hij de bomen allemaal had geveld, maakte hij er houtblokken van die niet langer dan zestig centimeter waren en stapelde die netjes op. Zoiets dergelijks heb je nog nooit gezien. En waarom? Om een excuus te hebben voor de bijl, luidde een theorie. Maar het excuus was groter dan de bijl. Hij is er veertien dagen lang, iedere dag hard werkend, mee bezig geweest. En hij zou een klein dingetje als Nancy Elth zonder een bijl hebben kunnen vermoorden en haar daarna ook nog eens in mootjes hebben kunnen hakken. Een andere theorie was dat hij haardhout nodig had, om zich van het lichaam te kunnen ontdoen. Maar hij heeft die houtblokken nooit gebruikt. Die heeft hij allemaal op die keurige hoopjes laten liggen. Iedereen was werkelijk met stomheid geslagen.

Nu dan, dat waren de feiten waarvan ik Linley deelgenoot maakte. Oh ja, en hij had ook nog een groot slagersmes gekocht. Gek, dat doen ze allemaal. En toch is het achteraf bezien helemaal niet zo gek; als je een vrouw in mootjes moet hakken, moet je haar in mootjes hakken en dat kan je niet doen zonder een mes. Verder waren er ook nog een aantal andere, negatieve feiten. Hij had haar niet verbrand. Af en toe stookte hij wel een klein vuurtje, maar dat gebruikte hij alleen om eten klaar te maken. De agent uit Unge en de mannen uit Otherthorpe die hem een handje hielpen, zijn daar serieus op ingegaan. Er stonden daar in de buurt nogal wat groepjes bomen, kreupelbosjes noemen ze die daar, zo worden ze genoemd door de plattelandsbevolking aldaar. Ze konden handig en onopgemerkt in zo'n boom klimmen en dan de rook opsnuiven, uit welke richting die vrijwel ook kwam. Dat deden ze af en toe ook, maar ze roken geen geur van brandend vlees, alleen dat van normaal eten dat werd gekookt. Dat was heel slim van de politie van Otherthorpe, hoewel ze er natuurlijk niets aan hadden om Steeger te laten hangen. Toen gingen later de mensen van Scotland Yard erheen en ontdekten nog een ander feit, waardoor het net wat strakker kon worden aangehaald. En dat was dat de kalk onder de bungalow en het kleine tuintje onaangeroerd was gebleven. Sinds de verdwijning van Nancy was hij niet meer naar buiten geweest. Oh ja, en behalve het mes had hij ook nog een grote vijl. Maar op die vijl werden geen sporen gevonden van fijngestampte botten en op het mes niet van bloed. Hij had die natuurlijk grondig schoongemaakt. Dat alles vertelde ik aan Linley.

Nu moet ik u waarschuwen voor ik verder ga. Ik ben zelf een kleine man en u zult waarschijnlijk geen afschuwelijke dingen van mij verwachten. Maar ik moet u ervoor waarschuwen dat die man een moordenaar was, of dat iemand dat in ieder geval was; de vrouw was om zeep gebracht, een aardig, aantrekkelijk meisje bovendien, en de man die dat had gedaan, zou niet noodzakelijkerwijze afzien van het doen van dingen waarvan u zou denken dat hij zou afzien. Met een geest die tot zoiets dergelijks in staat was en met de lange, smalle schaduw van het touw die hem nog verder dreef, laat zich niet voorspellen wanneer hij ergens van zal afzien. Moordverhalen kunnen soms aardige dingen lijken om door een dame bij de brandende haard te worden gelezen. Maar moord is geen aardig ding, en wanneer een moordenaar wanhopig is en probeert zijn sporen te verbergen, is hij niet eens meer zo aardig als hij daarvoor was. Ik vraag u dat niet te vergeten. In ieder geval heb ik u nu gewaarschuwd.

'En, wat vind je ervan?' vroeg ik aan Linley.

'De afvoer?' zei Linley.

'Nee,' zei ik, 'dat heb je dan mis. Scotland Yard heeft dat al nagekeken. Ze hebben het riool nagekeken, een klein dingetje dat even voorbij de tuin uitkomt in een beerput. Niets is daar doorheen gegaan – niets wat er niet doorheen had behoren te gaan, bedoel ik dan.'

Hij kwam nog met een of twee andere suggesties, maar die waren voor hem al door Scotland Yard gedaan. Daar draait mijn verhaal nu juist om. Je wilt een man hebben die zich voor detective gaat uitgeven en dan met zijn vergrootglas naar de plaats van de misdaad toegaat; eerst naar die plaats toegaat, waar hij de maat van voetafdrukken neemt en aanwijzingen ontdekt en het mes vindt dat de politie over het hoofd heeft gezien. Maar Linley is er

124

nooit ook maar in de buurt geweest en hij had geen vergrootglas, in ieder geval heb ik dat nooit gezien, en Scotland Yard was hem iedere keer voor.

In feite was het zo dat ze zoveel aanwijzingen hadden dat niemand er meer uit wijs kon worden. Alles wees erop dat hij het arme kleine meisje had vermoord. Alles wees erop dat hij zich niet van het lichaam had ontdaan. En toch kon het lichaam niet worden gevonden. Het was ook niet in Zuid-Amerika en naar alle waarschijnlijkheid al evenmin in Zuid-Afrika. En vergeet niet dat er al die tijd die grote voorraad hout was, een aanwijzing die voor iedereen volkomen duidelijk was, maar nergens heen leek te wijzen. Nee, we leken niet meer aanwijzingen te willen hebben, en Linley is nooit in de buurt van de plaats van de misdaad geweest. Het probleem was hoe te handelen met de aanwijzingen die we hadden. Ik stond volkomen voor een raadsel; Scotland Yard ook; en Linley leek geen vorderingen te maken; en al die tijd liet dat mysterie me niet los. Ik bedoel: als ik me dat onbeduidende gegeven niet toevallig had herinnerd en als ik er niet toevallig iets over had gezegd tegen Linley, zou dat mysterie dezelfde weg zijn gegaan als alle andere mysteries die door de mens niet tot een oplossing zijn gebracht, een donker vlekje, een klein duister plekje in de geschiedenis.

Nu was het zo dat Linley er aanvankelijk niet zoveel belangstelling voor had, maar ik was er zo volkomen zeker van dat hij een oplossing zou kunnen bedenken dat ik het vuurtje warm hield. 'Je kunt schaakproblemen oplossen,' zei ik.

'Dat is tien maal zo moeilijk,' zei hij, vasthoudend aan zijn eerder ingenomen standpunt.

'Waarom besteed je hier dan geen aandacht aan?' zei ik.

'Ga jij dan daar het bord maar eens voor mij bekijken,' zei Linley.

Op die manier was hij gewoon te spreken. We woonden nu al veertien dagen bij elkaar en dat wist ik inmiddels. Hij bedoelde dat ik naar de bungalow in Unge toe moest. Ik wed dat u nu zult vragen waarom hij er niet zelf naartoe ging, maar de verklaring daarvoor is eenvoudig. Wanneer hij daar over het platteland was gaan rondbanjeren, zou hij niet hebben kunnen nadenken, terwijl hij zittend in zijn stoel bij de haard in onze flat een onbegrensd terrein in

125

ogenschouw kon nemen, als u begrijpt wat ik bedoel. Dus nam ik de volgende dag te trein en stapte uit op het stationnetje van Unge. En daar zag ik de North Downs als het ware als muziek naar de hemel stijgen.

'Daar is het gebeurd, nietwaar?' zei ik tegen de kruier.

'Inderdaad,' zei hij. 'Daar, bij dat laantje. En vergeet u niet rechtsaf te slaan bij die oude taxusboom, een heel grote boom die u niet kunt missen en dan . . .' en hij vertelde me hoe ik moest lopen om de weg niet kwijt te raken. Ze waren allemaal heel erg aardig en behulpzaam, merkte ik. U moet begrijpen dat Unge genoot van het feit dat het opeens in de belangstelling stond. Iederen wist van het bestaan van Unge af; je zou er een brief naartoe hebben kunnen sturen zonder het graafschap of de nabijgelegen stad te vermelden. Toen betekende Unge iets. Ik denk dat als u nu probeerde Unge te vinden . . . in ieder geval profiteerden ze er maximaal van.

Daar zag ik de heuvel, omhoog rijzend naar het zonlicht, als een lied. U wilt natuurlijk niets horen over de lente en alles wat er die meimaand gebeurde en de kleur die alles later op de dag kreeg en al die vogels. Maar ik dacht: 'Wat een leuk plekje om een meisje mee naartoe te nemen.' En toen bedacht ik me dat hij haar daar had vermoord . . . Tsja, zoals ik al heb gezegd, ben ik maar een klein mannetje, maar toen ik aan haar dacht, daar op die heuvel met al die zingende vogels, dacht ik: 'Zou het niet eigenaardig zijn als ik ervoor kon zorgen dat die man werd gedood indien hij haar inderdaad heeft vermoord?' Dus vond ik al snel mijn weg naar de bungalow en begon daar rond te neuzen, over de heg de tuin inkijkend. En ik ontdekte niet veel en ik ontdekte helemaal niets wat de politie al niet had ontdekt, maar daar lagen die hoopjes houtblokken me aan te staren en ze zagen er heel eigenaardig uit.

Ik dacht diep na, leunend tegen de heg, de geur van de meimaand inademend en over die heg heen kijkend naar de houtblokken en de aardige kleine bungalow aan de andere zijde van de tuin. Ik bedacht heel wat theorieën, tot ik een gedachte kreeg die wel de beste was: en dat was dat ik op mijn manier meer goed zou doen als ik het denken aan Linley overliet, met zijn opleiding in Oxford en Cambridge, en hem alleen de feiten overbracht zoals hij me had opgedragen, dan wanneer ik zelf probeerde diep na te denken. Ik ben nog vergeten u te vertellen dat ik die morgen naar Scotland Yard was gegaan. Tsja, ik had daar eigenlijk niet zo veel te vertellen. Ze vroegen me wat ik wilde. En omdat ik niet direct een duidelijk antwoord op die vraag paraat had, werd ik van hen niet veel wijzer. Maar in Unge ging het allemaal heel anders; iedereen was zeer bereidwillig; ze genoten van al die aandacht, zoals ik al heb gezegd. De agent liet me binnen met de mededeling dat ik natuurlijk niets mocht aanraken, en daardoor kon ik de tuin vanuit het huis bekijken. En ik zag de stompjes van de tien bomen en ik zag een ding waarover Linley me later een complimentje maakte, hoewel we er niets aan bleken te hebben, maar ik deed in ieder geval mijn best. Het viel me op dat de bomen nogal onregelmatig waren omgehakt, door een man die kennelijk niet wist hoe je zoiets moest doen. De agent zei dat ik niets anders deed dan iets afleiden. Dus zei ik toen dat de bijl bot moest zijn geweest toen hij die gebruikte en dat zette de agent wel degelijk aan het denken, hoewel hij op dat moment niet zei dat ik het ditmaal bij het juiste eind had. Heb ik u al verteld dat Steeger na het verdwijnen van Nancy niet meer de deur uit was geweest, behalve dan om in de kleine tuin hout te hakken? Ik meen van wel. In ieder geval was dat zo. Ze hadden hem dag en nacht om beurten in de gaten gehouden en dat heeft de agent uit Unge me zelf verteld. Daardoor werd het net een stuk steviger dichtgetrokken. Het enige wat ik vervelend vond was dat Linley dat niet allemaal zelf had ontdekt, in plaats van die doodgewone agenten, en ik had het gevoel dat hij het allemaal ook had kunnen ontdekken. Een dergelijk verhaal zou iets romantisch hebben gehad. En zij zouden dat alles nooit hebben ontdekt als het niet bekend was geworden dat de man een vegetariër was en al zijn boodschappen bij de kruidenier deed. Heel waarschijnlijk dat de slager met dat verhaal is gekomen, uit nijd jegens de concurrent. Eigenaardig hoe een mens door kleine dingen in actie kan komen, en daardoor kan struikelen. Recht door zee is mijn motto. Maar misschien dwaal ik nu een beetje af van mijn verhaal. Ik zou dat willen blijven doen, willen vergeten dat het ooit is voorgevallen, maar dat kan ik niet.

In ieder geval verzamelde ik allerlei inlichtingen; aanwijzingen zal je ze wel moeten noemen in een verhaal als dit, hoewel ze geen van alle ergens heen leken te leiden. Zo wist ik bijvoorbeeld wat hij allemaal in het dorp had gekocht. Ik zou u zelfs kunnen vertellen wat voor zout hij kocht, zuiver zout, zonder fosfaten die ze er soms wel eens bijdoen. Slugger heette hij, zei hij. Ik vroeg hem waarom hij geen huiszoeking had gedaan op het moment dat het meisje was verdwenen. 'Dat kan je niet zomaar doen,' zei hij. 'En bovendien koesterden we niet meteen achterdocht, niet ten aanzien van dat meisje, bedoel ik. We vermoedden alleen dat er met hem iets niet klopte vanwege het feit dat hij een vegetariër was. Hij is hier nog ruim veertien dagen gebleven nadat dat meisje voor het laatst was gezien. En toen zijn we er meteen op af gegaan, heel grondig. Maar u moet weten dat niemand naar haar had gevraagd en dat er ook geen opsporingsverzoek was uitgevaardigd.'

'En wat heeft u ontdekt toen u daar binnen was gegaan?' vroeg ik aan Slugger.

'Alleen een grote vijl,' zei hij, 'en het mes en de bijl die hij moet hebben gebruikt om haar in mootjes te hakken.'

'Maar hij heeft die bijl gebruikt om de bomen om te hakken,' zei ik.

'Ja, dat is zo,' bevestigde hij nogal aarzelend.

'En waarom heeft hij die omgehakt?' vroeg ik.

'Natuurlijk hebben mijn bazen daar theorieën over ontwikkeld,' zei hij, 'die ze misschien niet aan iedereen willen vertellen.'

U begrijpt dus wel dat die houtblokken voor iedereen volstrekt onbegrijpelijk waren.

'Maar heeft hij haar werkelijk in mootjes gehakt'? vroeg ik.

'Tjsa, hij zei dat ze naar Zuid-Amerika was gegaan,' antwoordde hij, hetgeen werkelijk heel eerlijk van hem was.

Ik kan me nu niet meer zoveel herinneren van wat hij me toen heeft verteld. Steeger had alles keurig netjes afgewassen voor hij wegging, zei hij nog.

In ieder geval ben ik met al die informatie teruggegaan naar Linley, met de trein die rond het begin van de zonsondergang vertrok. Ik zou u graag het een en ander willen vertellen over de late lente-avond, zo rustig boven die grimmige bungalow, hem insluitend met een glorie alsof hij gezegend werd; maar u wilt natuurlijk meer horen over de moord. Ik vertelde Linley alles, hoewel veel ervan me de moeite van het vertellen niet waard leek. Het probleem was echter dat hij het meteen zou weten als ik iets wegliet en me er dan toe zou dwingen dat stukje informatie wel aan hem door te geven. 'Je weet van tevoren niet wat van groot belang zou kunnen zijn,' zei hij. 'Een vertind spijkertje dat door een dienstbode wordt weggeveegd, kan een man naar de strop brengen.'

Alles goed en aardig, maar je moet consequent zijn, ook als je Eton en Harrow hebt bezocht, en telkens wanneer ik Num-numo noemde, hetgeen uiteindelijk het begin van het hele verhaal was geweest omdat hij er nooit iets over zou hebben gehoord als ik er niet was geweest en het mij niet was opgevallen dat Steeger er twee flessen van had gekocht, zei hij dat die dingen onbelangrijk waren en we ons tot de hoofdzaken moesten beperken. Ik sprak natuurlijk af en toe over Num-numo, omdat ik er die dag bijna vijftig flessen van had verkocht in Unge. Een moord werkt zonder enige twijfel stimulerend voor de geest van de mens en Steegers twee flessen boden me een kans die alleen door een dwaas niet zou zijn gepakt. Maar natuurlijk zei dat Linley helemaal niets.

Je kunt de gedachten van een man niet zien en je kunt niet in zijn geest kijken, zodat de meest opwindende dingen ter wereld nooit kunnen worden verteld. Maar ik denk dat het die avond met Linley zo was, tijdens ons gesprek voor het avondeten en tijdens dat avondeten, en toen we daarna voor de haard zaten te roken, dat zijn gedachten pas op de plaats hadden moeten maken voor een barrière die hij maar niet kon nemen. En die barrière werd niet gevormd door de vraag hoe Steeger zich van het lichaam zou kunnen ontdoen, maar wel door de vraag waarom hij iedere dag, veertien dagen lang, zoveel hout aan het hakken was geweest en zoals ik net had ontdekt zijn huisbaas 25 pond had betaald om dat te mogen doen. Daar kon Linley geen verklaring voor vinden. En ik had de indruk dat de politie alle plaatsen waar hij het lichaam mogelijkerwijze zou kunnen hebben verbergen, al had gecontroleerd. Als je zei dat hij het had begraven, zeiden zij dat de kalk onaangeroerd was; als je zei dat hij het had verbrand, zeiden zij dat ze daar niets van hadden geroken, zelfs wanneer de rook laag overkwam en ze niet in bomen klommen om beter te kunnen ruiken. Ik kon Linley inmiddels heel goed begrijpen en hoefde geen uitgebreide opleiding te hebben genoten om te kunnen zien dat een geest als de zijne iets groots had en ik dacht dat hij het mysterie had kunnen oplossen. Ik had werkelijk met hem te doen toen ik zag dat de politie hem zo vóór was geweest en ik geen enkele manier kon bedenken om die mensen een stapje voor te komen.

Was er iemand naar het huis toegegaan? vroeg hij me een paar maal. Heeft iemand er iets uit meegenomen? Maar op die manier konden we er ook geen verklaring voor vinden. Toen maakte ik misschien een suggestie die ergens op sloeg, of misschien begon ik wel weer over Num-numo te praten, en onderbrak hij me nogal scherp.

'Maar wat zou jij doen, Smithers?' zei hij. 'Wat zou jij zelf doen?'

'Als ik die arme Nancy Elth had vermoord?' vroeg ik.

'Ja,' zei hij.

'Ik kan me niet voorstellen dat ik ooit zoiets dergelijks zou doen,' zei ik tegen hem.

Toen zuchtte hij, alsof dat tegen me pleitte.

'Ik veronderstel dat ik nooit een goede detective zou worden,' zei ik. En hij schudde alleen zijn hoofd.

Toen staarde hij broedend in het vuur, een uur lang leek het wel. En daarna schudde hij opnieuw zijn hoofd. Vervolgens gingen we alle twee naar bed.

Ik zal me de dag daarna mijn hele leven lang blijven herinneren. Zoals gewoonlijk was ik tot de avond bezig met het verkopen van Num-numo. En rond een uur of negen gingen we eten. In die flats kon je zelf geen dingen koken, dus aten we een koude hap. En Linley begon met een salade. Ik kan me er nu alles nog van voor de geest halen. Ik was nog een beetje vol van alles wat ik in Unge had gedaan aan de verkoop van Num-numo. Ik wist dat alleen een idioot er daar niets van zou hebben kunnen verkopen. Maar toch was het me goed afgegaan. Ongeveer vijftig flessen, achtenveertig om precies te zijn, betekenen in zo'n klein dorp wel wat, ongeacht de omstandigheden. Dus praatte ik er een beetje over; en toen besefte ik plotseling dat Num-numo Linley helemaal niets zei en hield ik snel mijn mond. Het was werkelijk heel vriendelijk van hem; weet u wat hij deed? Hij moest meteen geweten hebben waarom ik opgehouden was met praten en hij stak alleen maar een hand uit en zei: 'Wil je me een beetje van die Num-numo geven voor mijn salade?'

Ik was zo geroerd dat ik het bijna aan hem had gegeven. Maar natuurlijk gebruik je geen Num-numo bij sla. Alleen bij vlees en hartige hapjes. Dat staat op de fles.

'Alleen voor vlees en hartige hapjes,' zei ik dus tegen hem. Al weet ik dan niet wat hartige hapjes zijn, want ik heb die dingen nooit gehad.

Ik heb het gezicht van een man nog nooit zo zien veranderen.

Hij leek een hele minuut lang stijf te zijn geworden. Uit zijn mond kwam geen woord, alleen die gezichtsuitdrukking van hem was veelzeggend. Als een man die een geest heeft gezien, zou ik bijna willen schrijven. Maar dat was niet het geval. Ik zal u vertellen hoe hij eruit zag. Als een man die iets heeft gezien wat nog nooit door iemand is waargenomen, iets waarvan hij had gedacht dat het niet bestond.

En toen zei hij met een heel andere stem, zachter, lager en vriendelijker leek het wel: 'Niet geschikt voor groente, nietwaar?'

'In het geheel niet,' zei ik.

En toen slaakte hij diep in zijn keel iets als een snik. Ik had niet gedacht dat hij dergelijke gevoelens kon hebben. Natuurlijk wist ik niet waar het allemaal om ging; maar wat het ook was . . . ik dacht dat dergelijke emoties er bij hem op Eton en Harrow wel uitgeslagen zouden zijn, omdat hij immers zo'n goed geschoolde man was. Er stonden geen tranen in zijn ogen, maar hij had kennelijk een afschuwelijk gevoel.

En toen begon hij te praten, met grote stiltes tussen de woorden en zei: 'Zou het kunnen zijn dat iemand een vergissing begaat en Num-numo bij zijn groente gebruikt?'

'Een keer misschien, maar zeker geen tweede keer,' zei ik. Wat had ik anders kunnen zeggen?

En hij herhaalde mijn woorden, alsof ik hem zojuist het einde van de wereld had aangekondigd, waarbij hij mijn woorden een afschuwelijke nadrukkelijkheid meegaf, tot ze allemaal een angstaanjagende betekenis leken te hebben. Hij schudde erbij met zijn hoofd.

Toen bleef het lange tijd stil.

'Waaraan denk je?' zei ik.

'Smithers,' zei hij.

'Ja,' zei ik.

'Smithers,' zei hij.

En ik zei: 'En?'

'Luister, Smithers,' zei hij. 'Je moet die kruidenier in Unge bellen en hem het volgende vragen.'

'Ja?' zei ik.

'Of Steeger die twee flessen, zoals ik vermoed, op dezelfde dag heeft gekocht en niet een paar dagen na elkaar. Dat kan hij niet hebben gedaan.'

Ik wachtte af om te zien of er nog meer zou komen, en toen rende ik de kamer uit en deed wat me was opgedragen. Het duurde enige tijd voor ik de zaak rond had, want het was al na negenen, en het lukte me alleen maar omdat de politie me hielp. Met een tussenpoze van ongeveer zes dagen, zeiden ze. En dus ging ik terug en zei dat tegen Linley. Hij keek me zo hoopvol aan toen ik binnenkwam, maar aan zijn ogen kon ik zien dat dat het verkeerde antwoord was.

Je kunt je iets dergelijks niet zozeer aantrekken als je niet ziek bent en toen hij niets zei, zei ik: 'Jij hebt een lekker glas cognac nodig en dan moet je maar eens vroeg naar je bed gaan.'

En hij zei: 'Nee, ik moet iemand van Scotland Yard spreken. Bel die mensen op en zeg dat iemand meteen hierheen moet komen.'

'Ik zal een inspecteur van Scotland Yard nooit zover krijgen dat hij op dit uur naar ons toe komt,' zei ik.

Zijn ogen straalden opeens. Het was gelukkig allemaal in orde met hem.

'Zeg dan tegen hen,' zei hij, 'dat ze Nancy Elth nooit zullen vinden. Zeg tegen een van hen dat hij hierheen moet komen en dan zal ik hem vertellen waarom.' En hij voegde daar aan toe, alleen voor mij, denk ik: 'Ze moeten Steeger in de gaten houden tot ze hem op een dag voor iets anders in zijn kraag kunnen grijpen.'

En weet u, hij kwam, inspecteur Ulton; hij kwam in hoogst eigen persoon.

Terwijl we op hem wachtten probeerde ik met Linley te praten. Gedeeltelijk uit nieuwsgierigheid, geef ik toe. Maar ik wilde hem niet alleen laten met die gedachten van hem, terwijl hij daar zo broedend bij de haard zat. Ik probeerde hem te vragen wat er nu precies aan de hand was. Maar dat wilde hij me niet zeggen. 'Moord is afschuwelijk,' zei hij slechts. 'En wanneer een man zijn sporen weg kan werken, wordt het alleen maar erger.'

Hij wilde het me niet vertellen. 'Er zijn verhalen,' zei hij, 'die geen mens ooit wil horen.'

Dat is inderdaad waar. Ik wou dat ik dit verhaal nooit had gehoord. In feite heb ik het ook nooit gehoord. Maar aan de hand van Linley's laatste woorden aan het adres van inspecteur Ulton, het enige wat ik heb kunnen horen, kon ik alles wel raden. En misschien zou u er op dit moment verstandig aan doen mijn verhaal niet verder te lezen, zodat u het niet eveneens kunt raden; zelfs wanneer u denkt dat moordverhalen u wel aanstaan. Want geeft u niet de voorkeur aan een moordverhaal met een beetje romantische wending boven een verhaal over een werkelijk smerige moord?

Vooruit dan maar, zoals u wenst.

Inspecteur Ulton kwam binnen en Linley drukte hem zwijgend de hand en wees in de richting van zijn slaapkamer; en ze gingen daar naar binnen en spraken zachtjes met elkaar en ik kon er geen woord van opvangen.

De inspecteur zag er behoorlijk gezond uit toen ze die kamer binnen liepen.

Toen ze weer tevoorschijn kwamen, liepen ze zwijgend door onze zitkamer en gingen samen de hal in en toen hoorde ik de enige woorden die ze nog wisselden. De inspecteur, die nu erg bleek was, was de eerste die die stilte verbrak.

'Maar waarom heeft hij dan die bomen omgehakt?' zei hij.

'Alleen maar om zijn eetlust op te wekken,' zei Linley.

Edward D. Hoch

De diefstal van het gebruikte theezakje

Edward Hoch heeft honderden korte verhalen geschreven, die zowel onder pseudoniem als onder zijn echte naam zijn gepubliceerd en hij is een ware meester op het gebied van detectiveseries. Hij is onder andere de schepper van Simon Ark, een tweeduizend jaar oude, bovennatuurlijke detective; Rand, een Brits expert op het gebied van cijferschriften (thans gepensioneerd); en Nick Velvet, een dief die voor een aantrekkelijk honorarium bereid is bijna alles te stelen wat geen waarde heeft, waaronder een gebruikt theezakje.

Gloria leverde hem de opdracht tijdens een van de zeldzame vakanties die ze in Florida doorbrachten. 'Ze zei tegen me dat ze wist dat ik met Nick Velvet samenwoonde en ze wil je in de arm nemen. Voor het gebruikelijke honorarium, geen bijzondere eisen.'

Nick kwam op het zand overeind en draaide zich om. Hij had toch al te veel zon gehad. 'Vertel me nog eens wie die vrouw is.'

'Ze heet Mildred Fargo. Ik heb samen met haar op de middelbare school gezeten. Ik heb haar twintig jaar lang niet gezien, maar we hebben wel contact gehouden en omdat ik hier toch een week zou blijven, heb ik haar opgebeld en haar voorgesteld samen te gaan lunchen. In ieder geval weet ze zo het een en ander van jou af en wil dat er iets wordt gestolen. Ze zal je er vijftentwintigduizend dollar voor betalen.'

'Ik word geacht vakantie te houden,' klaagde Nick. 'We hebben een keer geprobeerd een paar dagen met de boot weg te gaan en toen raakte ik meteen betrokken bij die zeepzaak. Nu zijn we naar

134

Florida gegaan en betrek jij me weer bij iets anders!'

'Ze is een oude vriendin van me, Nicky.'

Hij zuchtte en staarde naar de wolkeloze hemel. 'Wat wil ze gestolen hebben?'

'Een gebruikt theezakje,' antwoordde Gloria walgend. 'Lijkt me echt iets voor jou.'

Nick dacht daarover na. Uiteindeljk zei hij: 'Het is in ieder geval weer eens iets anders. Ik denk dat ik wel kennis wil maken met een vrouw die wil dat ik een gebruikt theezakje steel.'

'Dat wist ik al wel. Ze heeft ons uitgenodigd vanavond met haar te gaan dineren. Ik beloof je dat je Mildred aardig zult vinden.'

'Wat doet ze in het dagelijkse leven?'

'Ze is lange tijd geleden met een barkeeper getrouwd. Ik kan me vergissen, maar ik heb het gevoel dat ze nu verdovende middelen smokkelt.'

Ze zouden met Mildred Fargo dineren in de Landsmen's Club bij de Biscayne Baai. Gloria en Nick kwamen al vroeg bij de privé-club aan en terwijl ze wachtten, bracht hij zijn tijd zoet met het lezen van de mededelingen op het prikbord. Hij zag het telefoonnummer van de Club van Vogelliefhebbers en een berichtje van een typekantoor dat zijn diensten aan de leden aanbood, naast de traditionele lijst van de leden die nog niet aan hun financiële verplichtingen hadden voldaan. Hij kwam tot de conclusie dat dit geen club voor hem was.

'Daar zijn ze,' zei Gloria. Dit was de eerste keer dat hij van "zij" hoorde spreken. Hij draaide zich om en zag een lange, slanke man met een grijze snor en dun wordend, grijs haar, die werd vergezeld door een opvallend mooie vrouw wier lange blonde haar tot over haar schouders hing en die een nauwsluitende zwarte japon aan had. Nick wist dat ze bijna veertig moest zijn als ze met Gloria op de middelbare school had gezeten, maar ze zou met het grootste gemak voor tien jaar jonger kunnen doorgaan.

'Jij moet Nick Velvet zijn.' Ze stak hem een fraai gevormd handje toe. 'Ik heb van Gloria al zoveel over je gehoord.'

'Allemaal goeie dingen, hoop ik,' mompelde Nick.

Ze glimlachte en wendde zich tot haar metgezel. 'Dit is Seymour Bentley, een goede vriend van me. Seymour, Nick Velvet en Gloria.' Er werden handen geschud en Mildred zei: 'Seymour is lid van deze club. Het clubgeld is te hoog voor iemand zoals ik.'

'Tot vorig jaar was Landsmen uitsluitend een club voor mannen,' legde Bentley uit, terwijl hij hen voorging naar de eetzaal. 'We hebben nog altijd slechts weinig vrouwelijke leden – voornamelijk weduwen van overleden clubleden.'

Ze hadden een tafeltje bij het raam, dat uitzicht bood over de baai. In het licht van de vroege avond zagen ze een hele reeks jachten varen, waarbij de grote zeilen een onregelmatige lijn over het water vormden. 'Zeil jij?' vroeg Mildred Fargo aan Nick.

'Gloria en ik slagen er iedere zomer wel in er een paar maal tussenuit te breken.'

'Wij hebben vorige maand bij Kaap God gezeten,' voegde Gloria daaraan toe.

'Zou daar ook wel eens een keer naartoe willen,' zei Bentley, 'maar ik ben niet zo'n vaarenthousiast als Millie. Die racet met snelle motorboten voortdurend heen en weer van hier naar de Bahama's en weer terug.'

'Werkelijk?' zei Nick. 'Dat lijkt me een beetje gevaarlijk. De tijd van de orkanen breekt weer aan, om nog maar te zwijgen over de mensen die verdovende middelen smokkelen. Ik heb gelezen dat die laatsten werkelijk een probleem beginnen te vormen.' Gloria gaf hem onder tafel een duwtje met haar voet, maar de gezichtsuitdrukking van Mildred Fargo veranderde niet.

'De kustwacht past goed op ons,' zei ze eenvoudigweg en sloeg de menukaart open.

Het diner was lekker en duur, maar Seymour Bentley gaf Nick met een handgebaar te kennen dat hij zijn portemonnaie in zijn zak kon houden toen het dessert werd geserveerd. 'Jullie zijn mijn gasten.' Hij had thee besteld terwijl de anderen koffie namen en toen begon Nick te begrijpen waarom Mildred Fargo het zo had geregeld dat ze samen met hem zouden dineren.

Terwijl ze nog genoten van een glaasje na het diner, excuseerde Bentley zich en zei Gloria: 'Vertel het hem nu maar, Mildred.'

Millie draaide zich om en glimlachte Nick toe. 'Zoals je hebt gezien, neemt Seymour na het diner een kopje thee. Hij dineert hier vrijwel iedere avond als hij in de stad is. Ik wil dat je morgen het gebruikte theezakje steelt.'

'Oh.'

'Gloria heeft me verteld dat dat voor jou helemaal geen probleem is.'

'Inderdaad helemaal geen probleem, maar ik ben er zeker van dat je een ober voor vijf dollar hetzelfde zou kunnen laten doen. Waarom zou je er mij dan vijfentwintigduizend voor geven?'

'Dit is een privéclub en de mensen die hier werken, zijn de leden zeer trouw en toegewijd. Een ober omkopen zou beslist onmogelijk zijn en ik wil je er bij deze meteen voor waarschuwen dat pogingen van jou in die richting niet alleen zouden falen, maar ook tot gevolg zouden hebben dat Seymour op zijn hoede is.'

Nick zag Bentley de zaal weer inkomen. 'Oké,' zei hij snel. 'Morgenavond.'

'Kunnen we zo onderhand eens gaan?' vroeg Seymour Bentley toen hij weer bij hun tafeltje was gearriveerd. 'Ik heb iets wat ik jullie allemaal graag zou willen laten zien.'

Nick en Gloria lieten hun auto op het parkeerterrein van de club staan en stapten in Bentley's lange witte Continental. Tijdens het korte ritje zat Nick achter Mildred Fargo. Gloria had gelijk gekregen met haar opmerking dat hij haar aardig zou vinden. Ze was een heel aantrekkelijke dame, hoe ze haar geld dan ook verdiende.

'We zijn er,' kondigde Bentley aan, terwijl hij een parkeerterreintje aan de waterkant opdraaide. Ze zaten bij een kleine privé jachthaven – een van de vele die daar langs de kust van de Biscayne Baai bestonden.

'Je hebt een nieuwe boot!' riep Mildred uit. Ze rende van de auto vandaan de aanlegsteiger op naar de fraaie, slanke boot die Bentley had aangewezen. 'Oh Seymour! Hij is prachtig! Wanneer kan ik er een keertje mee gaan varen?'

'Wanneer je er zin in hebt. Morgen misschien?'

Haar gezicht betrok. 'Je weet dat ik morgen naar de Bahama's moet. Zou aanstaande maandag kunnen?'

Hij glimlachte om haar teleurstelling. 'Maandag is prima. Ik bel je in het weekend nog wel.'

'Kunnen we nu aan boord gaan?' vroeg ze.

'Nee . . .' Hij keek verontschuldigend naar Nick en Gloria. 'Ik zou jullie graag de boot hebben laten zien, maar ik zit een beetje krap in mijn tijd. Misschien een andere keer.'

'Wij gaan dit weekend weer terug naar huis,' zei Nick. 'Maar ik kan zo wel zien dat het een prachtboot is. Ik wens je veel geluk ermee.'

'Dank je.'

Seymour reed hem terug naar het parkeerterrein van de club, waar Mildred en hij met een vriendschappelijk kusje afscheid van elkaar namen. Toen bleek dat ze een taxi naar huis wilde nemen, bood Nick haar een lift aan, beseffend dat ze daar waarschijnlijk op had gerekend.

Ze ging op de achterbank van zijn huurauto zitten en zei: 'En, wat vond je van hem?'

'Knap,' zei Nick. 'Ik neem aan dat hij uitstekend met een jacht kan omgaan?'

'Hebben jullie een vaste relatie?' vroeg Gloria.

'Niet werkelijk,' zei Millie. 'Waarom vraag je dat?'

'Omdat je door Nick in de arm te nemen duidelijk een dubbel spelletje met hem wilt spelen. Of hem ergens wilt laten inluizen.'

'Door Nick in de arm te nemen, bescherm ik mezelf. Meer niet.'

'Waar gebruikt hij die boot voor?' vroeg Nick haar, hoewel hij vermoedde dat hij het antwoord op die vraag zelf wel wist.

'Het is beter als je niet te veel weet,' antwoordde ze. 'Ik wil morgen alleen maar dat theezakje hebben, nadat hij het heeft gebruikt.'

'Eet hij alleen?'

'Dat weet ik absoluut niet, hoewel ik vermoed van niet. Hij zal wel dineren met de een of andere zakenrelatie of misschien zelfs wel een andere vrouw.'

'En dat vind je niet vervelend? Wil je dat ik je er verslag over uitbreng?'

Ze schudde haar hoofd. 'Nee, ik wil alleen maar dat theezakje hebben. Ik zal je je geld geven wanneer je dat hebt afgeleverd. Contant, natuurlijk.'

138

'Zit jij morgen op de Bahama's?' vroeg Nick.

'Ik vlieg erheen om een boot op te halen die een vriend geleend heeft. Ergens laat in de avond of in de nacht ben ik er weer mee terug.'

Nick en Gloria keken elkaar even aan. 'Hmm,' zei Nick. 'Dan moet ik je vrijdag dus dat theezakje leveren. Waar treffen we elkaar?'

Ze schreef een aantal cijfers op een stukje papier. 'Bel me vrijdagmorgen op dit nummer. Na negenen. Dan moet ik in ieder geval terug zijn.'

Toen de auto tot stilstand kwam voor het stralend witte comdominium waarin Mildred woonde, waagde Gloria het haar oude vriendin een suggestie te doen. 'Wees voorzichtig, Mildred. Raak er niet al te zeer bij betrokken.'

Millie gaf een kneepje in Gloria's hand en gleed de wagen uit zonder antwoord te geven.

Toen ze de volgende morgen op de patio van hun hotel zaten te ontbijten, zei Gloria tegen Nick: 'Waarom denk je dat zij dat dingetje gestolen wil hebben?'

Hij haalde zijn schouders op. 'Iemand is Bentley geleidelijk aan met die theezakjes aan het vergiftigen en daar wil zij een bewijs van hebben. Of iemand geeft hem in die zakjes ongeslepen diamanten door en zij wil die onderscheppen. Kan van alles en nog wat zijn. Ik zal waarschijnlijk wel weten wat als ik dat theezakje eenmaal heb.'

'Nick, niets lijkt jou ooit te verbazen.'

'Niet veel,' gaf hij toe. 'Af en toe je honorarium eens niet kunnen opstrijken – dat komt altijd weer als een verrassing.' Hij had zitten nadenken over Mildred Fargo, zoals hij dat over iedere nieuwe cliënt deed, haar motieven beoordelend, speculerend over de vraag of ze hem bij aflevering zou kunnen en willen betalen.

'Je zei dat je dacht dat ze verdovende middelen smokkelde. Hoe kom je daar zo bij?'

Gloria speelde met haar koffiekopje. 'Ik weet het niet. Misschien door de manier waarop ze zich kleedt en haar manier van doen. En dan dat mooie huis waarin ze woont. De kranten staan vol artikelen over de handel in verdovende middelen in Zuid-Florida. Ze moet haar geld toch ergens vandaan halen en dat lijkt me een waarschijnlijke mogelijkheid.'

'Misschien heeft ze een rijke minnaar.'

'Ze zou zich niet met Seymour Bentley inlaten als dat zo was. En hij ondersteunt haar in financieel opzicht beslist niet. Hij wilde haar gisterenavond niet eens zijn nieuwe boot op laten gaan.'

Nick knikte. 'Ze zagen er eerder uit als vriendschappelijke rivalen dan als gelieven en dat gevoel van me wordt nog versterkt door het feit dat ze me in de arm heeft genomen om dat theezakje te stelen.'

'Hoe ga je het doen?' vroeg ze.

Hij glimlachte. 'Door iets de verkeerde kant op te laten gaan,' zei hij.

Toen het parkeerterrein van de Landsmen's Club die avond al aardig vol begon te raken, zette Nick zijn auto neer op het gedeelte dat voor de werknemers was gereserveerd en liep snel naar de achteringang. Hij ging de club binnen via een kleedkamer die aan de keuken grensde en kwam meteen een gebaarde, in het wit geklede man tegen die een van de koks leek te zijn. 'Ik ben de nieuwe ober,' zei Nick.

De gebaarde man keek hem niet al te vriendelijk aan. 'Nieuwe ober? Wie heeft je dan in dienst genomen?'

'De manager, meneer . . .'

'Jennings?' vulde de kok behulpzaam aan. 'Ik denk dat die hier nog wel ergens rondloopt. Weet je waar zijn kantoor is?'

Nick knikte en liep door de openslaande deuren heen de eetzaal in, waarbij hij er terdege voor zorgde dat hij zijn gezicht hield afgewend van het tafeltje waaraan Seymour Bentley de avond daarvoor had gezeten. Maar toen hij toch steels even die kant op keek, zag hij dat er niemand zat. Had hij alles voor niets gepland?

Hij bleef een paar minuten bij het mededelingenbord staan, waar hij dezelfde berichten die er die avond daarvoor al gehangen hadden, nogmaals las. Uiteindelijk liep hij op zijn gemakje door naar de balie bij de hoofdingang. 'Zou u me kunnen vertellen of de heer Bentley voor deze avond een tafeltje heeft gereserveerd?' vroeg hij aan de jonge vrouw die dienst had.

Terwijl hij sprak, kwam een man van middelbare leeftijd met donker, krullend haar net binnen. Hij hoorde Nicks vraag en bleef even staan.

'Ik ben Graham Jennings, de manager,' zei hij. 'Waarom vraagt u naar de heer Bentley?'

Die vraag had Nick niet verwacht. 'We zouden elkaar hier voor het diner treffen.'

Jennings loosde een soort van zucht van opluchting. 'Dan heb ik niet zo'n plezierig bericht voor u. Seymours nieuwe boot is op zee in brand geraakt en een paar uur geleden gezonken. We zijn bang dat hij daarbij om het leven gekomen kan zijn.'

Precies om negen uur de volgende morgen belde Nick Mildred Fargo op. 'Ik veronderstel dat je de kranten hebt gezien,' zei hij.

'Ja. Kan je naar me toe komen?'

'Ik ben al onderweg.'

Toen hij zich klaar maakte om te vertrekken, vroeg Gloria of ze mee moest gaan.

'Misschien kan ik maar beter alleen gaan,' zei Nick tegen haar. 'Ik kan me niet voorstellen wat ze nu nog van me wil, maar ik weet wel dat we naar die vijfentwintigduizend kunnen fluiten. Ik kan geen theezakje van een dode man stelen.'

'Hebben ze het lijk al gevonden?'

'Volgens de kranten niet. Maar mensen hebben die boot in brand zien staan en ze hebben delen van de bovenbouw drijvend in het water gevonden. Er zat een vaartuig van de kustwacht vlak in de buurt, maar die heeft geen overlevenden opgepikt.'

'Denk je dat iemand hem heeft vermoord, Nicky?'

'Ik weet het niet, en wat er ook gebeurd is . . . ik wil er niet bij betrokken raken. Ik zal wél even gaan kijken wat Mildred me te zeggen heeft.'

'Ik geloof niet dat hij dood is,' zei Mildred meteen. 'Het is een of andere list.'

'Hoe zou dat nu kunnen,' vroeg Nick naïef. 'In de kranten stond dat er een vaartuig van de kustwacht vlakbij heeft gezeten.'

'Inderdaad!! En daarom is die boot nu juist in de fik gegaan!

141

Daar ben ik zeker van!' Ze ging zitten en zocht onrustig naar een sigaret. Hij kon zien dat ze veel zenuwachtiger was dan de eerste keer dat ze elkaar hadden ontmoet. 'Nick, ik zal je in vertrouwen moeten nemen,' zei ze. 'Ik hoop dat dat kan. Volgens Gloria wel.'

Nick glimlachte. 'Ik denk dat we alle twee aan dezelfde kant van de wet staan. Dan kan er sprake zijn van een zekere mate van vertrouwen.'

'Weet Gloria dan hoe ik in mijn levensonderhoud voorzie?'

'Ze heeft er alleen maar een vermoeden van. In Zuid-Florida doen herhaalde bootreisjes tussen het vasteland en de Bahama's handel in verdovende middelen vermoeden.'

Ze knikte. 'Ik veronderstel dat dat inderdaad voor de hand ligt. Ik ben er nu al drie jaar mee bezig. Marihuana in Jamaïca kopen en die dan het land in smokkelen, gewoonlijk in hoeveelheden van tweeduizend pond tegelijk. We brengen het spul vanuit Kingston per vliegtuig naar een van de eilanden in de Bahama's en vervoeren het dan verder in snelle motorboten, die afmeren in de moerasgebieden langs de zuidelijke punt van de Biscayne Baai.'

'Dat moet de kustwacht toch weten,' merkte Nick op.

'Natuurlijk weten ze dat. Maar weten en bewijzen zijn twee verschillende dingen. Ik ben nog nooit met zo'n vrachtje gepakt. Mijn boten zijn voorzien van schuilplaatsen die de douane nog in geen honderd jaar zal kunnen vinden.'

'En Seymour Bentley?'

'Die handelt er ook in. Je zou kunnen zeggen dat er sprake is van een vriendschappelijke concurrentie. Daarom heeft hij me die avond zijn nieuwe boot laten zien.'

'Hij opereert net zo als jij?'

'Vrijwel. We blijven de kustwacht altijd een stap voor en zij hebben hem zo'n zes keer aangehouden zonder ook maar een spoortje van verdovende middelen te vinden. Ze hebben de romp van zijn jacht zelfs een keer door een duiker laten onderzoeken, maar ook die man heeft niets kunnen ontdekken. Ik denk dat ik goed ben, maar Seymour is een tovenaar op het gebied van het verstoppen van dat spul. Indien de kustwacht gisteren bij hem aan boord is willen gaan, kan hij de boot tot zinken hebben gebracht en zelf zijn ontsnapt.'

142

'In ieder geval zal ik nu het theezakje niet meer kunnen stelen.'

'Misschien toch wel,' zei Millie. Ze boog zich gespannen naar hem toe. 'Alleen ditmaal van een man die Marc Watson heet.'

'Wat maakt die theezakjes zo belangrijk?' vroeg Nick.

'Nick, je moet me geloven wanneer ik zeg dat het niets waardevols is. Gloria heeft me over gewetensbezwaren van jou zo het een en ander verteld. Ik kan je alleen maar zeggen dat Seymour in de Landsmen's Club die gebruikte theezakjes vaak in een zakdoek heeft gestopt en die dan in zijn zak deed wanneer hij dacht dat ik dat niet zag. Ik heb een keer gezien dat Marc Watson precies hetzelfde deed. Ik wil weten waarom. Dat is alles.'

'Dan moet je wel een paar gegronde redenen hebben om achterdocht te koesteren. Je bent bereid om een heleboel geld op tafel te leggen om je nieuwsgierigheid te bevredigen.'

'Natuurlijk koester ik achterdocht. Ik geloof dat een aantal leden de Landsmen's Club als een façade gebruiken om op heel grote schaal verdovende middelen te smokkelen. Ondanks de naam zijn de meeste leden ware waterenthousiasten. Ze varen regelmatig heen en weer naar de eilanden. Jennings, de manager van de club, kan hen hebben betrokken bij een plan om snel rijk te worden.'

Nick bleef desondanks twijfelen. 'Ik heb zo de indruk dat de meeste leden van die club al rijk genoeg zijn. Waarom zou jij bij zoiets betrokken willen raken en daarmee het risico lopen te worden gearresteerd?'

'Soms zijn mensen als Seymour niet zo rijk als ze lijken te zijn. En bovendien is het ook nog eens zo dat vele leden van de Landsmen's Club rijk geworden zijn door die handel in verdovende middelen.'

'Maar de politie kan dan toch zeker wel . . .'

'De politie en de kustwacht hebben veel te veel werk. Iedere dag komen er tonnen drugs met vliegtuigen en boten Zuid-Florida binnen. Zij kunnen slechts een klein deel daarvan tegenhouden.' Ze stond op en liep naar een bureau aan de andere kant van de kamer en keerde terug met een velletje papier waarop de namen van Bentley en Watson stonden. Achter Bentley's naam stond een zestal recente data, achter die van Watson een.

'Je meent dit werkelijk serieus,' merkte Nick op.

'Natuurlijk meen ik het serieus . . . en ik hoop dat jij bereid bent dat voor vijfentwintigduizend dollar eveneens te doen. Kijk eens naar deze data. Op die dagen heb ik Seymour Bentley of Marc Watson tijdens een lunch of een diner een gebruikt theezakje in hun zak zien stoppen. En telkens weer is een van beiden dan de volgende dag met zijn boot weggevaren. Dat heb ik gecontroleerd.'

'Het is nog altijd zomer,' stelde Nick. 'Ik denk zo dat het dan heel normaal is dat mensen die een boot hebben erop uit trekken als ze de tijd daarvoor vrij kunnen maken. Ik weet in ieder geval wel dat ik dat zou doen wanneer ik hier woonde.'

'Nee, dit waren lange reizen. Ze bleven een nacht weg en zijn waarschijnlijk naar de eilanden gegaan. Jullie noorderlingen lijken maar niet te beseffen dat de Bahama's veel dichter bij Florida liggen dan Cuba – nog geen negentig zeemijlen hiervandaan. Miami ligt nog geen zestig mijl van Bimini vandaan en de afstand van Palm Beach tot Grand Bahama bedraagt zo'n zeventig mijl. Snelle boten kunnen dat tochtje binnen twee uur maken.'

'Je hoeft mij niet te overtuigen,' verzekerde Nick haar. 'Oké. Ik zal proberen een theezakje van Marc Watson te stelen. Dineert hij iedere avond in de Landsmen's Club?'

Daar dacht ze even over na. 'Nee, een keer per week zo ongeveer. Maar als ik het wat Seymour betreft bij het juiste eind heb, zullen ze iemand nodig hebben die zijn plaats inneemt tot hij weer opduikt. Als hij ooit weer opduikt. Watson heeft een goede, snelle boot waarmee hij de overtocht kan maken. Als ik erom moest wedden, zou ik zeggen dat de kans heel groot is dat hij vanavond in de Landsmen's Club dineert.'

Mildred Fargo zou die weddenschap hebben gewonnen.

Omdat Nick een paar foto's van Marc Watson uitgebreid had bestudeerd, kostte het hem geen enkele moeite die man meteen te herkennen toen hij even na zevenen de club inliep in het gezelschap van een aantrekkelijke jonge vrouw met krullend rood haar en een figuurtje waar iedere man die in de lobby van de club zat, meteen naar keek. Nick was weer via de dienstingang naar binnen gegaan. Omdat Watson hem nooit had gezien, zou het stelen van het theezakje geen enkel probleem opleveren.

144

Nick trok een van de witte jasjes van de assistent-obers aan en liep snel de eetzaal door met een dienblad vol vuile glazen. Hij zorgde ervoor uit de buurt te blijven van de echte assistent-obers. Toen een ober vlak langs hem liep en vroeg: 'Ben jij een nieuwe?' gromde hij alleen maar wat.

Van een afstandje keek hij toe hoe Mark Watson en de roodharige vrouw hun diner beëindigden en liep toen iets dichter op hen af om de gezette man zijn thee te kunnen horen bestellen.

'Twee koffie alstublieft,' zei Watson tegen de ober.

Nick had het gevoel dat hij door de grond zakte. Voor hij iets kon doen, zei een langs lopende ober tegen hem: 'Werk jij hier, of niet soms? Als je wilt werken, pak dan een dienblad.'

Nick gehoorzaamde en liep snel naar de keuken. Hij kon eigenlijk nog slechts één keer naar de eetzaal gaan. De meeste andere assistent-obers waren Cubanen en vroeg of laat zou zijn uiterlijk de aandacht trekken. Maar hij moest Watson die koffie zien drinken.

Dus ging hij nog een maal de eetzaal in en stond vlak bij het tafeltje toen de ober net de twee kopjes neerzette. 'De gerant dacht dat u vanavond wellicht liever thee zou willen drinken, meneer. Hij zegt dat dit uw lievelingsthee is.'

'Prima,' zei Watson.

Nick liep weer terug naar de keuken, waar de volgeladen dienbladen bij de afwasmachine stonden. Hij zag een gebruikt theezakje op een schoteltje liggen en stopte dat snel in zijn zak.

Daarna liep hij nogmaals de eetzaal in en wachtte op het juiste moment om naar het tafeltje van Marc Watson te lopen om de koppen en schoteltjes mee te nemen. 'Wacht eens even!' blafte Watson. 'We zijn nog niet zover.'

'Het spijt me, meneer,' mompelde Nick en liep weg.

Hij ging terug naar de keuken, met Watsons theezakje in zijn zak. Het was niet moeilijk geweest de zakjes te verwisselen en als hij een beetje geluk had, zou Watson pas merken dat er iets mis was als hij later die avond dat theezakje van hem op zijn gemak zou bekijken.

Nick nam niet eens de moeite om het witte jasje uit te trekken. Snel liep hij de keuken door en net toen hij via de achterdeur naar buiten wilde gaan, zag hij opeens een bekende figuur.

'Wel wel,' zei Seymour Bentley. 'Wie hebben we daar? Millie's vriend Nick Velvet, nietwaar? Die een wit jasje aanheeft van een van de assistent-obers.'

'Ik dacht dat je dood was,' zei Nick lam.

'Ik heb geluk gehad, hetgeen me meer lijkt dan jou nu ten deel valt.'

Zijn rechterhand verdween in zijn jasje en Nick wachtte niet langer af. Met zijn vuist gaf hij Bentley een stevige dreun op diens kaak. De magere man was daarop niet voorbereid. Hij wankelde en viel achterover. Nick rende naar zijn auto. Toen hij de motor startte, hoorde hij een schreeuw, maar hij drukte het gaspedaal ver in en keek niet om. Indien Seymour Bentley een wapen bij zich had, had hij kennelijk besloten daar geen gebruik van te maken.

Via de intercom van het condominium waar Mildred woonde kondigde Nick zijn komst aan en wachtte tot zij hem open zou doen. Toen hij de lift uitstapte, zag hij dat ze in de deuropening al op hem stond te wachten. Ze had een lange huisjurk aan.

'Heb je het?' vroeg ze.

'Ja, hier.' Hij haalde een zakdoek uit zijn zak tevoorschijn en wikkelde daar het nog vochtige theezakje uit.

Ze keek er even glimlachend naar, pakte toen een dikke enveloppe uit het bureau en legde die op een bijzettafeltje. 'Hier heb jij je geld. En laten we nu maar eens bekijken wat je te pakken hebt gekregen.'

Heel voorzichtig sneed ze het zakje met een scheermes open en deponeerde de theebladeren op een papieren handdoekje. 'Er moet iets bij zitten . . .' Ze maakte haar zin niet af terwijl ze de theebladeren met de rand van het scheermesje uit elkaar haalde.

'Wat?'

'Ik zie alleen maar theebladeren! Ben je er zeker van dat je het juiste zakje hebt gestolen?'

'Komt regelrecht van het schoteltje van Marc Watson vandaan. Hij had zelf koffie besteld, maar de ober bracht hem thee. Het moet het zakje zijn dat je wilde hebben.'

'Ik ben niet bereid vijfentwintigduizend dollar te betalen voor niets anders dan theebladeren!' Haar hand strekte zich al uit naar

de enveloppe, maar Nick was een onderdeel van een seconde sneller dan zij.

'Ik word altijd in de arm genomen om waardeloze dingen te stelen, en dat heb ik ook nu gedaan. Nu je dat dingetje hebt en het
werkelijk waardeloos blijkt te zijn, is dat volkomen jouw zaak.'

'Gloria zei dat ik je kon vertrouwen.'

'Dat is waar, maar ik sta niet aan het hoofd van de een of andere
liefdadigheidsinstelling.'

'Maar . . .'

'Tussen twee haakjes: je had gelijk toen je stelde dat Seymour
Bentley nog leefde. Ik ben hem tegengekomen toen ik de club uit-
liep. Hij heeft geprobeerd een wapen te trekken en toen heb ik hem
tegen de grond geslagen.'

'Wat heb je gedaan?'

'Ik had geen keuze. Hij wilde net via de dienstingang naar binnen gaan toen ik naar buiten kwam.'

'Dat is merkwaardig. Waarom zou hij via die ingang naar binnen
hebben willen gaan?'

'Om niet te worden gezien, veronderstel ik. Misschien wil hij
nog altijd wel dat iedereen denkt dat hij dood is. Iedereen, met uitzondering van Jennings, aannemend dat hij naar de man onderweg
was.'

Ze keek terneergeslagen naar het theezakje. 'Heb jij nog een
briljant idee?'

'Ik word niet betaald voor het opperen van ideeën, alleen voor
het stelen van iets.'

'Barst,' mompelde ze.

'Als er in dat theezakje zelf niets zit,' opperde Nick, 'zou je eens
kunnen kijken naar dat labeltje dat eraan vast zit.'

'Alleen de merknaam . . .' Plotseling zweeg ze, starend naar het
vierkante labeltje dat ze tussen haar vingers hield. 'Misschien heb
je gelijk. Er zou met onzichtbare inkt iets opgeschreven kunnen
zijn . . . Maar hoe zouden we daar achter kunnen komen?'

'Door het warm te maken. Of . . .'

'Thee!' riepen ze beiden tegelijkertijd uit. Nick had het theezakje gestolen voordat Marc Watson de gelegenheid had gehad de la-
bel even in zijn kop te dopen.

Millie maakte snel een beetje water warm en doopte daar een van haar eigen theezakjes in. Toen de thee sterk genoeg was, stopte Nick het vierkante labeltje erin. Ze hielden hun adem in en keken toe wat er zou gaan gebeuren. Even later zagen ze langs een van de randen kleine lettertjes verschijnen.

'Jarret's Cove,' las Nick. 'Zegt jou dat iets?'

Ze knikte. 'Ligt iets verderop langs de baai. Een perfect plekje om verdovende middelen uit te laden. Maar hier staat niet op wanneer dat zal gebeuren.'

'Je hebt me verteld dat Bentley en Watson er altijd de dag daarna met hun boot op uit gingen. Een reisje naar de Bahama's en weer terug zou dus betekenen dat ze er morgen, waarschijnlijk na het invallen van de duisternis moeten arriveren.'

Nick keek haar een beetje merkwaardig aan en zei: 'Ik denk dat ik beter mijn geld kan pakken en naar huis kan gaan.'

'Ik . . .'

'Als je met de politie samenwerkt, wil ik daar niets van weten. En wanneer je van plan bent die lading te kapen, wil ik daar nog minder van af weten.'

'Oké,' zei ze. 'Bedankt voor wat je voor me hebt gedaan.' Hij liet de enveloppe in zijn zak glijden, liep naar de deur en maakte die open. En kreeg een tweede verrassing te verwerken.

Seymour Bentley stond voor de deur, met een andere man die Nick nog nooit eerder had gezien. Ze hadden beiden een wapen vast. Bentley glimlachte en richtte het pistool op de borst van Nick. 'We stonden net op het punt om aan te kloppen,' zei hij.

Een paar minuten later zaten Nick en Mildred naast elkaar, met hun polsen achter hun rug gebonden. Seymour Bentley hield het gestolen theezakje vast. 'Ze is een detective, weet je,' zei hij tegen Nick. 'Ze proberen al jaren me te pakken, maar zijn daar nog nooit werkelijk in geslaagd.'

'Ik wist niet dat het bevoegd gezag zich mijn honorarium kon veroorloven,' zei Nick.

'De regering heeft een speciaal fonds daarvoor, dat in stand wordt gehouden door de opbrengst van de verkoop van auto's, boten en vliegtuigen die ze van handelaren in verdovende middelen in beslag hebben genomen. Dat klopt toch, nietwaar, Millie?'

Ze schudde even haar hoofd. 'Je lijkt alle antwoorden te kennen, Seymour.'

Hij draaide zich om naar de man die naast hem stond. 'Otto, kunnen we deze twee naar de auto meenemen zonder te worden gezien?'

'Tuurlijk.' Otto was een dikke man van weinig woorden.

'Zou je het vervelend vinden me te vertellen hoe je dat trucje met die brandende boot voor elkaar hebt gekregen?' zei Millie. Nick dacht dat ze misschien probeerde tijd te winnen.

'Ik heb een valse bovenbouw van triplex laten aanbrengen. Daardoor veranderde het silhouet van het jacht volledig. Zag er uit als een heel andere boot. Daarom kon ik je laatst die avond niet aan boord laten gaan. Maar je hebt de kustwacht desondanks een tip gegeven en zij wachtten me op toen ik de volgende morgen naar Bimini wilde vertrekken. Ik heb toen door middel van een generator voor een hevige rookontwikkeling gezorgd en in die tussentijd hebben we toen het triplex verwijderd, dat in de fik gestoken en overboord gesmeten. Toen de rook was opgetrokken, zaten wij al zo'n anderhalve kilometer verderop en zag de boot er heel anders uit. De kustwacht dacht toen natuurlijk dat we waren gezonken.'

'Maar waar verstop je de verdovende middelen? Waarom vinden ze die nooit wanneer je wordt aangehouden?'

'Laten we nu maar eens gaan,' zei Otto.

Bentley was het daarmee eens. 'Opstaan jullie alle twee. Ik zal je vraag beantwoorden voor we je vermoorden, Millie,' voegde hij daaraan toe. 'Ik zou niet graag willen dat je in onwetendheid sterft.'

Otto drapeerde hun regenjassen over hun schouders zodat hun polsen niet te zien waren en nam hen mee naar beneden, waar zijn auto stond geparkeerd. Seymour liep achter hen aan, waarschuwend dat hij zijn pistool op hen gericht hield, door de zak van zijn jas heen.

'Het spijt me dat ik je hier zo bij heb betrokken,' zei Mildred tegen Nick. 'Gloria zal het me nooit vergeven.'

'Hoort bij mijn werk,' zei hij.

'Ik vind het helemaal niet leuk om te eindigen als een van de lij-

149

ken die het gevolg zijn van de oorlog tussen handelaren in verdovende middelen rond Miami. Ik had moeten weten dat Seymour meteen naar me toe zou komen toen hij jou gezien had.'

Bentley kroop naast hen op de achterbank en Otto reed. Ze reden in zuidelijke richting over weggetjes waar 's avonds nauwelijks sprake was van enig verkeer en zwegen het merendeel van de tijd. 'Zo gaan we naar Jarret's Grove,' zei Mildred.

'Inderdaad,' zei Seymour. 'Ik heb tegen Jennings gezegd dat die onzichtbare inkt nodeloos dramatisch was, maar hij wilde directe contacten tussen hem en de schippers vermijden.'

'Dus is de Landmen's Club niets anders dan een façade voor de handel in verdovende middelen?'

'Nee, nee, die club opereert volledig legitiem. Jennings heeft alleen maar een aantal leden gerecruteerd die snelle boten hadden en best wel wat geld wilden hebben.'

Ze draaiden een onverharde weg op die in oostelijke richting naar de baai leidde. Links en rechts van hen lagen nu moerasgebieden en in de duisternis kon Nick bij het licht van de koplampen uitsluitend de vegetatie langs de kant van de weg zien. 'We zijn er,' kondigde Otto plotseling aan en bracht de auto tot stilstand.

Bentley gaf Nick een duwtje met zijn pistool. 'Uitstappen,' zei hij.

Tijdens het ritje was Nick erin geslaagd zijn handen uit het touw los te maken, maar hij hield ze wel achter zijn rug. Bentley hield Millie en Nick onder schot terwijl Otto de kofferbak open maakte en daar een automatisch geweer uit haalde. 'Ze gaan ons nu vermoorden,' zei Millie zachtjes.

Nick kon het niet riskeren nog langer te wachten. Hij sprong op Otto af en probeerde het geweer te pakken en dat op Bentley te richten. Het had een heel eenvoudige manoeuvre moeten zijn, maar het wapen was glad, gleed uit zijn vingers en viel op de weg. Toen hij en Otto dat beiden wilden pakken, vuurde Bentley snel twee schoten af. Nick dook het riet in en Otto slaagde erin het wapen weer te pakken, waarna hij een regen van kogels op het moeras afvuurde.

'We hebben nog altijd de vrouw!' schreeuwde Seymour. 'Als je de politie erbij haalt, zal zij als eerste sterven!'

Nick bleef heel stil liggen, waarbij het modderige water zijn kleren doorweekte. Hij vroeg zich af waarom ze niet achter hem aan kwamen, maar toen hoorde hij Otto grinniken en zeggen: 'Kom mee, laten we hem maar overlaten aan de kaaimannen.'

Na een tijdje, toen Nick er zeker van was dat zij verder waren gegaan, begon hij naar de weg terug te kruipen. De auto stond er nog altijd, maar hij kwam daar niet bij in de buurt. Hij zou hem op de smalle weg op geen enkele manier kunnen keren, zelfs wanneer hij hem aan de praat kon krijgen zonder meteen te worden beschoten.

Maar nu ze hem niet meer hadden, was het mogelijk dat ze Mildred in leven zouden houden als gijzelaarster, in ieder geval tot ze naar de eilanden op en neer waren geweest. En zolang zij in leven was, had hij een kans om haar te redden.

Echter niet door de politie in te schakelen. Bentley had het beslist gemeend toen hij zei dat zij dan als eerste zou sterven.

De eerste twee uren daarna strompelde Nick moeizaam terug naar de bewoonde wereld, af en toe wegduikend in het moeras wanneer hij de koplampen van een auto zag. Hij kon op deze onverharde weg niemand aanhouden met het verzoek hem te helpen, omdat die weg alleen naar Jarret's Cove leidde.

Uiteindelijk kreeg hij op de hoofdweg een lift van een vrachtwagenchauffeur die hem meenam naar een wegrestaurant dat de hele nacht open bleef. Daar zocht en vond hij een telefoon. Hij pleegde twee telefoontjes, het tweede naar Gloria die in het hotel zat. Nadat hij haar had verzekerd dat alles met hem in orde was, gaf hij haar opdracht om zes uur 's morgens, net voor zonsopgang de politie te bellen en te zeggen dat ze naar Jarret's Cove moesten gaan. Hij had uitgerekend hoeveel tijd het die mensen zou kosten om daar te arriveren en was van mening dat hij niet langer dan dat tijdstip zou kunnen wachten.

Toen hij terugging naar de inham, was het al over vijven. Hij liep rustig over de weg naar de paar lichtpuntjes die hij vlak bij de kust kon zien. Otto was de eerste die hem in de gaten kreeg, ondanks het feit dat er zo'n twintig mensen om hem heen met zakken en kisten aan het slepen waren. De grote man richtte zijn automatische geweer alsof hij dat wilde gaan afvuren, maar Nick stak zijn handen omhoog en zei: 'Breng me naar Seymour Bentley.'

Otto produceerde zijn gebruikelijke grinnikje. 'Genoeg van de kaaimannen gekregen, nietwaar? Oké, kom dan maar mee, maar haal geen grapjes uit.'

Bentley zat aan boord van zijn jacht in het vage ochtendlicht gezellig te praten met Marc Watson. Vlak bij zijn boot lag een tweede vaartuig voor anker en Nick ging van de veronderstelling uit dat dat van Watson was. Hij vroeg zich af wie van beiden naar de eilanden zou gaan.

'Ik herken hem!' riep Watson uit toen Otto Nick naar hen toe bracht. 'Hij liep als assistent-ober op de club rond.'

'Inderdaad,' zei Bentley. 'Hij heeft voor Millie dat theezakje gestolen.'

'Waar is zij?' vroeg Nick.

'Op de bodem van de baai.'

'Dat geloof ik niet. Je hebt haar vast niet gedood omdat de kans bestond dat ik met de politie terug zou komen,' blufte Nick.

'Ik ben hier!' riep een stem vanuit de kajuit. 'Er is niets met mij aan de hand!'

Bentley glimlachte. 'Het doet er nauwelijks meer iets toe. Nu zullen jullie samen op de bodem van de baai komen te liggen. Otto, bind zijn handen en doe dat ditmaal grondig.'

In het oosten kreeg de lucht een duidelijke gloed en Nick constateerde dat de zon nu spoedig zou opkomen. Dan zouden ze vertrekken, met een of twee jachten, en zouden ze geen reden meer hebben om de getuigen nog langer in leven te houden. 'Nog een reisje?' vroeg Nick glimlachend. 'Een heel belangrijke trip ditmaal?'

'De allerbelangrijkste,' bevestigde Seymour. 'Beide boten afgeladen. En als we weer terug zijn, zullen we voor de rest van ons leven kunnen rentenieren.'

Plotseling schreeuwde iemand die vlak bij de weg stond: 'Komt een auto aan!'

'De politie,' zei Watson, naar adem snakkend. 'Hij heeft de politie gewaarschuwd.'

Bentley sprong meteen overeind. 'Zo snel mogelijk wegvaren!'

Maar op het moment dat hij dat zei, verschenen er twee kleine bootjes die Jarret's Cove binnenvoeren. Nick kon in de verte andere scheepjes zien. Een man kwam aangerend. 'Er zitten nu minstens vijf of zes auto's op de weg, staan her en der geparkeerd. We zitten klem!'

'En nog meer boten!' schreeuwde Watson, wijzend in de richting van de zee. Hij draaide zich om naar Bentley. 'Zeg tegen onze mensen dat ze moeten schieten!'

Maar Seymour Bentley had een verrekijker gepakt. 'Ze lijken ongewapend te zijn,' zei hij. 'Ze kijken alleen maar.'

'Kijken alleen maar?'

'Gooi Velvet en dat meisje dan overboord en laten we ervandoor gaan!'

Bentley schudde zijn hoofd. 'Die bootjes kunnen de kustwacht al hebben gewaarschuwd voor we deze inham uit zijn.'

Nick keek even ongemerkt op zijn horloge. Het was even na zessen, en in de verte hoorde hij het bekende geronk al van de motor van een helikopter. Vrijwel op datzelfde moment werd die zichtbaar en hij glimlachte. Gloria had kennelijk iets voor zessen al gebeld.

Omdat de weg door auto's was geblokkeerd en de inham zich al snel met allerlei bootjes vulde, konden Bentley en de anderen op geen enkele manier wegkomen. Sommigen van hen renden naar het moeras, maar de anderen gaven zich zonder ook maar een schot te hebben gelost over toen de kustwacht en de mensen van de federale politie waren gearriveerd. Terwijl Nick Mildred Fargo's boeien losmaakte, vertelde hij haar wat er was gebeurd.

'Ik heb het alarmnummer van de Club van Vogelliefhebbers gebeld. Het telefoonnummer dat ik een paar maal heb gezien op het mededelingenbord van de Landmen's Club. Ik heb iemand uit zijn bed gehaald en hem verteld dat ik opbelde namens Marc Watson en dat die man een zeldzaam voorkomende glaucomeeuw had gezien bij Jarret's Cove, zo'n vijftienhonderd kilometer van de normale verblijfplaats van die dieren vandaan. Ik wist dat er door die mededeling wel enige vogelliefhebbers zouden komen opdagen, maar ik had nauwelijks zoveel mensen verwacht. Als ik de politie er meteen bij had gehaald, zou dat alleen maar grootscheepse schietpartijen tot gevolg hebben gehad. Op deze manier wisten Bentley en Watson niet wat ze moesten doen.'

Mildred wreef haar polsen. 'Nick, je bent een geweldige vent. Ik denk zo dat je, op welke manier dan ook, die vijfentwintigduizend waard bent geweest.'

'En jij werkt werkelijk samen met de politie?'

'Ministerie van Justitie. Het spijt me dat ik Gloria al die tijd een rad voor ogen heb moeten draaien. We proberen al jaren lang vat op Bentley te krijgen. Maar ik neem aan dat we zelfs nu nooit met zekerheid zullen kunnen vaststellen waar hij tijdens al die reizen de verdovende middelen verborgen heeft gehouden.'

Nick glimlachte. 'Ik heb je al eerder gezegd dat ik zou proberen het theezakje te stelen door iets de verkeerde kant op te laten gaan. En van een dergelijke tactiek hebben Bentley en de zijnen zich al die tijd eveneens bediend. De kustwacht heeft nooit verdovende middelen bij hem aan boord kunnen vinden wanneer hij van de eilanden terug kwam om de doodeenvoudige reden dat hij die niet bij zich had. Het gerucht dat hij verdovende middelen smokkelde, is waarschijnlijk door Bentley zelf de wereld ingestuurd.'

'Hoe bedoel je dat?'

'Hij heeft zich van dat trucje met dat rookgordijn bediend toen hij uit Florida wegvoer en vervolgens net gedaan alsof de boot in brand was geraakt! Hij had iets te vrezen wanneer hij van hieruit wegvoer en niet wanneer hij terug kwam. Toen ik eerder deze dag het geweer van Otto vastpakte, was dat ingesmeerd met cosmoline en kennelijk nog nooit eerder gebruikt. Ze smokkelden geen verdovende middelen Florida in . . . ze smokkelden geweren Florida uit, naar die eilanden in de Caraïbische Zee.'

T.S. Stribling
De vluchtelingen

De inmiddels overleden T.S. Stribling (1881-1965) was een van de weinige pulpschrijvers die met succes de grens hebben overschreden en later beroemd zijn geworden vanwege hun 'serieuze' fictie. Het grote publiek kent hem ongetwijfeld het beste als de winnaar van de Pulitzer Prize in 1933 voor zijn roman The Store, *een deel van een triologie over een familie in Tennessee. Hij was een belangrijke schrijver van streek- en maatschappelijk geëngageerde romans, net als Faulkner, en trok zich het lot van de zwarten die in de bevooroordeelde zuidelijke staten van Amerika woonden waar de rassenscheiding nog stringent werd doorgevoerd, bijzonder aan. Als schrijver van misdaadfictie is hij het meest bekend door zijn geweldige verhalen over detective Henry Poggioli, die zijn verzameld in* Best Dr. Poggioli Stories *(1975), verhalen die niet alleen de lezer aangenaam bezig houden, maar hem ook een beter inzicht verschaffen in de menselijke natuur.*

Karel Heinsius, inspecteur van politie te Curaçao, Nederlands West-Indië, zat eerst te kijken naar de passagierslijst van de binnenvarende Nederlandse stoomboot de *Volendam* en keek toen door zijn raam naar de stormvlag die aan de stok bij het douanegebouw wapperde. En de inspecteur vond het sardonisch passend dat de barometer precies ging zakken op het moment dat de bekende – om niet het gemene maar wel juistere woord beruchte te gebruiken – Cesar Pompalone, afgezette dictator van Venezuela, in de haven van Willemstad aan land zou gaan.

Een half uur nadat de 'Geweldige' Pompalone de wal was opgestapt, belde een van Heinsius' mensen op met de mededeling dat de ex-dictator in Otrabanda zijn intrek had genomen in het Hotel

155

Saragossa, en Heinsius gaf de man opdracht bij het hotel te blijven tot de gevluchte president per schip verder naar het noorden zou reizen.

Inspecteur Heinsius hoopte, maar verwachtte niet, dat dit de eerste en de laatste keer zou zijn dat hij iets te maken had met de Geweldige Pompalone. Het was de plicht van de inspecteur ervoor te zorgen dat de ex-dictator inderdaad aan boord zou gaan van een schip dat naar het noorden ging. Afgezette presidenten die uit Venezuela vluchten zijn in West-Indië een vrij bekend fenomeen en de landen die die eilanden in hun bezit hebben, hebben een internationale, informele overeenkomst gesloten waarbij werd bepaald dat een dictator niet naar Venezuela terug mocht gaan wanneer hij dat land eenmaal had verlaten. De vluchteling staat het vrij overal verder ter wereld zijn zaken te behartigen of zijn vertier te zoeken, maar Venezuela is dan verboden terrein. Hij mag zijn geboorteland nooit meer terug zien.

De reden voor dit hardvochtige en ogenschijnlijk onrechtvaardige mandaat is heel eenvoudig. Alle landen die Westindische eilanden bezitten, hebben tevens grote commerciële belangen in Venezuela. De vlucht van een dictator betekent het einde van een revolutie en stabielere omstandigheden voor het zaken doen, maar de terugkeer van een ex-dictator betekent het begin van een nieuwe opstand en een nieuwe reeks financiële onlusten. Dus heeft die informele overeenkomst bepaald dat er uitsluitend sprake is van eenrichtingsverkeer op de weg die dictators uit Venezuela nemen.

Pas de volgende dag dwong de Geweldige Pompalone Karel Heinsius weer om aandacht aan hem te besteden. De inspecteur zat te ontbijten, hetgeen op Curaçao tussen twaalf en een uur gebeurt, toen hij een telefoontje kreeg dat hij meteen naar het Hotel Saragossa in Otrabanda moest komen.

De inspecteur dacht direct aan een treffen tussen zijn agent en de Venezolaan. Hij stapte snel zijn auto in en reed toen de witte straat af, tussen de vrolijk gekleurde Nederlandse huizen van Willemstad door. Terwijl hij reed, vroeg hij zich af wat hij met de Geweldige Pompalone zou doen; hem in de *cuartel* hier in Willemstad stoppen, hem of hij dat nu wilde of niet op een schip zetten met bestemming New York, waar de Amerikaanse Geheime Dienst er wel voor zou zorgen dat hij niet naar Venezuela terug kon, of hem op transport zetten naar Londen? In feite wist hij echter dat hij de man op het eerste het beste schip zou zetten dat weer vertrok, waarheen dan ook. Maar natuurlijk had die man zelf ook wel iets te zeggen over zijn plaats van bestemming.

Een paar minuten later reed de inspecteur over de lange ponton-brug die Otrabanda, aan de ene kant van het kanaal, verbindt met Willemstad. Bij een havenhoofd zo'n honderd meter verderop lag de *Volendam* afgemeerd om uit de ruimen de Nederlandse produkten te laten lossen die vervolgens zouden worden verscheept naar Zuid- en Middenamerikaanse havens. De opstekende wind nam de geur van schepen en het zilte water met zich mee. Inspecteur Heinsius bedacht zich triest dat er voor hem twee stormen tegelijk aan het opsteken waren.

Het hotel Saragossa in Otrabanda is een groot etablissement, dat felrood en felgroen geschilderd is. Het gebouw geeft je, net als trouwens de hele Nederlandse stad, het idee dat het is opgetrokken uit grote, felgekleurde speelgoedblokken voor uit hun krachten gegroeide kinderen.

Rond de ingang van het hotel zwierven een heleboel behoorlijk smerige negers rond die er naartoe waren getrokken door die neus voor het opwindende en geheimzinnige die de Westindische neger tot op zekere hoogte bezit.

Toen Heinsius op de ingang afreed, verscheen de hotelarts, dokter Van Maasdyk op de piazza en maakte een gebaar van opluchting toen hij de inspecteur zag. Heinsius sprong de auto uit en rende de trap op, zich afvragend welk probleem deze man met de Venezolaan kon hebben gehad. De aanwezigheid van zo'n mensenmenigte deed een gevecht vermoeden.

'Is er iets met Barneveldt gebeurd?' vroeg hij snel aan de arts.

'Nee, niet met Barneveldt, wel met señor Grillet, de eigenaar.'

Heinsius was verbaasd.

'Wat is er aan de hand met Grillet?'

'Hij is dood,' zei Van Maasdyk kortaf en opgewonden. 'Is al minstens een uur dood. We hebben hem een paar minuten geleden gevonden.'

'Geen gevecht, geen onlusten?' vroeg de inspecteur verder, pogend zijn ideeën aan te passen aan deze nieuwe ontwikkeling.

'In het geheel niet. Hij is in zijn studeerkamer gevonden. Ik heb het lichaam vluchtig onderzocht en stond op het punt om te verklaren dat hij is overleden aan de gevolgen van een hartaanval, maar . . .' Hij aarzelde.

'Maar wat, dokter?'

'Tsja, er zit een eigenaardig kantje aan de dood van onze oude vriend . . . maar dat zult u straks zelf wel zien. We hebben het lichaam aan de tafel laten zitten, net zoals we hem hebben gevonden. Ik dacht . . .'

De twee mannen liepen nu de lobby van het Hotel Saragossa in, waar zich een aantal gasten van zes verschillende nationaliteiten had verzameld. De arts en de inspecteur liepen te dicht langs die mensen heen om hun gesprek te kunnen voortzetten.

Barneveldt, de man van de inspecteur, had alle gasten in de lobby laten aanrukken en zij spraken zachtjes maar heel druk over de plotselinge dood van de eigenaar. Een Amerikaan zei gekrenkt:

'Het is schandalig dat we niet naar binnen kunnen gaan om naar het lichaam te kijken. Ik betaal hier drie dollar per dag en ze hebben me gezegd dat alles daarmee inclusief was.'

Op de eerste verdieping hoorden ze een vrouw huilen. Iemand in de mensenmenigte fluisterde:

'Daar heb je de inspecteur.'

Heinsius keek in de lobby even snel om zich heen en zag onmiddellijk de vierkant gebouwde gestalte en het agressieve olijfkleurige gezicht van de man die, zo wist hij direct, de Geweldige Pompalone moest zijn.

Meteen voelde de inspecteur zich, nu geheel ongegrond, achterdochtig worden. Indien er om de een of andere reden een vuil spelletje met señor Grillet was gespeeld, moest deze Venezolaan daar op de een of andere duistere manier achter zitten. Hij vroeg zich even af welk verband er mogelijkerwijze zou kunnen bestaan tussen de vluchtende president van Venezuela en een eenvoudige hoteleigenaar op Curaçao. Even later zei hij boven het zachte, opgewonden geprat uit, eerst in het Engels en toen in het Spaans:

'Heren, señores, mag ik u allen verzoeken dit hotel niet te verlaten voor ik mijn onderzoek heb afgerond? De regering van Hare

Majesteit zal uw medewerking in deze op prijs stellen.'

Hij maakte een buiging voor de lobby in het algemeen; een aantal burgers maakte eveneens een buiging. De Amerikaan mompelde sotto voce:

'Medewerking! Als we proberen weg te gaan, worden we meteen in onze kraag gepakt.'

Op de eerste verdieping werden de inspecteur en de arts ontvangen door Hortensia Grillet, de dochter van de overledene, een lange jonge vrouw met een olijfkleurige huid die duidelijk blijk gaf van haar Latijnse afkomst, hoewel ze een schort aan en een mutsje op had die bij Nederlanders hoorden. En om die Nederlandse toets te completeren, had de jonge vrouw een stofdoek in haar hand.

'Welke kamer, Hortensia?' vroeg Van Maasdyk, want de deuren die op de hal op de eerste verdieping uitkwamen, werkten verwarrend.

Hortensia wees, nog altijd snikkend, op een deur en draaide zich toen om, opnieuw hevig door verdriet overmand. De arts mompelde enige troostende woorden aan het adres van het meisje en toen liepen de twee mannen de studeerkamer in.

De eigenaar van het Hotel Saragossa bood geen afschuwelijke aanblik, zoals Karel Heinsius had verwacht. Hij leek eerder te slapen, met zijn hoofd op zijn arm op zijn groenhouten tafel. Afgezien dan van het feit dat hij te stil zat. Langs de muren van de kamer stonden boekenkasten die uit hetzelfde koel gekleurde hardhout waren vervaardigd. Op de grond lagen zeldzame Peruviaanse dekens van lamawol die als kleden werden gebruikt.

De inspecteur bekeek de studeerkamer vanuit de deuropening.

'U had het over iets ongebruikelijks, dokter, iets waardoor uw achterdocht is gewekt.'

Dokter van Maasdyk liep geluidloos over de Peruviaanse kleden en raakte een vergeelde foto aan die vlak bij de hand van de dode man lag.

'Hier gaat het om. Ik zou graag willen dat u daar eens naar keek.'

Karel Heinsius liep erheen en keek er aandachtig naar. Het was een foto van een jonge en uitzonderlijk aantrekkelijke Latijns-Amerikaanse vrouw die door een fotograaf in Caracas was genomen. Vaag was het fraaie, oude handschrift nog leesbaar dat vermeldde: *Ana Sixto y Carrera, 1902.*

Een gelijkenis tussen de vrouw op de foto en het meisje dat hij in de' hal had zien huilen, noopte de inspecteur ertoe op te merken:

'Dat moet Grillets vrouw zijn geweest, Hortensia's moeder.'

'Ongetwijfeld,' verklaarde de arts instemmend. 'En kijk nu eens hier! Daarom heb ik u gebeld.'

Hij draaide de foto om en op de achterkant stond, eveneens nog vaag leesbaar en in hetzelfde handschrift: *Rekening 12 de agosto, 1906.* En meteen daaronder stond, geschreven met nieuwe blauwe inkt: *Rekening vereffend 5 de enero, 1925.*

Naast de foto, waar die uit de vingers van señor Grillet was gevallen, lag een vulpen die een klein blauw vlekje op het vloeipapier had achtergelaten.

De twee mannen stonden elkaar in aanwezigheid van de overleden man nadenkend aan te kijken. Die zin, de laatste die hij in zijn leven had neergeschreven, deed vaag een mysterie en een drama uit ver verleden tijden vermoeden.

'Als ik dat niet had gezien,' verklaarde de arts, 'zou ik als doodsoorzaak zonder aarzelen een hartaanval hebben genoemd.'

Heinsius knikte.

'Niets aan het lichaam te zien dat een onnatuurlijke dood doet vermoeden?'

'Helemaal niets. Hij is kennelijk net zo vredig aan zijn einde gekomen alsof hij sliep. Maar de foto doet vermoeden dat hij besefte dat zijn leven zijn einde naderde.'

'Negentienhonderd en zes . . . dat was niet meer dan een jaar of twee voordat señor Grillet naar Curaçao kwam en dit hotel kocht, nietwaar?'

Van Maasdyk streek zijn grote snor glad.

'Ik geloof dat hij rond negentienhonderdvijf of zes hierheen is gekomen. Ik kan me herinneren dat Hortensia een jaar of drie was, want ik heb haar behandeld wegens een aanval van koorts.'

'Sixto y Carrera,' herhaalde de inspecteur. 'Dat moet de naam van die vrouw zijn geweest na haar huwelijk met de een of andere man die Sixto heette. Daarna is Grillet vanuit Caracas naar dit eiland gegaan. Dokter, ik zou graag met Hortensia willen praten.'

De twee mannen liepen de hal weer in en troffen het meisje nog altijd huilend aan. Ze veegde haar ogen met de achterkant van haar pols af om te voorkomen dat ze de stofdoek in haar gezicht zou krijgen.

'Juffrouw,' begon de inspecteur, 'kunt u zich nog iets uit uw jeugd herinneren . . . waar u was en wat u als kind heeft gedaan?'

'Ik heb altijd hier gewoond, meneer.'

'Kunt u zich uw moeder herinneren?'

'Zij is overleden tijdens mijn geboorte, meneer. En nu . . . nu ben ik helemaal alleen.' Het meisje begon opnieuw te huilen.

De twee mannen keken elkaar even aan en de inspecteur wijzigde de richting die zijn vragen opgingen.

'Hortensia, ben je de hele morgen op deze verdieping geweest?'

'Soms wel, soms niet, meneer.'

'En was je vader hier ook?'

'Die kwam en ging, zoals te doen gebruikelijk, meneer.'

'Leek hij zich goed te voelen?'

'Hij verkeerde altijd in een uitstekende gezondheid, meneer. Eigenlijk is het zo dat hij vanmorgen levendiger was dan normaal. Ik bedoel . . . gehaaster, meer opgewonden . . .'

Het meisje barstte opnieuw in snikken uit toen ze over haar vader sprak.

'Rustig nu maar, Hortensia. Ik kan me nog herinneren dat mijn eigen vader overleed en . . .'

'Oh, meneer,' snikte Hortensia, 'u had toen geen bezwaard geweten. Een uur voordat mijn arme vader overleed, heb ik . . . heb ik ruzie met hem gemaakt! Oh, had ik het maar geweten, meneer! Ik kan het niet verdragen! Ik zal hem nu nooit meer kunnen vertellen hoe erg het me spijt!'

'Arm kindje. Ik ben er zeker van dat het niets te betekenen had.'

'Maar . . . maar het was de eerste keer in mijn hele leven dat hij bits tegen me is geweest! Hij was het ontbijt aan het wegbrengen naar de kamer van señor Pompalone en señor Afanador.'

'Waar hebben jullie dan ruzie over gemaakt, mijn arme Hortensia?'

'De wijn. Hij was naar de kelder gegaan om een fles hele goede, oude wijn te halen. Hij zei dat ze samen van een heel bijzonder ontbijt zouden gaan genieten.'

De aandacht van de inspecteur verplaatste zich iets van het meeleven met het meisje naar het verhaal dat zij te vertellen had.

'Zij? Wie, Hortensia? Señor Pompalone en señor Afanador?'

'Zij en mijn vader. Hij was van plan met hen mee te eten. Het waren landgenoten van hem. En toen hij de trap op kwam, met drie bijzondere flessen oude wijn, pakte ik die van hem over om ze af te stoffen. En toen riep mijn vader uit: *"Caramba,* Hortensia, je bent even stom als de Hollanders! Weet je dan niet dat spinnewebben een fles wijn luister verlenen, net zoals parels dat aan de hals van je beeldschone moeder verleenden?" Maar ik zei: "Vadei, ze zijn zo smerig!" en hij zei: "Ga jij je kamers schoonmaken en laat me met rust!"'

Inspecteur Heinsius ging nu geheel op in het verhaal van het meisje.

'Dus is je vader verder gelopen om met zijn gasten te gaan eten?'

'Ja, meneer. Wanneer er een landgenoot van hem hier was, gedroeg hij zich altijd heel hoffelijk.'

'Hmmm. Hortensia, wil je ons nu alsjeblieft de kamer laten zien waar die mannen verbleven?'

Het meisje aarzelde nogal.

'Ik heb de ontbijtspullen nog niet opgeruimd, meneer.'

'Dat hindert niet. Ik heb wel eens eerder ontbijtspullen gezien. Laat ons die kamer nu maar zien.'

Iets verderop in de hal maakte het meisje een deur open en zagen ze een nog niet opgeruimde kamer met de restanten van een ontbijt op een kleine tafel in het midden. Zoals Hortensia al had gezegd, was het een iets fraaier ontbijt dan normaal. Op de borden lagen de restanten van een zeeschildpadbiefstuk, gestoofde vliegende vis, een salade van avocado's, drie flessen wijn, een paar mango's uit Trinidad en de onvermijdelijke wijnglazen, koffiekopjes en kleine likeurglazen voor de curaçao.

De inspecteur keek om zich heen en zag het dienblad waarop alles naar binnen was gebracht. Hij pakte dat op en begon de spulletjes erop neer te zetten.

'Dokter, zou ik u mogen verzoeken het raam even open te zetten?' vroeg hij.

162

'*Caramba*, u gaat dat alles toch niet het raam uitgooien?' riep de medicus.

'Ik wil het alleen maar even wegzetten terwijl wij om ons heen kijken.'

De arts maakte het raam open en de inspecteur zette het dienblad op de vensterbank, tussen het traliewerk in. Daarna liep hij weer naar de deur en riep het meisje. Toen ze verscheen, met haar rode ogen, vroeg hij met lagere stem:

'Hortensia, zijn je vader en zijn gasten meteen gaan eten toen jij dit ontbijt naar binnen had gebracht?'

'Ja, meneer,' bracht het meisje er met moeite uit omdat ze bijna weer ging huilen.

De inspecteur fronste nadenkend zijn wenkbrauwen.

'Ben je er zeker van dat je vader in deze kamer is gebleven vanaf het moment dat hij het dienblad mee naar binnen heeft genomen tot ze alles op hadden?'

Het meisje probeerde zich dat kennelijk te herinneren en zei toen weifelend: 'Ik . . . ik denk van wel.' Toen riep ze uit: 'Oh, kijk eens! Het raam staat open, dan komen er allemaal vliegen binnen!'

'Ja. Ik heb het open gezet. En je vader is niet weggeroepen?'

'Jawel,' zei Hortensia, nog altijd naar het openstaande raam kijkend. 'Zubio, onze negerbediende, is naar boven gekomen omdat hij een speciale wijn wilde hebben voor een van onze Amerikaanse gasten beneden. Vader is toen naar beneden moeten gaan om die voor hem te halen.'

'Dus heeft je vader het dienblad in deze kamer achtergelaten en is wijn gaan halen voor de Amerikaan. Is hij toen weer naar boven gekomen om te ontbijten?'

'Ja, meneer.'

'Uitstekend. Dank je. Hortensia.'

Heinsius draaide zich weer om naar het raam, op de voet gevolgd door de arts. Daar bleef de inspecteur naar de restanten van de maaltijd staan kijken. Een vlinder was al neergestreken op de rand van een van de likeurglazen en er zat al een hele zwerm vliegen op de vis en het fruit. Een hommel vloog zoemend weg toen de mannen dichterbij kwamen. In een wijnglas en op de hals van een fles lagen twaalf dode vliegen, twee of drie bijen en een van die

163

merkwaardig gemerkte "89"-vlinders die je in West-Indië tegenkomt.

De inspecteur bestudeerde die dode insekten en knikte. Toen zei hij met een zekere beroepstrots in zijn stem tegen Van Maasdyk:

'Zoals u ziet, dokter, is dit een primitieve maar vrij effectieve vergiftest. Het lijdt geen twijfel dat Cesar Pompalone iets in de fles van zijn gastheer heeft gedaan toen die even de kamer had verlaten.'

Dokter van Maasdyk staarde de inspecteur aan.

'Maar meneer Heinsius, Pompalone, de ex-dictator van Venezuela . . . wat zou die tegen een arme hoteleigenaar op Curaçao kunnen hebben?'

De inspecteur stak zijn handen omhoog.

'Ik zou kunnen veronderstellen dat Hortensia's moeder niet de echtgenote van señor Grillet was. Dat doet de foto ook vermoeden – de naam die erop staat luidt Sixto. Dat is echter gokwerk. De jury zal op zoek moeten gaan naar een motief wanneer ze daar behoefte aan hebben. Van mij hoeft het niet. Ik ga naar beneden om die twee mannen te arresteren. U kunt dit wijnglas en die fles als bewijsmateriaal meenemen.'

Van Maasdyk haalde het dienblad naar binnen, deed het raam dicht, pakte het glas en de fles en liep achter de inspecteur aan naar beneden.

'We zullen die zo lang mogelijk voor Hortensia verborgen moeten houden, Heinsius,' waarschuwde hij. 'In ieder geval totdat ze de schok van de dood van haar vader weer een beetje te boven is gekomen.'

Even later kwamen de twee mannen de lobby in, waar de hotelgasten nieuwsgierig hun kant op keken. De gesprekken stokten en iedereen probeerde uit de gezichtsuitdrukking van de inspecteur op te maken tot welke conclusies hij was gekomen. Ze keken hem daarbij zo onderzoekend aan dat de inspecteur, die van aard een hoffelijke man was, zijn hand opstak en toen midden tussen hen door op de machtige en schilderachtige figuur afliep van de Geweldige Pompalone die zich een beetje afzijdig van de groep gasten had gehouden. Hij zei zachtjes:

'Mijn excuses, señor Pompalone, maar zou ik u mogen vragen

even met mij mee te gaan naar mijn kantoor in de Leidenstraat? Ik zou u graag een paar vragen willen stellen.'

De gevluchte president keek de inspecteur aandachtig aan.

'Zou u uw vragen niet hier kunnen stellen, meneer de inspecteur?' vroeg hij in het Engels.

'Dat zou kunnen. Heeft señor Grillet zo'n twee uur geleden samen met u in uw kamer ontbeten?'

'Inderdaad.'

'Ik heb de beschikking over de wijn die is achtergebleven in zijn fles en zijn glas en heb bewijsmateriaal dat erop wijst dat hij is vergiftigd. Tot we kunnen bewijzen dat de wijn geen kwaad kon, of dat u er persoonlijk niet mee heeft geknoeid, zal ik u onder arrest moeten houden, hangende het onderzoek naar de dood van señor Grillet.'

De ex-dictator rechtte zijn rug en staarde de inspecteur koud en verbaasd aan. Toen keek hij in de lobby om zich heen tot zijn ogen bleven rusten op zijn metgezel, señor Afanador.

'Meneer de Inspecteur,' vroeg hij, 'acht u het mogelijk dat ik, een man die uit zijn eigen land weg moest, zo gek zou zijn om mijn toch al door veel ellende geplaagde vlucht nog moeilijker te maken door een moord te begaan in de eerste veilige haven die ik aandoe?'

De mensen dromden rond de inspecteur en de gevangene samen tijdens het uiten van deze opmerkelijke beschuldiging en de daarop volgende verklaring.

'Señor Pompalone, ik heb vergiftigde wijn gevonden op uw ontbijttafel, waaraan Grillet eveneens heeft gegeten.'

'Dan zou ik u willen vragen of ik dan zo stom geweest zou zijn om de restanten van het vergif in mijn kamer te houden? Ik ben niet stom. Bovendien: welk motief zou ik kunnen hebben om de eerste de beste man te vermoorden die mij onderdak heeft geboden?'

'Ik kan uw motief hier niet bespreken, señor Pompalone.'

'Cá! Dan heeft u dus wel een motief ontdekt!'

'Ik vermoed er een. Het heeft iets te maken met een vrouw, met een zekere señora Sixto.' De inspecteur keek de ex-dictator heel onderzoekend aan.

'Een señora Sixto?' herhaalde de Venezolaan met een nietszeg-

165

gende gezichtsuitdrukking.

Hij leek over die naam na te denken. 'Sixto . . . Sixto,' maar werd daar kennelijk niets wijzer van. Weer keek hij even naar zijn metgezel Afanador. Toen zei hij:

'U moet beseffen, meneer de inspecteur, dat ik in verband met een belangrijke missie hier op Curaçao zit. Ik moet zo snel mogelijk mijn verdediging rond krijgen. Mag ik een beetje van die vergiftigde wijn hebben?'

Van Maasdyk goot meteen een beetje wijn in het glas en overhandigde dat aan de dictator.

'Wil iemand me nu een schelp brengen? Van een of ander schelpdier, een oester, het doet er niet toe.'

Heinsius gaf Barneveldt, zijn mannetje, een teken waarop die de lobby uit liep en even later terugkeerde met een schelp. De dictator doopte die enige malen in de wijn en hield mogelijke reacties nauwlettend in de gaten. De parelachtige tint kreeg een crème-achtige kleur en werd even later geel.

'Señores,' zei hij, kijkend naar de geel geworden schelp, 'dit is een proef die ik tijdens mijn presidentschap in Venezuela vaak heb uitgevoerd. In feite is het zelfs zo dat ik als president van mijn land er een gewoonte van had gemaakt een kat of een hond altijd eerst iets te geven van de dingen die ik zelf wilde eten, waarna ik afwachtte of er iets met zo'n dier gebeurde. Dit vergif kon ik op die manier niet aan een proef onderwerpen, omdat het effect ervan pas tussen de een en de vierentwintig uur duidelijk kan worden maar dan wel meteen fatale gevolgen zal hebben. Dit is een vergif dat kan worden verkregen bij de Orinoco Indianen en het wordt *Las Ojos de la Culebra* genoemd.'

'Geeft u toe schuldig te zijn?' vroeg de inspecteur.

'In het geheel niet, meneer de inspecteur – ik stel mijn onschuld hiermee vast. Er zijn al zoveel pogingen ondernomen om mij van het leven te beroven dat ik het gevoel heb dat men het ook ditmaal op mij had gemunt, maar per ongeluk iemand anders er het slachtoffer van is geworden.'

'Wie heeft het dan volgens u gedaan, señor Pompalone?' vroeg de inspecteur indringend.

'Ik heb een theorie die ik liever niet in het openbaar onder woorden breng, maar ik zou deze groep *caballeros* graag iets willen verzoeken.'

Hij draaide zich om naar de lobby.

'Natuurlijk, zegt u het maar.'

'Heren,' zei de ex-dictator met een weinig stemverheffing. 'Zoals u kunt zien zal ik hier op Curaçao zometeen worden gearresteerd en ik zal dus mezelf niet kunnen verdedigen. Binnen een paar dagen zult u allen ieder weer uws weegs zijn gegaan en zal ik me helemaal niet meer kunnen verdedigen, omdat het vast staat dat iemand uit dit hotel het vergif heeft gebruikt. Dus dient alles zo snel mogelijk te worden afgerond, anders hoeft het niet meer. Ik wil u nu vragen of er in dit hotel een criminoloog, een man van een geheime dienst of een getrainde detective aanwezig is. Zou die een mede-reiziger willen helpen om zichzelf vrij te pleiten? Ik zou dat bijzonder waarderen en hem er goed voor belonen.'

'Waarom neemt u niet een van de advocaten hier in de stad in de arm?' stelde de inspecteur voor.

'Omdat ik niet iemand wil hebben die aan bewijsmateriaal kan gaan tornen. Ik wil iemand hebben die met onomstotelijke bewijzen op de proppen kan komen.'

De groep reizigers staarde hem aan na dat vreemde verzoek. Toen zei een van de Amerikanen:

'Ik wil het wel proberen, meneer Pompalone. Ik heb ontzettend veel detectiveverhalen gelezen en ik denk dat ik wel op de hoogte ben van de methodes waarmee . . .'

De ex-dictator keek de man even aan.

'Wat is uw beroep?'

'Ik ben handelsreiziger. Ik verkoop zeep.'

'Verkoopt u zeep in West-Indië?'

'Dat is mijn vak,' zei de vertegenwoordiger een beetje kortaangebonden.

'Dan ben ik bang dat u niet goed kunt denken wanneer u probeert in West-Indië zeep te verkopen. Is er nog iemand anders?'

Die opmerking had humor en daardoor verwierf hij zich de sympathie van de mensenmenigte. Een andere man, een nogal kleine, donkerogige heer die een lichtelijk academisch voorkomen had, nam het woord.

'Indien u werkelijk onschuldig bent, señor Pompalone,' zei hij kwiek, 'kan ik dat binnen zo'n dertig minuten wetenschappelijk aantonen, maar indien u niet werkelijk onschuldig bent, zal het u eerder kwaad doen dan goed.'

'Dat is schitterend, schitterend, indien u uw woorden inderdaad in de praktijk gestand kunt doen. Bent u een criminoloog, señor?'

'Nee, ik ben docent psychologie. Ik heet Poggioli.'

'Bent u verbonden aan een Italiaanse universiteit?'

'Nee, ik ben een Amerikaan en heb Amerikaanse ouders. Ik doceer aan de staatsuniversiteit van Ohio. Ik heb net een sabbatical year opgenomen. Om terug te komen op het feit dat ik kan bewijzen dat u onschuldig bent: dat laat zich heel eenvoudig regelen.'

'Hoe dan?'

'Door u scopolamine te geven en u dan eenvoudigweg de vraag te stellen: "Heeft u señor Grillet vergiftigd?" Als u dat heeft gedaan, zult u dat ook zeggen. Als u het niet heeft gedaan, zult u zeggen dat u het niet heeft gedaan. Het is een verdovend middel dat ervoor zorgt dat iemand alle voorzichtigheid laat varen.'

De inspecteur nam het woord.

'We kennen een dergelijk middel hier bij de politie op Curaçao niet.'

'Dat weet ik,' zei Poggioli met de lichte scherpte van een universiteitsdocent die zich geconfronteerd ziet met een brutale jongerejaars. 'Ik verklaar alleen maar een methode aan de hand waarvan de waarheid vrijwel onmiddellijk kan worden achterhaald. Ik ken geen enkel gerechtshof, in welk land dan ook, dat er op dit moment gebruik van maakt.'

'Meneer Poggioli,' vroeg de inspecteur hoffelijk, 'verwacht u van me dat ik een gevangene vrijlaat op grond van een bewijs dat door geen enkele rechtbank ter wereld zou worden geaccepteerd?'

'Zou u er niet de voorkeur aan geven een onschuldige man te laten gaan, op welk een onconventionele manier dan ook, dan hem naar de gevangenis te zien gaan voor zijn hele verdere leven, of hem wellicht tot de strop te zien veroordelen?'

Op dat moment onderbrak de Geweldige Pompalone glimlachend de samenspraak.

168

'Mijne heren, mag ik iets zeggen? Het is waar dat ik señor Grillet niet heb vergiftigd en bovendien weet ik verder helemaal niets van hem af. Ik weet echter wel talrijke andere dingen die ik voor geen goud zou willen prijsgeven, zelfs niet wanneer mijn leven daarmee was gemoeid. Dus als mijn vrijheid afhangt van het innemen van dat nieuwe middel om dan alles te zeggen wat ik weet, zou ik veel liever aan de galg hangen.'

De psycholoog aarzelde even en zei toen met een kleine buiging:

'Ik veronderstel dat u dus geen assistentie van mij wilt hebben?'

'Integendeel. Ik zou graag willen dat u mijn zaak ter harte nam, maar dan uitgaande van de feiten en niet van mijn aangeboren voorzichtigheid. Ik zou ook graag willen dat inspecteur Heinsius me hier in mijn hotelkamer liet blijven, onder bewaking, en deze meneer Poggioli toestemming gaf om overleg met me te plegen wanneer hij dat nodig acht.'

Heinsius dacht daar even over na en stemde er toen in toe. Hij riep Barneveldt, zijn mannetje, en gaf de reisgezel van de dictator, señor Afanador een teken, waarna die drie mannen samen met de Amerikaanse psycholoog de trap opliepen naar de vertrekken van de dictator. Toen ze naar boven liepen, gromde de Amerikaan in de lobby:

'Bastaard-Amerikaan! Kan niets uitrichten – intellectueel, heeft geen praktische instelling.'

Op de eerste verdieping betraden señor Afanador en de Geweldige Pompalone ieder hun eigen kamer en gaf de dictator de inspecteur en de psycholoog met een hoofdgebaar te kennen dat ze achter hem aan moesten komen. Toen de deur achter hen was gesloten, was de ex-president opeens niet langer vriendelijk en rustig, maar werd hij een razende, roodaangelopen man.

'Señores,' viel hij uit, half sissend, zoals opgewonden Latijns-Amerikanen dat kunnen doen, 'ik weet wie deze afschuwelijke daad heeft gepleegd.' Hij zwaaide woedend met een vinger heen en weer in de richting van de kamer van señor Afanador. 'Die verrader! Die slang! Die kruipende *Pizanista!*'

'Maar señor,' onderbrak de psycholoog hem, 'op welke gronden berusten uw beschuldigingen?'

'Is Grillet niet dood? Ik heb daar niets mee te maken gehad, dus moet Afanador het gedaan hebben!'

'Maar wanneer hij een verrader en een *Pizanista* is, welk motief had hij dan om señor Grillet en niet u, señor Pompalone, te vermoorden?'

'*Cá*, dat is nu juist zo subtiel, señor Poggioli!' riep de ex-dictator gespannen uit. 'Ik ben levend voor de *Pizanista* meer waard dan dood. Zolang ik leef, zal niemand anders voor mijn zaak vechten, maar als ik eenmaal dood ben...' De Geweldige Pompalone maakte een gebaar. 'Dan zal er een andere patriot in actie komen!'

Hij stond naar de twee mannen te staren met zwarte ogen die uitstulpten van woede.

'Señor Poggioli, ik vraag u alleen maar om de inspecteur te bewijzen dat die gemene, perfide ellendeling van een Afanador, mijn secretaris, zich met huid en haar aan mijn vijanden heeft verkocht en vervolgens heeft geprobeerd me te verraden.'

'Maar señor Pompalone...'

'Señor Poggioli, dit is geen kwestie die ter discussie staat! Het is de oplossing. Nu moet u dat bewijzen.'

'Maar ik wilde net zeggen,' hield de psycholoog vol, 'dat bij uw verklaring geen rekening wordt gehouden met de foto van señora Sixto, waar Heinsius melding van heeft gemaakt, noch met die vreemde woorden die señor Grillet erachterop heeft geschreven toen hij stervende was.'

De ex-president fronste zijn wenkbrauwen en knipte met zijn vingers.

'Ik weet het al. Hij heeft het toedienen van het vergif goed getimed. Hij wist wanneer señor Grillet zijn laatste adem zou uitblazen. Dus is hij de kamer van de señor binnengeglipt, heeft een foto gevonden – een foto van welke vrouw dan ook – heeft die opmerking erop geschreven om het geheel iets mysterieus te geven en mij bij een denkbeeldige intrige te betrekken. En dat hij zomaar een vrouw gekozen heeft blijkt wel duidelijk uit het feit dat niemand die señora Sixto kent. Wie is señora Sixto? Dat weet niemand. Zijn plot is kinderlijk. Heel eenvoudig?'

Inspecteur Heinsius' brede, Nederlandse gezicht had een sceptische uitdrukking.

'Señor President, ik heb de indruk dat het helemaal niet zo een-

170

voudig is. Het is een beetje te ver gezocht om waar te kunnen zijn. Ik kan me geen man voorstellen die zo gedetailleerd zijn misdaad voorbereidt.'

'Meneer Heinsius,' onderbrak Poggioli hem, 'ik vraag u de theorie van mijn cliënt niet alleen te verwerpen omdat die niet overeenstemt met uw noordelijke temperament. Wat een Hollander vergezocht in de oren klinkt, kan voor een Latijns-Amerikaan een heel natuurlijke procedure zijn. Niet dat ik het met señor Pompalone eens ben, maar ik vind wel dat zijn veronderstelling houdbaar is.'

De inspecteur haalde even zijn schouders op.

'Ik zie dat u een wetenschapsmens bent, professor, maar ik heb al vierentwintig jaar lang ervaring als inspecteur en ben daarbij tot de conclusie gekomen dat als er een vrouw bij een moord betrokken is, dat een werkelijke vrouw is en geen foto.'

'Dit zou de uitzondering op de regel kunnen zijn. Nu stel ik voor naar señor Afanador te gaan om zijn versie van de tragedie te horen.'

De Geweldige deed een pas naar voren.

'Nee, laat hem met rust, señores. Hij zal u bevooroordelen jegens mij.'

'Maar we moeten horen wat hij te zeggen heeft, señor,' legde de inspecteur uit.

'Dan moet u zijn voorbereid op de meest onzinnige verhalen,' waarschuwde de dictator. 'Hij zal er niet tegen opzien te liegen. Ik twijfel er niet aan dat hij zal zweren dat hij me eigenhandig het vergif in die fles heeft zien doen.'

'Dat zal hij moeilijk kunnen bewijzen,' merkte de inspecteur op.

'*Dios in cielo*, inderdaad!' siste de dictator en maakte een woedend gebaar. 'Beschuldigd te worden door zo'n schurftige leugenaar; een hondsvot; een worm; een smerige worm van een spion! *Cá!*'

Hij begon raspend te lachen en maakte een groots, sardonisch gebaar in de richting van de deur.

'Gaat u maar naar hem luisteren alsof hij een man is!'

De twee Noordelingen liepen de kamer uit, huns ondanks geroerd door het melodrama van de Venezolaan. In de hal passeerden ze Barneveldt, die op wacht stond, en even later liepen ze de kamer van señor Afanador in.

In eerste instantie schrok Poggioli even, omdat de kamer leeg leek te zijn. Maar het volgende ogenblik voelde hij zich gerustgesteld en ook een beetje van walging vervuld toen hij zag dat de secretaris zo dicht mogelijk stond aangedrukt tegen de deur tussen zijn kamer en die van de dictator. Afanador hield zijn oor tegen de spleet tussen deur en deurpost. Zijn gezicht was kleurloos terwijl hij aandachtig naar zijn baas luisterde.

Toen hij de psycholoog en de inspecteur zag, gaf hij geen blijk van schaamte, maar loosde in plaats daarvan een zucht van opluchting en kwam hijgend op hen afgelopen, alsof hij zich lichamelijk bijzonder had ingespannen.

'Señores,' zei hij fluisterend, terwijl hij een zakdoek tevoorschijn haalde en zijn voorhoofd daarmee afveegde. 'Ik weet dat Zijne Excellentie de president van Venezuela mij verdenkt. Dat is toch zo?'

Heinsius knikte kort omdat de man hem ook helemaal niet aanstond.

'Inderdaad, señor Afanador.'

De secretaris stak een hand uit die trilde.

'*Ole*! señores, ik . . .' Hij keek met grote ogen naar de deur tussen zijn kamer en die van señor Pompalone. 'Is dat slot sterk?' fluisterde hij.

'Beslist,' zei de inspecteur. 'Het is een oud Nederlands slot dat een os nog zou tegenhouden. Niemand kan hier zonder sleutel naar binnen komen.'

Afanador haalde iets makkelijker adem.

'Dat is goed, dat is heel erg goed!' Hij glimlachte droog. 'Señores, u hoeft geen bewaker voor de deur te zetten om ervoor te zorgen dat ik op mijn kamer blijf.'

De minachting die de inspecteur voor de lafaard voelde, klonk nu duidelijk door in zijn stem.

'Señor Afanador,' snierde hij, 'ik veronderstel dat u bereid bent te verklaren dat u señor Pompalone het vergif in de wijnfles heeft zien doen?'

'*Caramba*!' riep de secretaris uit, omdat angst het veld moest ruimen voor verbazing. 'Ik ben helemaal niet bereid iets dergelijks te verklaren! Zijne Excellentie de president is even onschuldig als een heilige in de hemel! Het is voor hem allemaal even schokkend en mysterieus als voor mij.'

De psycholoog staarde de man aan toen die zo onmiddellijk ontkende wat hij verwacht had te horen. Toen merkte hij op dat de secretaris zijn verklaring met stemverheffing had afgelegd. Hij liep meteen op de man af en vroeg zachtjes:

'Bent u dat werkelijk van mening, señor Afanador?'

'*Sí, sí*,' knikte de man gemeend en nu zelf ook zachtjes pratend. 'Ik weet dat Zijne Excellentie de president helemaal niets met deze moord te maken heeft.'

Heinsius staarde hem verbaasd en minachtend aan.

'Waarom bent u dan aan het trillen en bibberen en vragen aan het stellen over dat slot? Waarom doet u dat als u bereid bent voor uw werkgever door het vuur te gaan?'

Het gezicht van de man dat weer wat kleur had gekregen, werd opnieuw grauw.

'Omdat Zijne Excellentie mij verdenkt, señores,' fluisterde hij. 'Weet u dat hij tot op heden negen privésecretarissen heeft gehad? Ze zijn . . .' Hij zwaaide met een vinger door de lucht en trok triest zijn onderlip omlaag. 'Hij is tegen de een na de ander verdenkingen gaan koesteren, om allerlei redenen. Ongetwijfeld waren velen van hen onschuldig, net als ik, maar . . .' Hij haalde triest zijn schouders op en spreidde zijn handen uit. 'Maar Zijne Excellentie kan niets riskeren. Hij is zoveel waardevoller dan wij. Misschien zijn we onschuldig, maar . . . we sterven voor ons land. We zijn vaderlandslievend! Ik heb het Zijne Excellentie herhaalde malen horen verklaren. We zijn allemaal patriotten en ik ben de tiende patriot.'

Señor Afanador bevochtigde zijn droge mond met zijn tong.

De psycholoog was evenzeer van medeleven als van walging vervuld. De houding van de man deed hem in meerdere opzichten denken aan de Inca-caste. Die Indianen waren bereid geweest hun leven zonder vragen te stellen te offeren voor hun leiders. Hij herinnerde zich dat de Venezolanen voor een groot deel van de Indianen afstamden.

Inspecteur Heinsius vloekte even zacht en minachtend.

'Help ons deze zaak op te helderen, Afanador,' stelde Poggioli voor. 'Als u ons een andere moordenaar kunt geven, zullen we u niet langer verdenken. Wat is uw mening over die vergiftiging van de wijn?'

'Weet u wie het heeft gedaan?' vroeg de inspecteur bot.

'Ik weet niet wie het gedaan heeft, maar wel wanneer het is gebeurd.'

Heinsius haalde even zijn neus op.

'Dat is niet zo moeilijk. Dat is natuurlijk gebeurd toen señor Grillet naar de wijnkelder ging.'

'J . . . ja,' gaf de secretaris een beetje geschrokken toe. 'Maar ik kan nog exacter zijn. Het is gebeurd toen Zijne Excellentie en ik met señor Grillet door de hal naar de trap liepen.'

'Bent u alle drie tegelijkertijd uit die kamer weggeweest?' vroeg de inspecteur verbaasd.

'*Ciertamente*, señor!' riep Afanador uit. 'We hadden voor onze kamers betaald. In zekere zin waren we de gastheren van señor Grillet en dan is het toch zeker ondenkbaar dat we hem alleen weer zouden hebben laten weggaan! We zijn en blijven Venezolaanse *caballeros*, señores. We zijn met hem meegegaan. Toen we terugkwamen zag ik dat iemand tijdens onze afwezigheid in de kamer was geweest en de wijnflessen op een andere plaats had gezet.'

'Hoe lang bent u die kamer uit geweest?'

'Tien minuten of een kwartiertje, señores. We hadden geen van tweeën Curaçao ooit eerder gezien en we zijn bij het raam even naar het kanaal en de huizen blijven kijken.'

'En wie is volgens u binnen gekomen om met de wijn te knoeien?'

Afanador spreidde zijn handen uit.

'Señores, het zal u misschien ongeloofwaardig in de oren klinken, maar ik geloof dat de een of andere spion, een van de *Pizanista's* vanuit La Guayra achter ons aan is gekomen, de kamer is binnengeslopen op dat ongelukkige moment toen Zijne Excellentie en ik weg waren en onze wijn heeft vergiftigd.'

Heinsius haalde zijn schouders op op de onhandige manier van een Hollander op Curaçao.

'Onzin, Poggioli. Ieder verhaaltje dat ze verzinnen blijkt inderdaad een verzinsel te zijn. Volgens mij hoeven wij dit onderzoek niet meer voort te zetten. Pompalone heeft Grillet vergiftigd van-

174

wege een oude kwestie rond een vrouw en dat is dat.'

'Een ogenblikje, inspecteur. Señor Afanador, weet u ook waarom die veronderstelde spion niet alle drie de flessen heeft vergiftigd om er zeker van te zijn dat Pompalone zou overlijden?'

'Dan zou de verdenking op een vierde persoon zijn gevallen en zou de man de kans lopen te worden gepakt. Nee, het meest logische was het doden van een man. Dan zouden de andere twee zeker worden gearresteerd en gevangen gezet, terwijl de werkelijke dader volkomen vrijuit zou gaan.'

De inspecteur lachte.

'Señor Afanador, u heeft een wel heel slap verhaaltje bedacht . . . een derde mysterieuze Venezolaan, ongezien, onbekend, die uw kamer in komt en binnen een kwartiertje de wijn vergiftigt. Een aardig verhaaltje, dat echter voor een rechtbank geen hout zal snijden.'

De secretaris bloosde en stak zijn linker hand omhoog.

'Señores, Hem aanroepend die mijn hartsgeheimen kent, zweer ik dat iemand met die flessen heeft geknoeid toen Zijne Excellentie en ik die kamer uit waren. Dat lijdt geen enkele twijfel. Ze stonden op een andere plaats. Ik weet zeker dat ze op een andere plaats stonden!'

'In ieder geval verdenk ik u niet van de misdaad,' zei de inspecteur ironisch. 'En ik denk niet dat de rechtbank dat wel zal doen. Wat dat betreft kunt u gerust zijn.'

De psycholoog dacht juist het omgekeerde.

'Maar señores!' riep de secretaris uit. 'Ik zou mijn leven duizend maal geven voor Zijne Excellentie. Hij alleen kan mijn arme land, mijn arme Venezuela redden!'

De inspecteur draaide zich vol walging op zijn hielen om en liep de kamer uit. Toen Poggioli achter hem aan kwam en de deur dicht deed, nam Heinsius weer het woord.

'Het heeft geen zin dit onderzoek voort te zetten. Hun verdachtmakingen doen ons als een puppy achter onze eigen staart aanrennen, cirkeltjes draaiend.'

De psycholoog stond over zijn kaak te strijken en keek naar Barneveldt.

'Ik denk dat iemand inderdaad die kamer is ingegaan toen zij er niet waren, meneer Heinsius,' zei hij.

De inspecteur staarde hem aan.

'Afanador heeft u toch zeker niet bekeerd tot die theorie van een denkbeeldige spion?'

'Nee, maar toch denk ik dat iemand daar naar binnen is gegaan.'

'Wie zou dat geweest kunnen zijn?'

'Tsja, iedereen was beneden voor het ontbijt, met uitzondering van deze twee mannen en Hortensia.'

De inspecteur, die de trap af staarde, bleef staan en keek zijn metgezel aan met een gezicht dat ondanks zijn gebruinde huid opeens bleek was.

'Mijn god, meneer de professor! Wat zegt u daar? Toch zeker niet dat die arme verdrietige Hortensia haar eigen vader heeft vermoord?'

De Amerikaan stak een hand op.

'Houd uw gevoelens buiten dit probleem, meneer Heinsius. Ik weet dat ze u na aan het hart ligt en dat u zich vrijwel een vader van haar voelt. Maar ze heeft u zelf verteld dat ze vanwege die wijnflessen ruzie met haar vader heeft gehad.'

'Ach ja, maar dat was niet meer dan een ruzietje. Ze wilde alleen maar de spinnewebben van de flessen afvegen, meneer Poggioli.'

'Dat is waar, maar ze is enig kind en waarschijnlijk verwend. En bovendien heeft ze Venezolaans bloed door haar aderen stromen, hartstochtelijk en impulsief. Misschien dat ze in een vlaag van woede die krankzinnige daad heeft begaan. Kijk nu eens naar haar. Ze is ontzettend verdrietig.'

'Dat is een schandalige, krankzinnige en helse bewering. Dat onschuldige kind, die dochter die net haar vader heeft moeten verliezen. Ze is even onschuldig als een heilige in het paradijs!'

'Dat hoop ik inderdaad,' zei Poggioli meelevend. 'Maar om dit probleem tot een oplossing te brengen, meneer Heinsius, is het onze plicht alle mogelijke bewijzen grondig na te trekken. U heeft er toch zeker geen bezwaar tegen als ik even met de señorita Hortensia ga praten?'

'Nee, nee, helemaal niet. Ik zal haar gaan zoeken. Ik ben er zeker van dat u tot de conclusie zult komen dat zij net als de andere getuigen onschuldig is.' En met een licht ironische buiging liep in-

176

specteur Heinsius de hal in om señorita Hortensia Grillet te zoeken. Poggioli liep de kamer van zijn cliënt in om te wachten op de Nederlander en het meisje.

De psycholoog zag de ex-dictator bij het getraliede raam staan, in een oorlogszuchtige houding, met zijn schouders naar achteren getrokken en zijn hoofd omlaag gebogen, starend naar het kanaal, alsof de vijand daar gelegerd was en hij die snel zou gaan aanvallen.

Toen de Amerikaan binnen kwam, draaide Pompalone zich om en zei: 'Ik veronderstel dat señor Afanador zeer gedetailleerd tegen me heeft getuigd?'

'Nee,' antwoordde de psycholoog, 'precies het tegenovergestelde.' En hij vertelde wat Afanador had gezegd en hoe hij uiting had gegeven aan de wens zijn leven te geven voor Pompalone's vrijheid.

De Geweldige Pompalone onderbrak dat verslag met een handgebaar.

'Ziet u dan niet hoe subtiel die slang te werk gaat?' riep hij uit. 'Hij heeft een volstrekt ongelooflijk verhaal verzonnen om mij nog verdachter te maken. Een tweede *Pizanista* die achter mij aan zit! Het spijt me, señor Poggioli, maar een zo'n vent is voor mij voldoende en die ene is die schurftige Afanador!'

'Maar señor Pompalone, het is een feit dat u en señor Afanador señor Grillet vanmorgen naar de trap hebben vergezeld en enige minuten voor het raam zijn blijven staan voor u naar deze kamer terugkeerde?'

'Inderdaad, dat is zo,' snauwde de ex-dictator. 'Maar Afanador heeft domweg van dat feit gebruik gemaakt om een onzinverhaaltje op te hangen. Nee, niemand is in onze afwezigheid in deze kamer geweest. Wie zou er verder op deze verdieping hebben kunnen zitten? Hij heeft me verraden!'

De psycholoog zag in dat het onmogelijk was de theorie van de secretaris verder te bespreken en draaide zich ongeduldig om naar de deur, zich afvragend waardoor inspecteur Heinsius en de señorita Hortensia werden opgehouden. Hij liep de kamer uit en zag de inspecteur iets verder in de hal staan met een tevreden uitdrukking op zijn gezicht.

'Waar wachten we op?' riep Poggioli ongeduldig.

177

De inspecteur knipoogde hem ten antwoord toe, zonder iets te zeggen.

Het geduld van de geleerde psycholoog was vrijwel uitgeput. Hij liep snel op de inspecteur af.

'Wat is er? Wat is er aan de hand?'

'Niets,' antwoordde de Nederlander heel opgewekt. 'Ik heb een plannetje bedacht om die boef van een Venezolaan te grazen te nemen.'

'Oh ja? Hoe dan?'

De Nederlander keek de psycholoog even aan.

'U zult uw cliënt niet waarschuwen door hem te vertellen wat ik van plan ben?'

'Nee!' zei de Amerikaan kortaf. 'Als hij schuldig is, zie ik hem even graag hangen als u.'

'Prima. Ik heb tegen Hortensia gezegd dat ze kleren van haar moeder moest aantrekken.'

'Waarom?'

'U weet hoeveel Hortensia op die vrouw van de foto lijkt. Misschien zal Pompalone zich alles weer herinneren door de schok haar zo te zien.'

De psycholoog voelde voor het eerst bewondering voor de Nederlander.

'Mijn hemel, Heinsius!' fluisterde hij enthousiast. 'Geweldig! Schitterend. Daar krijgt u van mij een tien met een griffel voor!'

'Dank u, dank u,' fluisterde de inspecteur voldaan. De beide mannen stonden nu gespannen op de komst van Hortensia te wachten.

Drie minuten later ging een deur open en kwam Hortensia Grillet naar buiten. Zelfs de psycholoog raakte een beetje opgewonden toen hij haar zag. Het meisje had een zwarte jurk aan, met een paarse rouwband bij haar boezem. Haar mutsje was verdwenen en ze had haar donkere haar hoog opgestoken, net zoals de Venezolaanse señorita. Om haar hals hing een paarlen collier.

De twee mannen staarden naar die gedaanteverandering. Met enige moeite herinnerde Poggioli zich wat hij het meisje had willen vragen.

'Señorita,' begon hij een beetje verlegen, 'ik wil u iets vragen.

Heeft u vanmorgen, toen uw vader naar de wijnkelder ging, señor Pompalone en señor Afanador hun kamer uit zien komen om door het raam van de hal naar het kanaal te kijken?'

'*Sí*, señor,' zei het meisje, vaag knikkend en de Amerikaan met haar grote ogen vragend aankijkend.

'Mag ik u vragen, señorita, of iemand toen die kamer is ingegaan?'

'Ik, señor,' fluisterde Hortensia.

'Wat heeft u daar binnen dan gedaan, señorita?' vroeg de psycholoog terwijl hij haar aandachtig aankeek.

'Señor, ik ... ik ... een van die flessen zat zo onder de spinnewebben dat ik het niet kon verdragen dat hij zo voor de Venezolaanse *caballeros* werd neergezet. Dus ben ik naar binnen geglipt en heb hem schoongeveegd. Maar dat spijt me nu, señor. Ik heb geen gehoor gegeven aan de laatste wens van mijn vader.'

Ze stond op het punt opnieuw in tranen uit te barsten.

'Maak je daar maar niet al te veel zorgen over, Hortensia. Meer heb je niet gedaan? Je hebt alleen maar die fles schoon geveegd?'

'*Sí*, señor.'

De psycholoog stond vriendelijk te knikken.

'Daaruit blijkt dat Afanador wat dat betreft gelijk had, Herr Heinsius. Iemand is inderdaad in hun kamer geweest toen zij daar niet waren.'

'Ik hoop dat ik niets verkeerds heb gedaan!' riep het meisje geschrokken uit.

'Helemaal niet,' verzekerde Heinsius haar. 'Alleen een kleine kwestie tussen de professor en mij. Nu wil ik dat je met me mee gaat en alles wat je zojuist hebt verteld, herhaalt in aanwezigheid van señor Pompalone.'

'Dat is geen enkel probleem, señores,' zei het meisje zachtjes. 'Ik ben bereid dat aan iedereen te vertellen.'

De drie liepen langs Barneveldt, de wachtpost, en gingen de kamer van de ex-dictator in.

De Geweldige Pompalone had zich op een bank laten vallen. Toen de drie mensen binnen kwamen, keek hij op, zag Hortensia en sprong snel overeind met een geheel veranderde gezichtsuitdrukking.

'Heilige Moeder Maria!' riep hij verbaasd uit. 'Zie ik daar de prachtige Ana Carrera weer? Heeft mijn goede engel me zo gezegend?'

Het meisje begreep niets van zijn woorden en zijn emoties.

'Senor Pompalone, Ana Carrera was mijn moeder.'

'Je moeder?'

'*Sí*, senor.'

'Het is niet mogelijk! Señorita, u lijkt in alle opzichten op haar; hetzelfde uiterlijk, dezelfde zachte, melodieuze stem . . .'

Het meisje bloosde een beetje.

'Mijn moeder is overleden bij mijn geboorte, señor.'

'*Pobrecita*!'

De Geweldige Pompalone sloeg een kruisteken en liep toen op haar af om heel teder haar kleine, door het werken ruw geworden vingers tegen zijn lippen te drukken.

'Mijn arme duifje, helemaal alleen op deze wereld.'

Hortensia hield haar adem in, waardoor haar boezem en haar parels omhoog gingen.

'*Sí*, señor. Mijn moeder en mijn vader zijn nu beiden overleden.'

De dictator raakte de juwelen heel voorzichtig even aan.

'*Ole*! señorita, dat waren Ana's parels. Ik kan me nog herinneren hoe lang ik erover heb gedaan ze op het eiland Margarita te verzamelen. De duikers . . .'

'Oh, señor, heeft u deze parels aan mijn moeder gegeven?'

'En ik zou er op dit moment op kunnen zweren dat ze om haar hals hingen.'

'Lijk ik inderdaad op haar?'

'Als twee orchideeën van een stam.'

'Was ze even lang als ik?'

'Ze kwam tot mijn schouder, net als jij.'

'En was haar haar net zo zwart?'

'Haar haren waren als een zijden zomernacht en de met juwelen bezette kammen als de sterren.'

Het meisje strekte haar handen naar de dictator uit.

'*Mi madrecita*. Mijn arme moedertje!'

Ze begon opnieuw te huilen.

Noch de inspecteur noch de psycholoog waren zo gehard dat ze de enthousiaste vragen van het meisje over haar moeder wilden onderbreken. Ze liepen rustig de kamer uit en lieten Hortensia en haar informatiebron alleen.

Buiten in de hal haalde inspecteur Heinsius eens diep adem.

'Zooo!' fluisterde hij, maar niet triomfantelijk. 'Het is gegaan zoals ik al wel had verwacht. Hij heeft door een vrouw alle voorzichtigheid laten varen en zich prijs gegeven. Meneer de professor, die Latijns-Amerikanen zijn ondoorgrondelijke wezens. Zo subtiel, zo eenvoudig, zo complex, als duivels uit de hel en tegelijkertijd engelen uit de hemel.' Hij zuchtte en voegde daar als losse opmerking aan toe: 'Ach, ik ben blij dat ik niet met zo'n vrouw ben getrouwd.'

Toen zei hij dat zijn werkzaamheden waren afgerond en dat hij terugging naar zijn kantoor om een paar mannen erop uit te sturen om de dictator te arresteren en hem gevangen te zetten.

De psycholoog was een beetje depressief geworden. Hij vroeg de inspecteur de dictator die middag, onder bewaking, in het hotel te laten blijven om hem de tijd te geven nog eens diep over het probleem na te denken.

'Kom hier vanavond samen met me dineren,' stelde hij voor, 'en dan zal ik u deelgenoot maken van het resultaat van mijn analyse.'

De Nederlander haalde zijn schouders op, een beslissend gebaar.

'Die kan slechts tot één resultaat leiden, meneer de professor.'

'Daar ben ik ook bang voor,' bevestigde de Amerikaan. 'Maar toch lijkt señor Pompalone in alle opzichten onschuldig te zijn.'

'Met uitzondering dan wel van het feit dat hij praktisch heeft toegegeven dat hij de misdaad heeft begaan,' mompelde de inspecteur en haalde nogmaals zijn schouders op.

Meneer Poggioli liep met zijn vriend mee tot de deur van het hotel en keek hoe hij zijn schouders tegen de halve storm boog die inmiddels was opgestoken. De wind, die van zee kwam, voelde vochtig aan en de zon die probeerde door de damp heen te komen, zou een Engels zonnetje geweest kunnen zijn in plaats van de gewoonlijk zo felle zon van Curaçao.

Toen de psycholoog de lobby weer inliep, hield een aantal gasten hem in de gaten en de Amerikaanse vertegenwoordiger riep brutaal:

'Poggioli, wat heb je ontdekt? Heeft die schoft hem vermoord?'

'Ik weet het niet,' zei de psycholoog zwaar op de hand en liep snel naar boven.

De vertegenwoordiger knipoogde tegen de zwijgende groep mensen.

'Intellectueel, geen praktisch gevoel. Wanneer ik die zaak . . .'

Boven vroeg de Amerikaan aan Barneveldt waar Señorita Grillet naartoe was gegaan.

'Naar haar kamer, mijnheer,' antwoordde de man.

De psycholoog voelde zich vaag teleurgesteld. Hij zou Hortensia graag nog wat meer vragen hebben willen stellen. Welke wist hij nauwelijks. Vragen over haar vader, haar moeder wellicht. Maar hij wilde haar niet storen als ze op haar kamer zat.

Hij liep verder, denkend aan de sombere tragedie en de details die elkaar zozeer tegenspraken. Hij ging naar de privébibliotheek waar het lichaam van señor Grillet nu tot de begrafenis lag opgebaard.

De psycholoog liep naar de groenharten tafel, en pakte de foto met de twee raadselachtige zinnetjes op de achterkant ervan: *Rekening 12 de agosto, 1906. Rekening vereffend 5 de enero, 1925.*

Poggioli vroeg zich af of de dode man die onder het witte laken op de rieten bank lag, op die augustusdag in 1906 de vrouw of de verloofde van Pompalone had afgepakt.

Na allerlei verwikkelingen was het raadsel weer aangeland bij de eenvoudige oplossing van de inspecteur. 'Als er een vrouw bij een moordzaak is betrokken,' had de Nederlander gezegd, 'is dat een echte vrouw en geen foto, zoals ik door een ervaring van vierentwintig jaar weet.'

En hij had gelijk gekregen.

Maar ergens klopte toch iets niet. Poggioli had niet de indruk dat de geweldige Pompalone een man was die een strategische moord kon begaan. Hij kon zich niet voorstellen dat de dictator vergif in een wijnfles had gedaan. Afanador zou dat wel hebben kunnen doen.

Hij begon de hem bekende feiten over de dictator af te wegen tegenover die over de secretaris. Ook dat bleef te vaag, te fantastisch.

De psycholoog dacht na over andere details van de tragedie – de toevallige, ogenschijnlijk onbelangrijke details: de woede van de vermoorde man toen zijn dochter de flessen wilde schoonmaken, haar ongehoorzaamheid door de kamer in te glippen en ze toch schoon te maken, het grote verlangen van het meisje om meer dingen te horen over haar moeder, omdat haar vader kennelijk nooit over haar had gesproken. Natuurlijk had hij dat niet gedaan.

Maar toch leek de Geweldige Pompalone niet bitter gestemd te zijn jegens Ana Sixto y Carrera. Ook dat leek niet helemaal te stroken met zijn temperament. In feite kon alleen voorzichtig op psychologische gronden worden gesteld dat de dictator wellicht onschuldig was. Wat zou een jury die uit stijfhoofdige Hollanders op Curaçao bestond, vinden van een verdediging die op de psychologie was gebaseerd?

De wind zong nu een klaagzang rond de dakranden van het grote hotel. De dode man, vermoord door een mysterieuze belager, lag op de lange rieten bank met een laken dat tot aan zijn kin was opgetrokken. Op de tafel lag, naast de foto van de vrouw, de inhoud van de zakken van de overledene: een klein zakmes, een paar muntjes Nederlands geld, een sleutelring, nietszeggende dingetjes naast de vergeelde foto.

Toen bedacht Poggioli zich opeens dat deze vrouw niet met de hoteleigenaar naar Curaçao was gekomen. Volgens Van Maasdyk, had Karel Heinsius gezegd, was señor Grillet alleen samen met zijn jonge dochtertje Hortensia op het eiland aangekomen. De psycholoog kon de details van de tragedie maar niet aan elkaar gebreid krijgen. Terwijl hij zat te luisteren naar de wind en het geluid van de zee in de verte, had hij het gevoel met een legpuzzel bezig te zijn. Een aantal stukjes leek te passen, maar toch had hij het idee dat ze niet op hun juiste plaatsen lagen. Hij durfde die stukjes echter nauwelijks weer weg te halen, omdat hij bang was dat hij dan nooit meer een bepaald patroon zou kunnen ontdekken.

Om te proberen zijn gedachten even te verzetten, maakte hij een van de boekenkasten open en haalde daar twee of drie boeken uit. Het waren ouderwetse romans over wraak, *The Corsican Brothers*,

Vendetta, The Count Balderschino. Kennelijk leek de hele bibliotheek uit dergelijke boeken te bestaan.

Het viel de inspecteur opeens op dat señor Grille\u0131 bang voor een dergelijk lot moest zijn geweest en dat verklaarde het mysterie van die laatste notitie op de foto. Hij had boete gedaan voor de ontvoering van Pompalone's vrouw of maîtresse. Nu lag hij in de duister wordende bibliotheek, met het laken opgetrokken tot aan zijn kin, en een opkomende storm die een requiem voor hem jammerde.

Uiteindelijk had de Geweldige Pompalone dus voor de dood van deze man gezorgd. Dat paste niet helemaal bij hem, maar Pompalone was nog Latijnser dan de Amerikaanse Italiaan die probeerde zijn misdaad te begrijpen; en een individu dat tot een bepaald ras behoort kan nooit geheel worden doorgrond door een man die tot een ander ras behoort.

Beneden hoorde hij drie maal de gong slaan, als teken dat het diner werd geserveerd. En nogmaals, en nogmaals. Al stak er een storm op en was er een moord begaan, reizigers moesten eten. De psycholoog stond op en ging naar beneden.

In de lobby zag de Amerikaan dat inspecteur Heinsius al op hem stond te wachten. De twee mannen liepen samen de eetzaal in, die al vol zat. Ze namen een klein tafeltje in een van de hoeken. Zubio, de negerbediende, kwam water en het menu brengen. De inspecteur keek voldaan naar de Nederlandse gerechten.

'Ik zou willen voorstellen ons probleem pas na het eten te bespreken, meneer de professor,' stelde Heinsius voor met het respect van een Hollander voor een goede maaltijd.

'Dat hoeft niet,' zei de psycholoog. 'Ik ben tot een conclusie gekomen.'

'Oh ja?'

'Ja. Ik ben het met u eens.'

'Ach!' riep de inspecteur uit en zijn gezicht werd langer. 'Het spijt me dat te horen, meneer de professor. Ik had gehoopt dat u als schuldige iemand anders zou kunnen aanwijzen dan señor Pompalone, maar feiten blijven natuurlijk feiten.'

Zubio kwam aangelopen met de soep.

'Laten we er pas weer over denken na het diner.'

Hij begon zich in het grote servet te wikkelen terwijl zijn milde ogen naar de heldere schildpadsoep keken.

In de grote eetzaal waren de andere gasten aan het eten zoals ze dat in hun moederland gewend waren. Een Engelsman gebruikte ijverig zijn vork en mes, die hij ieder in een hand hield zonder ze ook maar even neer te leggen. Een Duitser prikte in ieder broodje dat op een schaaltje lag voor hij zijn keuze bepaalde. Een Italiaan maakte zuigende geluiden terwijl hij de spaghetti van zijn bord naar binnen werkte. Ze waren allemaal voor elkaar slecht gemanierd. De Amerikaanse handelsreiziger tikte met zijn mes op de tafel en riep naar Zubio:

'Hé, nikker, kom eens hier!'

Toen Zubio dichterbij kwam, begon de vertegenwoordiger in zeep beledigd te zeggen:

'Noem je deze troep wijn?' Hij tikte tegen zijn fles. Zubio knikte.

'Nou, ik noem het slootwater. Heb je iets wat een man kan drinken?'

'*Sí, senyo.*'

'Iets ouds en goeds?'

'*Sí, sí, senyo.*'

De Amerikaan haalde een muntje tevoorschijn.

'Ga dan een van de oudste en beste flessen voor me halen die je in deze tent hebt,'

'Ja, uitstekend, meneer, *sí, oui, m'sieu,*' ratelde de man in een mengelmoesje van talen, enthousiast geworden door het geld.

Zubio liep snel weg en even later hoorde Poggioli hem in de lobby roepen.

'Señorita! Oh, señorita, wilt u naar beneden komen. *Un Americano* wil de beste wijn, de oudste wijn . . .'

Poggioli vervloekte de vertegenwoordiger om het feit dat die het door verdriet overmande meisje stoorde vanwege een glas wijn.

In de verte werd verder gesproken, maar de psycholoog kon het niet meer verstaan. Even later kwam de señorita de eetzaal in en liep op de vertegenwoordiger af.

'Señor,' zei ze zachtjes. 'Alleen mijn vader wist hier zo het een en ander van wijnen af. Hij zorgde daar altijd zelf voor. Ik weet niet wat de beste en wat de slechtste is.'

'Breng me dan de oudste maar,' zei de Amerikaan, 'en hier heb je vijf dollar voor jezelf.'

Maar het meisje liep weg, zonder het bankbiljet van hem aan te nemen. Ze zei tegen Zubio:

'Ik denk dat je de sleutel van de wijnkelder wel zult vinden tussen vaders spulletjes op de tafel in de bibliotheek boven.'

Toen ging ze snel de eetzaal uit.

Poggioli vervloekte de vertegenwoordiger opnieuw, maar toen begon hij opeens na te denken over wat het meisje zojuist had gezegd: haar vader had de sleutel van zijn wijnkelder altijd zelf bij zich gehad. Om de een of andere reden herinnerde hij zich ook opnieuw dat señor Grillet die morgen met het meisje ruzie had gemaakt over het feit dat ze de bestofte flessen schoon had willen vegen. Dat waren alle twee merkwaardige feitjes: Grillets woede toen het meisje aanbood de fles schoon te maken en het gegeven dat ze toch naar binnen was geglipt om dat alsnog te doen.

Poggioli had de indruk dat deze stukjes van de grimmige legpuzzel opeens uitstekend pasten. Het had iets opwindends. Er werd nu vaag een licht geworpen op de hele tragische gebeurtenis. Hij probeerde meerdere verbanden te ontdekken.

Een kat, die waarschijnlijk gewoon was de eetzaal af te stropen, streek langs zijn enkel en verstoorde het delicate patroon van zijn gedachten. Hij probeerde het dier onder zijn stoel een trap te geven. Even later kwam Zubio terug met een enkele, dik onder de spinnewebben zittende fles amberkleurige vloeistof, die hij hoog op een zilveren dienblad droeg. De neger bracht die naar de tafel van de trommelende man en begon de fles heel plechtig en langzaam te ontkurken.

Net toen hij de wijn in het glas van de Amerikaan schonk, handelde de psycholoog heel impulsief. Hij boog zich voorover, pakte de kat die bij zijn voeten zat, sprong een moment later op en liep met grote passen naar het tafeltje van de vertegenwoordiger.

'Even wachten,' riep hij zacht maar indringend. 'Meneer, wacht u even en zet dat glas neer! Laat me die wijn eerst keuren voor u ervan drinkt!'

De handelsreiziger in zeep staarde Poggioli verbaasd en geïrriteerd aan.

'Wat heeft u hier verdomme mee te maken?'

'Dat weet ik ook niet precies. Ik heb een idee, een indruk. Geef me een lepeltje van die wijn. Ik geloof dat die schadelijk is!'

De Amerikaan staarde naar zijn opgeheven glas, maar nam geen slokje. Hij pakte zijn lepel en doopte die in de vloeistof. De psycholoog haalde als een goochelaar de kat tevoorschijn.

'Giet er wat van in zijn keel. Ik houd zijn bek wel open.'

Aan de andere tafels werden kreten geslaakt en opmerkingen gemaakt. Inspecteur Heinsius liep snel op Poggioli af. De kat mauwde en krabde, maar kreeg de wijn naar binnen gegoten. Na even te hebben gekeken, beval de psycholoog:

'Nog een lepeltje.'

'U neemt me in de maling,' riep de vertegenwoordiger die rood aanliep.

'Probeert u het, inspecteur,' zei Poggioli kort en bondig. De inspecteur pakte de lepel, maar toen hij probeerde de kat nog een beetje wijn te geven, riep hij uit:

'Ach! Het beestje is dood!'

De vertegenwoordiger in zeep werd lijkbleek.

'Dood? Waardoor is hij dood gegaan? Waarom?'

Overal in de eetzaal werd nu opgewonden commentaar geleverd. Sommige gasten liepen op het tafeltje af. Inspecteur Heinsius stond verbaasd.

'Meneer de professor, hoe wist u dat? Waarom bent u achterdocht gaan koesteren?'

'Kom mee, weg van deze mensen,' zei de psycholoog. 'Hier kunnen we niet praten.'

De inspecteur beval Zubio de wijn te bewaren als bewijsmateriaal, en de twee mannen liepen de lobby in; maar de lobby stroomde meteen vol met de mensen uit de eetzaal. De inspecteur en de psycholoog liepen samen naar buiten. Toen ze bij het kanaal kwamen, werden ze gegeseld door de hevige storm die zeewater met zich mee voerde.

'Laten we naar mijn kantoor gaan aan de Leidenstraat!' riep de inspecteur boven de wind uit. 'Daar kunnen we praten.'

In het vage licht van een straatlantaren zwaaide de psycholoog ontkennend en zenuwachtig met een vinger van nee.

'Laten we maar even buiten blijven. Ik heb vandaag al te lang binnen gezeten.'

'Laten we dan deze straat inlopen. Daar is het in ieder geval rustiger.'

De twee mannen draaiden een zijstraat in en hielden elkaars arm vast wanneer er af en toe een windvlaag door het smalle straatje joeg. Nadat ze een tijdje zwijgend waren doorgelopen, kwam de inspecteur terug op de zaak die ze aan het bespreken waren geweest.

'Waarom vermoedde u dat die fles wijn was vergiftigd? Hij kwam rechtstreeks uit de kelder.'

'Ik werd aan het denken gezet,' zei Poggioli die zijn stem verhief, 'door het feit dat die fles stoffig was en onder de spinnewebben zat, net zoals de fles die señor Grillet de mannen boven had aangeboden. Daar kwamen allerlei ingewikkelde ideeën bij die te maken hadden met de ruzie tussen Grillet en zijn dochter. Om u de waarheid te zeggen, meneer Heinsius, kunnen we nooit zo trefzeker en mathematisch juist redeneren als we dat denken te kunnen. Het is meestal een vaag proces, een soort van blindelings heen en weer springen tussen allerlei veronderstellingen. En wanneer je uiteindelijk de juiste veronderstelling hebt gevonden, kan er een logische brug worden aangelegd van het vertrekpunt naar het doel. Dan kan je denken dat je die brug bent overgelopen in je redenaties, maar in feite is het zo dat hij pas na afloop is geslagen.'

De inspecteur lachte kort.

'Het kan me niet schelen hoe u erachter bent gekomen, professor. Ik heb geen psychologie gestudeerd. Maar waarom zou Grillet zichzelf hebben willen vergiftigen? Waarom heeft Zubio nu juist nog een fles vergiftigde wijn uit een hele kelder vol goede wijnen gehaald. Waarom . . .'

'Een vraag tegelijk,' riep de psycholoog uit. 'Die neger heeft een fles vergiftigde wijn mee naar boven genomen omdat hij, conform de opdracht van de vertegenwoordiger, de oudste wijn had gepakt.'

'Waarom zou die oudste wijn vergiftigd moeten zijn?'

'Omdat señor Grillet een kist vergiftigde wijn heeft meegenomen toen hij zo'n twintig jaar geleden vanuit Venezuela naar

188

Curaçao is vertrokken.'

'U wilt toch niet zeggen dat u al die dingen heeft bedacht toen u opsprong en op de Amerikaan afrende?' riep de inspecteur.

'Nee. Ik kreeg iets wat in de volksmond een "ingeving" wordt genoemd. Wanneer we "ingevingen" analyseren, merken we dat die ontstaan doordat we instinctief verband leggen tussen feiten die nog niet tot ons bewustijn zijn doorgedrongen . . .'

'Laat dat van die ingevingen verder maar zitten. Maar waarom heeft Grillet twintig jaar geleden vergiftigde wijn vanuit Caracas meegenomen?'

'Omdat de Geweldige Pompalone zijn vrouw van hem had afgepikt. U moet weten dat we het probleem vanuit een andere hoek hebben benaderd. We zijn uitgegaan van het idee dat Pompalone iets tegen señor Sixto, alias Grillet, had en hem daarom heeft vermoord. In werkelijkheid had Sixto iets tegen Pompalone.

Indien we even hadden nagedacht over de vrouwelijke natuur, zouden we hebben kunnen weten dat iemand als Grillet nooit de echtgenote van een man als Pompalone zou hebben kunnen doen vervreemden. Integendeel. Het was veel aannemelijker dat de dictator van Venezuela de echtgenote van de een of andere onbelangrijke man had afgepakt en die tot de zijne had gemaakt. Dergelijke dictators gedragen zich nogal aanmatigend.'

In het duister knikte de inspecteur.

'Dat is begrijpelijk, meneer de professor. En wat is er toen gebeurd?'

'Toen heeft Grillet, of Sixto, zijn dochtertje Hortensia en een krat vergiftigde wijn gepakt en is vanuit Venezuela naar Curaçao geëmigreerd om hier het beste hotel van de hele stad te vestigen.'

'Misschien dat hij in Caracas ook een hotel heeft gehad!'

'Dat betwijfel ik. Ik heb het zekere gevoel dat señor Sixto twintig jaar geleden al helemaal heeft uitgedacht hoe hij zich op de Geweldige Pompalone zou wreken. Hij wist dat Pompalone op een gegeven moment zou worden afgezet. Dat hij naar Curaçao zou vluchten, de eerste vrije haven in de buurt van Venezuela. Hij wist dat de Geweldige dan zijn intrek zou nemen in het beste hotel van de stad. Dus moest hij zorgen de eigenaar van dat hotel te worden, indien hij ooit wraak wilde nemen met die vergiftigde wijn.'

De inspecteur knikte, onder de indruk van de buitengewone analyse van de psycholoog. 'Sixto heeft zijn doel weten te bereiken,' zei hij. 'Zijn maaltijden waren voortreffelijk en zijn kamers even plezierig als de zeelucht. Zelfs zijn dochter, een Venezolaanse, was schoner dan wij Nederlanders.

Hij bouwde alles heel zorgvuldig op, wachtend tot die ene man naar binnen zou komen en zou sterven. Die man was de Geweldige Pompalone. Het is ironisch, inspecteur, satirisch ook, zodat ik soms geneigd ben te geloven in de oude heidense goden die moesten lachen om de capriolen van de mensheid. Señor Sixto had ervoor gezorgd dat zijn dochter een heel nette, precieze vrouw werd en dat heeft zijn eigen dood tot gevolg gekregen.'

Heinsius luisterde, met een vragende uitdrukking op zijn gezicht.

'Toen Hortensia, die niet tegen vuil en stof kan, de spinnewebben weghaalde van de fles wijn, heeft ze daarmee haar eigen vader vermoord.'

'Hoe heeft ze dat dan gedaan?' riep de inspecteur verbaasd uit.

'Toen señor Sixto het ontbijt met de vergiftigde wijn naar zijn gasten bracht, was hij natuurlijk verschrikkelijk opgewonden. Eindelijk, na twintig jaar, zou hij wraak kunnen nemen. Hij wilde de Geweldige Pompalone de oudste, stoffigste en van spinnewebben voorziene fles geven met een aardig toespraakje daarbij, zoals alle Venezolanen die kunnen maken, om hem daarna te vergiftigen.

Toen hij onderweg Hortensia tegen kwam, wilde die de fles schoon maken. Maar die spinnewebben waren nu juist iets waaraan hij de fles kon herkennen. Hij gaf haar een ernstige reprimande en zei dat ze aan het werk moest. Toen werd hij naar de wijnkelder geroepen, want hij liet daar natuurlijk nooit iemand binnen, vanwege die gevaarlijke flessen. Zijn gasten liepen met hem mee tot aan de trap. Hortensia ergerde zich aan die stoffige fles, omdat hij haar had geleerd altijd alles heel schoon te houden, en greep haar kans om naar binnen te glippen en de vuilste fles, die met de vergiftigde wijn, schoon te maken. Toen Sixto terugkeerde, nog altijd opgewonden door de moord die hij zou gaan plegen, viel hem die verandering niet op. Hij gaf zijn vijand de stoffigste fles en dronk zijn eigen vergif op. Meneer Heinsius, indien wij in staat waren ons aardse bestaan in te ruilen voor de hoge zetel van de goden, als we op deze tragedie zouden kunnen neer kijken, op deze romantische op wraak beluste man die na twintig jaar haten, wachten en plannen maken tegenover zijn vijand zijn eigen vergif zat op te drinken en dat alles omdat hij zijn kind te goed had getraind, zouden ook wij, meneer Heinsius, net als de Olympische goden, verschrikkelijk zijn gaan lachen.'

De inspecteur ergerde zich een beetje aan de fantasie van zijn metgezel. 'Maar natuurlijk geloven wij nu niet meer in die heidense goden,' zei hij wat ongemakkelijk.

'Oh nee, zeker niet,' zei de psycholoog instemmend. 'Maar zij legden het leven beslist accurater uit dan onze moderne theologen dat doen, nietwaar? Soms denk ik wel eens dat de mensen de goden vanaf de verkeerde kant benaderen, net zoals wij dat met de moord hebben gedaan. Stel nu eens dat de mensen zouden aannemen dat de goden vijandig of satirisch tegenover hen stonden in plaats van vriendelijk. Hoeveel merkwaardige gebeurtenissen in hun leven zouden daardoor dan niet kunnen worden verklaard?'

'Tsja, ik ben zelf een gelovig man,' zei Heinsius,

'Oh, ik ook,' verklaarde de Amerikaan.

De twee mannen liepen verder, geestelijk uiteengedreven door deze kleine wending in hun gesprek. Poggioli had er spijt van dat hij impulsief die opmerking had gemaakt.

De twee mannen liepen nu de huizen voorbij, naar een klein strand dat door de storm helemaal verlaten was. Een rij zacht brandende elektrische lampjes langs de waterkant bescheen de schuimkoppen van de aanstormende golven vanuit de donkere Caraibische Zee. Een nevel van opspattend zeewater werd langs die lampjes als een sluier landinwaarts geblazen, naar de gezichten van de twee metgezellen. Poggioli mijmerde verder over de ironische dood van de hoteleigenaar en de merkwaardige triomf van Pompalone. Het had iets anarchistisch, iets a-moreels. Hij moest terugdenken aan een regel van een gedicht: 'Voortdurende strijd temidden van verwarrende alarmsignalen.' Dat was het leven – een voortdurende strijd.

Nu raakte de inspecteur de hand van de wetenschapsman aan en wees in de richting van de zee.

'Daar heb je een dappere man!' riep hij boven het geraas van de golven uit.

Poggioli keek en zag een roodgroen lichtje in de duisternis branden.

'Vissers?' vroeg Poggioli op vriendelijke toon.

'Eilandbewoners in een van die kleine bootjes, veronderstel ik. Zijn bereid iedere zee te trotseren.'

De inspecteur begon aan een beschrijving van die bootjes, die uit een blok massief hout waren vervaardigd, toen hij opeens vaag de omtrekken van twee figuren zag komen aanlopen van een grote en een kleine man die zich naar de waterlijn haastten.

De psycholoog en de inspecteur keken nieuwsgierig naar het tweetal, tot de inspecteur, gealarmeerd door een bepaalde resolute houding van de grotere man opeens met moeite uitbracht:

'Mijn hemel! Dat is de Geweldige Pompalone!' En hij rende het strand op, achter de dictator aan.

Poggioli rende op zijn beurt weer achter hem aan.

'Laat hem gaan, meneer de inspecteur!' schreeuwde de Amerikaan. 'Hij heeft in dit land geen enkele misdaad begaan!'

'Maar hij moet niet teruggaan! Dat is nog erger dan een misdaad. Het druist in tegen de handelsbelangen!'

De politieinspecteur haalde onder het rennen een pistool tevoorschijn en schreeuwde tegen de storm in:

'Stop! Halt of ik schiet!'

Maar op datzelfde moment renden de twee figuren over de laatste halve meter zand en stortten zich onmiddellijk in een aanrollende golf.

De inspecteur vuurde drie schoten op die golf af en mikte toen vloekend op de seinlichten op zee. Maar misschien hebben de mensen aan boord van het bootje wel nooit geweten dat er op de wal een man op hen stond te schieten. In ieder geval gingen de seinlichten na een kwartiertje uit.

Toen de twee mannen zich omdraaiden om naar het hotel terug te lopen, zei de inspecteur openhartig:

'Heinsius, ik ben blij dat hij weg is. Het lijdt geen twijfel dat hij een ware duivel was, maar de kerel had ook iets aardigs, iets beslist geweldigs.'

'De Geweldige Pompalone, bedoelt u . . .'

Op dat moment kwam er iemand de zijn straat uitgerend, schreeuwend. Het was een grote neger, die brulde alsof zijn vijand hem op de hielen zat.

'Senyo Inspectuh! Senyo Inspectuh! Mistuh Inspectuh!'

Beide mannen staarden die kant op en zagen de witogige Zubio verschijnen.

'Hij komt ons vertellen dat ze weg zijn,' zei de Nederlander.

Zubio liep snel op het tweetal af.

'Senyo Inspectuh,' bracht hij er hijgend uit, 'komt u alstublieft naar het hotel. *Pronto*! Snel!

'Ik weet dat ze weg zijn, Zubio.'

'Weg? Weg? Nee! Die arme Senyo Afanador! Iemand heeft zijn hart met een dolk doorstoken!'

Heinsius zwaaide heen en weer in de storm.

'Wat? Afanador vermoord? Ik heb hem net nog gezien! Waar is Barneveldt?'

'Zit bij de deur waar u hem heeft neergezet, senyo Inspectuh. Iemand heeft alle tussendeuren tussen de kamers open gemaakt, iemand met een sleutel. En nu is señorita Hortensia weg, weggelopen, krankzinnig misschien.'

Tegelijkertijd draaiden de twee mannen zich bliksemsnel om en staarden naar de donkere zee. Ze konden helemaal niets zien.

De volgende dag, meteen na de begrafenis van de Señores Grillet en Afanador, werd het Hotel Saragossa gesloten en werden de ramen en deuren dichtgespijkerd.

Nedra Tyre

Recept voor een gelukkig huwelijk

Nedra Tyre woont in Virginia en heeft zorgvuldig opgebouwde misdaadverhalen geschreven die vanaf 1955 met veel succes zijn verschenen in Ellery Queen's Mystery Magazine. *Zij zijn het bundelen meer dan waard. Ze heeft ook zo'n zestal misdaadromans geschreven, waaronder* Hall of Death *(1960), en* Twice So Fair *(1971). Haar fictie is vaak een afspiegeling van de ervaringen die zij als maatschappelijk werkster heeft opgedaan en haar figuren zijn altijd zeer levendig en overtuigend.*

Vandaag heb ik eenvoudigweg mijn jour niet.

En het is nog niet eens twaalf uur 's middags.

Misschien dat alles nog een gunstigere wending zal nemen.

In ieder geval is het onzin me zo van streek te maken.

Dat meisje van de *Bulletin* dat me daarnet een interview heeft afgenomen, was aardig genoeg. Ik verwachtte haar alleen niet. En ik had zeker niet verwacht dat Eliza McIntyre vanmorgen vroeg mijn slaapkamer ingetrippeld zou komen om haar rozen op mijn nachtkastje te zetten met een air alsof ik mijn voet had gebroken met als enig doelmerk dat zij om half acht naar me toe zou komen om me een boeket te brengen. Ze is vaak genoeg naar me toe gekomen sinds ik mijn voet heb gebroken, maar nooit voor elf of twaalf uur 's morgens.

Die jonge vrouw van de *Bulletin* ging meteen zitten en voordat ze haar rok had gladgestreken of haar benen over elkaar heen had geslagen, keek ze me al recht aan en vroeg me of ik een recept kende voor een gelukkig huwelijk. Ik denk dat ze op zijn minst had kunnen beginnen met te zeggen dat het een mooie dag was, of te vragen hoe ik me voelde, vooral omdat het volkomen duidelijk was dat ik een gebroken voet had.

Ik zei tegen haar dat ik beslist geen recept voor een gelukkig huwelijk kende, maar dat ik graag wilde weten waarom ze me dat vroeg. Ze zei dat het bijna Valentijnsdag was en dat ze de opdracht had gekregen een artikel over de liefde te schrijven. En omdat ik méér dan wie dan ook in de staf afwist van de liefde, waren zij en haar hoofdredacteur van mening dan mijn ideeën daaromtrent een belangrijke plaats in het artikel moesten krijgen.

Haar verklaring ergerde me meer dan haar vraag. Maar hoe dan ook: ik ben een vriendelijke vrouw, wat ik dan verder ook nog mag zijn. Ik veronderstel dat ik me door mijn geboken voet geïrriteerd voelde.

Op datzelfde moment kwam het geluid van Eliza's gegiechel via de achtertrap naar de keuken omhoog, gevolgd door het gelach van mijn echtgenoot, en hoorde ik borden rinkelen en pannen rammelen en dat maakte me nog geïrriteerder.

Het enige wat ik niet kan uitstaan, wat ik nooit heb kunnen dulden, was de aanwezigheid van een ander in mijn keuken. Blijf weg uit mijn keuken en mijn pantry, dat is mijn motto. Mensen lijken altijd te denken dat ze dingen op hun juiste plaatsje opbergen, maar doen dat nooit. Hoe goed kan ik me niet herinneren dat tante Mary Ellen zei dat ze alleen maar een kopje thee voor ons wilde zetten en er een paar schijfjes citroen bij zou doen. Ik zou die thee net zo goed hebben kunnen zetten als zij, maar ze wilde me dat niet laten doen. Ik kon geen enkel verschil proeven tussen haar thee en de mijne, maar toch legde ze mijn favoriete mesje ergens anders neer en vond ik dat pas acht maanden later terug, onder een stapeltje kaasraspen. Dat is nu al ruim twintig jaar geleden gebeurd en die arme tante Mary Ellen ligt al tien jaar in haar graf, maar toch denk ik nog steeds terug aan dat mesje en word onrustig als er iemand in mijn keuken is.

In ieder geval boog die jonge vrouw zich naar voren en stelde me een al even verbazingwekkende tweede vraag. Ze vroeg me met welke man ik nu precies was getrouwd.

Ik kijk niet zo tegen dingen – tegen echtgenoten – aan. Dus gaf ik haar geen antwoord. Ik was te zeer ontzet. En toen hoorde ik in de keuken opnieuw het gegiechel van Eliza en de schaterlach van Lewis.

Ik ken Eliza Moore, nu Eliza McIntyre al mijn hele leven lang. Op school heeft ze altijd twee klassen boven me gezeten, maar nu zegt ze dat ze drie klassen lager zat. De archieven van die school moeten echter ergens zijn, hoe geel en half vergaan wellicht ook, en Eliza hoeft niet net te doen alsof ze jonger is dan ik terwijl ze in feite twee jaar ouder is. Niet dat het er wat toe doet. Ik wil haar domweg niet in mijn keuken hebben.

Die jonge vrouw begreep mijn zwijgen verkeerd. Ze boog zich ver naar me toe, alsof ik doof was, of een heel jong kind dat niet luisterde naar wat er werd gezegd. Hoe vaak bent u getrouwd? vroeg ze heel luid.

Hoe zou ik haar een antwoord kunnen geven nu ze die vraag zo stelde? Echtgenoten zijn geen theekopjes. Ik kan ze niet tellen en me er dan in verlustigen, net zoals nicht Lutie dat deed wanneer ze voor haar porseleinkasten stond en dan altijd zei dat ze zoveel van díé kopjes had en zoveel van díé.

Mijn hemel! Ik heb er één tegelijk gehad. Eén echtgenoot tegelijk en dat volkomen legaal. Ze zijn alleen allemaal dood gegaan. Ik kon de hand van het lot niet tegenhouden. Ik ben altijd weduwe geworden na het overlijden van een echtgenoot. In onze familie komen geen onbestorven weduwen voor. Zoals mama zei is het in onze familie de gewoonte bij onze echtgenoten te blijven tot de dood ons scheidt. Dat meisje stelde haar vraag zo dat het leek alsof ik een heleboel echtgenoten tegelijk had gehad, als mannen die in een koor van een musical op een rijtje staan.

Ik wist niet welk antwoord ik haar moest geven. Ik leunde achterover in mijn kussens zonder een woord te kunnen uitbrengen, alsof de kat er met mijn tong vandoor was gegaan.

Om te beginnen is het puur toeval dat ik ooit ben getrouwd. Ik wilde dat niet. Niet dat ik iets tegen een huwelijk had, of iets anders bijzonders te doen had. Mama heeft me ertoe overgehaald. Schatje, zei ze, andere vrouwen kijken neer op vrouwen die niet trouwen. Bovendien heb je geen enkel bijzonder talent en het kan zijn dat tante Sallie Mae je ondanks al haar mooie woorden geen cent nalaat. Ik geloof niet dat ze me het ooit heeft vergeven dat ik jou niet naar haar heb vernoemd en al die vage opmerkingen over jou geld nalaten kunnen nog wel eens alleen het doel hebben om wraak te nemen op mij.

Bovendien, zei mama, is ze zo gierig dat ze je haar geld alleen onder zoveel voorwaarden zal nalaten dat je een heel regiment advocaten uit Philadelphia nodig zou hebben om de kleine lettertjes te lezen voor je ook maar een kwartje naar je toe zou kunnen halen. Als ik jou was, schatje, zei mama, zou ik gaan trouwen. Als je niet trouwt, zal je nergens worden uitgenodigd, tenzij mensen werkelijk helemaal omhoog zitten, als ze op het allerlaatste moment iemand nodig hebben om te voorkomen dat ze met z'n dertienen aan tafel moeten zitten. En het is best prettig iemand te hebben die de deur voor je open houdt en je pakjes voor je draagt. Een echtgenoot kan best handig zijn.

Dus ben ik met Ray getrouwd.

Ray en ik waren nog geen zes maanden getrouwd toen mama arriveerde met een zakdoek in haar hand, haar ogen deppend. Schatje, zei ze, de echtgenote is altijd de laatste die het te weten komt. Ik moet je zeggen waar iedereen over praat. Ik weet hoe goed je bent en hoe weinig achterdochtig, maar de hele stad gonst ervan. Het gaat om Ray en Marjorie Brown.

Ray was aardig en ik was op hem gesteld. Hij noemde me Lucyschatje, alsof dat een woord was. Soms noemde mij me ook wel Lucylief. Hij had niet zoveel lef en niet zo'n stevige ruggegraat – hoe zou dat ook hebben gekund gezien het feit dat hij enig kind was en straal verwend was door zijn moeder en grootmoeder en drie ongetrouwde tantes?

Schatje, zei mama en haar tranen waren opgedroogd en ze gebruikte haar zakdoek nu om zich koelte toe te wuiven, je moet niet zo lichtgelovig zijn. Ik kan het niet zien dat je slecht behandeld of verraden wordt. Zal ik eens naar de dominee gaan en hem zeggen dat hij met Ray moet praten om hem op zijn plichten te wijzen? Of zal ik je oom Jonathan vragen een keer van man tot man met Ray te praten?

Mama, zei ik, het is niemands schuld, behalve de mijne. Laat Ray in vredesnaam doen waar hij zin in heeft. Hij heeft niemand nodig die hem vertelt wanneer hij gaan en komen en welke mensen hij kan zien. Dit is zijn huis en hij betaalt de rekeningen. Bovendien brengt het feit dat hij met Marjorie Brown omgaat mij niet in discrediet – ze is een stuk aantrekkelijker om te zien dan ik. Ik vind het romantisch en dapper van Ray. Marjorie Brown is immers een getrouwde vrouw. Haar echtgenoot zou Ray dood kunnen schieten.

Ik weet niet precies waardoor die liefde van Ray bekoelde. Hij kwam berouwvol en met hangende pootjes terug en smeekte me om vergiffenis. Ik ben trots op je Ray, zei ik. Tot je met mij trouwde was je zo timide dat je nog niet eens boe tegen een gans zou hebben gezegd en nu heb je een buitenechtelijke relatie gehad. Ik vind het geweldig. Marjorie Browns echtgenoot had je met zijn zweep een aframmeling kunnen geven.

Ray grinnikte en zei dat hij werkelijk een geweldige vrouw had uitgezocht.

En hij heeft zolang hij leefde daarna nooit meer naar een andere vrouw gekeken. Hetgeen helaas niet zo lang meer was.

Ik begon na te denken over het feit dat hij zich schuldig voelde en me zijn verontschuldigingen aanbood, terwijl alles mij kwalijk moest worden genomen. Ik had niet genoeg voor hem gedaan en ik wilde iets echt aardigs voor hem doen, dus dacht ik aan dat recept voor een cake. Dat circuleerde binnen onze familie al jaren – eeuwen, zou je kunnen zeggen – plechtig overgedragen van moeder op dochter, oneindig oud.

Maar toen dat meisje me vroeg of ik een recept had voor een gelukkig huwelijk, dacht ik helemaal niet aan dat recept. Bovendien ben ik er zeker van dat ze niet doelde op een echt recept, maar op een bepaalde tactiek, zoals je echtgenoot laten merken dat hij de baas is of dergelijke nonsens meer.

In ieder geval voelde ik me berouwvol omdat ik Ray niet de aandacht had gegeven die hij had moeten hebben, waardoor hij zich bij mij was gaan vervelen en het risico had gelopen door de jaloerse echtgenoot van Marjorie Brown te worden vermoord.

Dus dacht ik, tsja, het is het moeilijkste recept dat ik ooit heb bestudeerd en er komen meer ingrediënten aan te pas dan waarvan ik ooit heb gehoord, maar dit is wel het minste wat ik voor Ray kan doen. Dus ging ik hier en daar naar kruidenierszaken, drogisten en apotheken, naar mensen die zeiden: Mijn hemel, dat verkopen wij niet, maar u zou het daar en daar eens moeten proberen. Daar en daar bleek dan iemand ver buiten de stad te zijn die me aankeek alsof ik had gevraagd om een element dat een of ander inferieur metaal in goud zou veranderen en uiteindelijk terugkwam met een klein pakje en een stomme vraag van waar ik dat in 's hemelsnaam voor nodig had.

Toen ging ik terug naar huis en begon te malen en stampen en mengen en bakken en in de keuken te zitten wachten tot het deeg was gerezen. Toen de cake af was, bleek dat ik nog nooit zoiets moois had gebakken.

Ik gaf hem die avond als dessert.

Ray begon van de cake te eten en ervan te genieten en heel bijzondere dingen tegen me te zeggen. En toen hij het eerste stuk op had, zei hij: Lucylief, mag ik nog een stuk, een groot stuk alsjeblieft.

Ray, je mag hem als je dat wilt helemaal opeten, zei ik.

Na een tijdje duwde hij zijn bordje van zich af en keek me met een geweldig dankbare blik op zijn gezicht aan en zei: Oh, Lucylief, ik zou nu gelukkig kunnen sterven. En voor zover ik weet heeft hij dat toen ook gedaan.

Toen ik de volgende morgen op zijn deur klopte om hem zijn eerste kopje koffie te geven en de luiken open te doen en zijn bad vol te laten lopen, was hij dood en lag er een uiterst vriendelijke glimlach om zijn mond.

Maar die jonge vrouw zat nog altijd naar me te kijken terwijl ik voor mezelf herinneringen aan het ophalen was en ze rommelde met haar aantekeningen en bevochtigde haar lippen met haar tong alsof ze een heleboel dingen te zeggen had. En ze schreeuwde vrijwel tegen me, alsof ze een hele schare toehoorders had wier aandacht even was verflauwd: Gaat de liefde van de man volgens u door de maag?

Sorry. Jongedame, wilde ik zeggen, maar ik heb nog nooit gehoord dat Cleopatra tegen Marcus Antonius of een van de anderen op wie ze een oogje had heeft gevraagd of hij wat van haar aardappelsla wilde proeven. Ik kan het mis hebben omdat ik niet zoveel van geschiedenis afweet, maar het lijkt een beetje onwaarschijnlijk dat Madame de Pompadour ooit Lodewijk XV in zijn oor heeft gefluisterd dat ze een heerlijke rollade voor hem had gemaakt.

Het feit dat ik geen antwoord gaf, bracht het meisje van haar stuk en ik voelde dat ik haar mijn verontschuldigingen zou moeten aanbieden, maar kon mezelf daar om de een of andere reden niet toe brengen.

Ze keek op haar bloknoot om te zien wat ze me nu moest vragen en werd vrijwel knalrood van verlegenheid toen ze vroeg: Heeft de financiële positie van uw echtgenoten ooit iets te maken gehad met het feit dat u met hen in het huwelijk trad?

Ik deed niet eens mijn mond open. Ik zweeg als het graf. Haar vragen werden steeds minder ter zake doende. En ik raakte steeds verstomder toen haar ogen de lijst vragen maar snel op en af bleven kijken.

Ze probeerde een andere vraag: Wat is volgens u de beste manier om aan een echtgenoot te komen?

Nu is dat een vraag die ik mezelf nooit heb gesteld en waarover ik niemand iets te melden heb in een artikel over Valentijnsdag of een ander verhaal. Ik ben nooit op pad gegaan om aan een echtgenoot te komen. Ik heb nooit naar een echtgenoot gehengeld, om die ouderwetse uitdrukking maar eens te gebruiken.

Neem Lewis nu eens, die op dit moment met Eliza McIntyre in de keuken aan het giechelen is. Ik heb zeker niet mijn best gedaan om hem te krijgen. Ik heb hem leren kennen een paar maanden nadat Alton, nee, Edward, overleden was en de mensen probeerden me op te vrolijken, hoewel ik helemaal niet opgevrolijkt hoefde te worden. Ik bedoel, na alle verliezen die ik heb moeten dragen was ik nogal filosofisch geworden. Maar de kleinzoon van mijn nicht Wanda had een tentoonstelling van zijn schilderijen georganiseerd. Die arme misleide jongen heeft geen talent, geen enkel. Toch heb ik twee van zijn schilderijen gekocht, die beneden in de halkast staan, zodat niemand ze kan zien.

In ieder geval was Lewis bij de opening van de tentoonstelling en zag er zo verloren uit. Hij was gekomen omdat de jongen een verre neef van zijn overleden vrouw was. Lewis sprong op van een bank toen hij een glimp van me had opgevangen en zei: Mijn hemel,

Lucy, ik heb jou al in geen jaren gezien, en we stonden daar toen te praten terwijl iedereen ooh en aah zei bij het zien van de schilderijen van de jongen en Lewis zei dat hij honger had en ik vroeg hem met me mee naar huis te gaan om een hapje te eten.

Ik heb toen snel een hapje klaar gemaakt en Lewis at alsof hij uitgehongerd was en toen zijn we in de mooie kamer achter gaan zitten en hebben over van alles en nog wat gepraat en rond middernacht zei hij dat hij niet weg wilde gaan. Ik heb me nog nooit zo prettig gevoeld als hier bij jou, zei hij. Ik wil over de doden niets dan goeds spreken, maar Ramona en ik hielden niet van elkaar. Ik zou hier graag altijd willen blijven.

Tsja, na zoiets, wanneer een man je deelgenoot van zijn diepste gedachten heeft gemaakt, kan je hem niet zomaar op straat zetten. Bovendien kon ik hem niet op straat zetten omdat het was gaan sneeuwen en die sneeuw al even later in natte sneeuw veranderde. Hij zou bij het aflopen van het trapje bij de voordeur hebben kunnen vallen en zijn nek hebben kunnen breken en dan zou ik dat de rest van mijn leven op mijn geweten hebben gehad.

Lewis, zei ik, het lijkt dwaas dat ik me in deze fase van het spel al zorgen maak over mijn reputatie, maar ik dank wel de hemel dat nicht Alice voor de tentoonstelling uit Washington is overgekomen en bij mij logeert en dat ze als chaperonne kan fungeren tot we alles volkomen wettelijk en eerlijk hebben geregeld.

Zo is het gegaan.

Je plant dergelijke dingen niet, wilde ik tegen het meisje zeggen. Ze gebeuren jouws ondanks. Dus is het dwaas dat je me vraagt hoe je het beste aan een echtgenoot kunt komen.

Mijn stilzwijgen deerde haar kennelijk niets. Ze deed een oog zo'n beetje dicht, als iemand die op het punt staat een geweer te richten en vroeg: Hoeveel keren bent u nu precies getrouwd?

Ze was dus achteruitgereden. Ze herhaalde zichzelf. Dat was vrijwel dezelfde vraag die ze me al eerder had gesteld. Ze had ditmaal alleen iets andere woorden gekozen, meer niet.

Ik was zeker niet van plan haar de waarheid te vertellen, namelijk dat ik daar zelf niet helemaal zeker van was. Soms lijken mijn echtgenoten een beetje met elkaar verward te raken en in elkaar over te lopen. Soms moet ik met pen en papier gaan zitten om alles weer eens op een rijtje te zetten.

In ieder geval is dat absoluut geen manier om naar echtgenoten te kijken – aan de hand van het exacte aantal of de exact juiste volgorde.

Mijn echtgenoten waren een uitzonderlijk stelletje mannen, al zeg ik het zelf. En knap om te zien, ook. Zelfs Art, die een hazelip had. En ze hebben in financieel opzicht allemaal goed voor me gezorgd. Ze waren rijk en vonden het – anders dan sommige rijke mensen – niet erg om hun geld uit te geven. Niet dat ik geld nodig had. Want ondanks alle angstige vermoedens van mama had tante Sallie Mae me haar geld nagelaten en zaten daar geen kwaadaardige voorwaarden aan verbonden. Ik kon beschikken over het geld wanneer, indien en waarvoor ik het ook nodig had.

In ieder geval heb ik nooit iets gegeven om geld of de dingen die ik ermee kon kopen.

Ik heb niet zoveel dingen waaraan ik het voor mezelf kan uitgeven. Juwelen passen niet bij me. Mijn vingers zijn kort en dik en mijn handen zijn vierkant – niet nodig daar de aandacht op te vestigen door ringen te dragen. Bovendien heb ik last van ringen. Ik vind het leuk om te koken en dan zitten ringen in de weg. Kettingen geven me het gevoel dat ik stik en oorbellen prikken. En wat bontjassen betreft: mink of chinchilla of gewoon eekhoornbont . . . tsja, ik vind het idee iets wat heeft geleefd om me heen gedrapeerd te hebben gewoon niet prettig.

Dus betekent geld voor mij persoonlijk weinig. Maar het is wel prettig om het aan anderen te kunnen geven. Niets verschaft me groter genoegen en er is geen enkele echtgenoot van me die voor zijn overlijden niet de een of andere kliniek of universiteitsbibliotheek of ziekenhuisvleugel of laboratorium heeft gefinancierd die naar hem is vernoemd. Soms heb ik Peter moeten beroven om Paul te kunnen betalen. Ik bedoel dat sommigen van hen me meer hebben nagelaten dan anderen en dat ik af en toe een deel van wat de een me had nagelaten moest gebruiken om de andere een schenking te kunnen laten doen. Maar alles werd altijd weer netjes rechtgestreken.

Met uitzondering van Buster. Bij Buster was er beslist sprake van een aardig surplus. Hij is het kortst in leven gebleven en heeft me van al mijn echtgenoten het meeste geld nagelaten. Iedere maand die ik samen met hem leefde, betekende een erfenis van een miljoen dollar. Vijf.

Mijn zwijgend herinneringen ophalen hielp het meisje nu niet direct met het schrijven van haar artikel voor Valentijnsdag. Indien ik bij iemand thuis had gezeten en de gastvrouwe even zwijgzaam was geweest als ik, zou ik mezelf hebben geëxcuseerd en de knop van de voordeur hebben vastgepakt.

Maar die jongedame werd er eerder brutaler door.

Is een van uw echtgenoten uw favoriet geweest? vroeg ze terwijl haar tong als die van een slang naar buiten schoot.

Ik zweeg, al hadden mijn echtgenoten me die vraag ook gesteld. Soms toonden ze zich wel eens een beetje jaloers op hun voorgangers en maakten dan onvriendelijke opmerkingen. Maar natuurlijk heb ik altijd mijn uiterste best gedaan om degene die een kleinerende opmerking over een van de anderen maakte, gerust te stellen.

Al mijn echtgenoten zijn goede mannen geweest, zei ik in zo'n geval, maar ik geloof dat jij de beste bent. Ik zei dat dan, of ik het nu werkelijk meende of niet.

Maar over dat onderwerp had ik het meisje helemaal niets te zeggen.

Als ik echter ooit mijn echtgenoten in volgorde van waardering zou moeten noemen, denk ik dat Luther vrijwel onderaan de lijst zou komen te staan. Hij was de enige geheelonthouder van het stel. Het was me niet opgevallen hoe hij over drank dacht tot na ons huwelijk. Dat is het moment waarop dingen die je tijdens de hofmakerij over het hoofd ziet, je een klap in je gezicht kunnen geven. Luther voelde zich slecht op zijn gemak als er tijdens een maaltijd voor gasten een glas wijn werd ingeschonken en richtte zijn ogen biddend ten hemel wanneer iemand nog een tweede glas nam. In ieder geval wist hij zich in zoverre in te houden dat er geen verwijtend woord tegenover de gasten over zijn lippen kwam, maar mama zei dat ze altijd van hem verwachtte dat hij een aantal van die pamfletten zou gaan ronddelen die waarschuwen tegen de valkuilen waarin dronkelappen kunnen belanden.

Arme man. Hij is overreden door een vrachtwagen vol kratten

bier.

Dat was ironisch, volgens mama. Iets waaruit we allemaal een les konden trekken. En het gebeurde op klaarlichte dag, zei ze hoofdschuddend. Niet eens in het donker, zodat we ons niet konden troosten met de gedachte dat Luther niet had geweten waardoor hij was geraakt.

Niet lang na dat ongelukkige ongeluk van Luther verscheen Matthew . . . op zijn tenen, zou je kunnen zeggen. Hij was heel erg klein en rekte zich altijd uit om langer te lijken. Hij excuseerde zich altijd heel uitgebreid over zijn lengte. Ik zou je ten huwelijk willen vragen, Lucy, zei hij tegen me, maar al je echtgenoten zijn langer dan een meter tweeëntachtig geweest. Ik vertelde hem dat lengte er voor mij niets toe deed en daarna duurde het niet lang voordat Matthew en ik getrouwd waren.

Hij leek op zijn tenen te lopen en ik liep gebogen, maar toch bleef er een afschuwelijke kloof tussen ons bestaan en hij had het telkens maar over Napoleon die ondanks het feit dat hij zo klein was bijna de wereld had veroverd. Ik begon schoenen met lage hakken te dragen en krom te lopen en mama zei: In Godsnaam, meisje, je kunt ook te tactvol zijn. Je bent nooit mooi geweest, maar je straalde wel iets uit en geen regerend vorstin heeft ooit eleganter gelopen, en nu is je rug krom. Je tante Francine was met een dwerg getrouwd, zoals je goed weet, maar die is ook niet krom en gebogen gaan lopen. Ze liet hem zijn lengte en behield zelf de hare. Dus houd op met die onzin.

Dat kon ik echter niet. Ik probeerde Matthew nog altijd letterlijk verder dan halverwege tegemoet te komen. En ik had dat gevoel – tsja, waarom zou ik dat ook niet hebben gehad gezien het feit dat ze me allemaal door de dood hadden verlaten – dat Matthew niet lang op deze wereld zou blijven, en het was mijn plicht hem zich zo belangrijk en lang als me dat mogelijk was te doen voelen gedurende de korte tijd die hij nog te leven had.

Matthew is gestorven als een gelukkig man. Ik heb alle reden om dat te geloven. Maar daar staat natuurlijk tegenover dat ze allemaal gelukkig zijn gestorven, zoals mama zegt.

Nooit meer, mama, zei ik. Nooit meer. Ik voel me net een tyfuslijder of iemand die mannen altijd naar de verdoemenis helpt.

Nooit is een lange tijd, zei mama.

En ze had gelijk. Ik trouwde met Hugh.

Ik denk dat het Hugh was.

Twee dingen zijn er waar ik trots op was en waar ik trots op ben. Ik heb nooit iets hardvochtigs tegen mijn echtgenoten gezegd en ik heb de een nooit bij de naam van een van de anderen genoemd en dat was een hele klus, omdat ze na een tijdje allemaal samen leken te smelten in mijn geest.

Na ieder verlies is Homer altijd een grote steun en toeverlaat geweest voor me. Tot Homer vorig jaar met pensioen is gegaan, was hij lijkschouwer en ik kende hem al uit mijn jeugd, hoewel ik hem later eigenlijk alleen maar bij de uitoefening van zijn beroep heb gezien, zou je kunnen zeggen. De wet schrijft hier, en wellicht ook elders, voor dat de lijkschouwer ervan in kennis moet worden gesteld wanneer iemand overlijdt zonder dat daar anderen bij zijn of zonder dat er een duidelijke oorzaak voor aanwijsbaar is.

De eerste paar keren dat ik Homer erbij moest halen, ergerde me dat. Ik voelde me in de verdediging gedrongen, net zoals dat kan gebeuren wanneer je een arts midden in de nacht opbelt omdat je erge pijn hebt maar toch bang bent dat het loos alarm zal zijn en die arts het je kwalijk zal nemen dat je hem uit zijn slaap hebt gehaald.

Maar Homer was altijd heel vriendelijk wanneer ik hem opbelde.

Ik denk dat dat eigenlijk niet het juiste woord is. Homer was geruststellend, niet vriendelijk. Hindert niets, Lucy, hindert niets, zei hij als ik me begon te verontschuldigen voor het feit dat ik hem had moeten bellen.

Ik denk dat het meteen na de dood van Sam is gebeurd. Of was het na die van Carl? Het zou ook George geweest kunnen zijn. In ieder geval was Homer me zoals gewoonlijk aan het geruststellen en toen verscheen er opeens die blik van verdriet of spijt op zijn gezicht. Het is verdomd jammer, Lucy, zei hij, dat je mij niet op de een of andere manier kunt inpassen. Je was niet het meest aantrekkelijke meisje in de derde klas en al evenmin het slimste, maar ik zal een boon zijn als je van het begin af aan niet iets bijzonders hebt gehad. Ik kan me nog herinneren, zei hij, dat ik in de vierde klas zo verliefd op je was dat ik alleen voor rekenen een voldoende haalde en alle andere vakken over moest doen. Natuurlijk ging jij wel over en bent daardoor voor de rest van mijn leven buiten mijn bereik gebleven.

Mijn hemel, Homer, zei ik, zoiets liefs heeft nog nooit iemand tegen me gezegd.

Ik speelde in mijn achterhoofd met de gedachte Homer een keer een avond te eten te vragen wanneer de begrafenis achter de rug was en alles weer in evenwicht was. Maar dat leek zo berekenend, alsof ik hem wilde houden aan die vriendelijke opmerking die hij had gemaakt over zijn wens dat ik hem ergens tussen mijn echtgenoten in een plaatsje had kunnen geven. Dus besloot ik het niet te doen.

In plaats daarvan trouwde ik met Beau Green.

Daar beginnen ze weer te lachen – Eliza en Lewis daar beneden in de keuken. *Mijn* keuken.

Het is gek dat Eliza in mijn keuken is verschenen, net doend alsof ze zich daar volkomen thuis voelt, terwijl zij nu juist de enige is in deze stad voor wie ik nooit bijzonder vriendelijke gevoelens heb gekoesterd – in ieder geval niet meer nadat ik te horen had gekregen dat ze zei dat ik Beau Green vanonder haar neus had weggekaapt.

Dat was geen aardige opmerking van haar. Bovendien was die geheel bezijden de waarheid. Ik wil de man nog wel eens zien die vanonder iemands neus kan worden weggekaapt als hij dat zelf niet wil.

Eliza had Beau Green mogen hebben als ze hem had willen hebben en als hij haar had willen hebben.

Kom nou. Ik was van plan geweest een reis om de wereld te gaan maken, had mijn kaartjes en reserveringen al in mijn zak en moest er desondanks definitief van afzien omdat Beau niet verder van huis weg wilde gaan dan Green river, vernoemd naar zijn familie – om daar te gaan vissen. Ik wilde die cruise werkelijk gaan maken – wilde vooral de Taj Mahal bij maanlicht zien – maar Beau bleef telkens maar zeggen dat hij iets wanhopigs zou doen als ik niet met hem trouwde, en ik ging ervan uit dat dat betekende dat hij zelfmoord zou plegen of aan de drank zou gaan. Dus heb ik al die reserveringen geannuleerd en al die kaartjes teruggebracht en ben met hem getrouwd.

Eliza had Beau van mij beslist mogen hebben.

Ik heb er al de nadruk op gelegd dat ik mijn echtgenoten niet qua waardering in een bepaalde volgorde wil plaatsen, maar in vele opzichten was Beau de minst bevredigende man die ik ooit heb gehad. Het lag in zijn aard om altijd een spelbreker te zijn – hij had geen plezier in het leven en als hij zich eenmaal iets vast had voorgenomen, voerde hij dat ook uit, of iemand anders dat nu leuk vond of niet.

Hij wist heel goed dat ik niets om juwelen gaf. Maar dat kon Beau Green niets schelen, helemaal niets. Op een gegeven moment kwam hij met een pakje op me af en ik maakte het open. Ik probeerde zo beleefd mogelijk te zijn toen ik zag dat het een diamant was. Lieveling, zei ik, het is lief van je dat je me een cadeautje wilt geven, maar dit is een beetje groot, nietwaar?

Hij is zevenendertig karaats, zei hij.

Ik had het gevoel dat ik het ding op een zacht kussen moest showen in plaats van het te dragen, maar ik heb die diamant wel twee maal gedragen en voelde me even opvallend en opschepperig als wanneer ik met een waaier van pauweveren in het rond had gezwaaid.

Het was en is mijn gewoonte om naar mijn kamer te gaan als iemand me van streek heeft gebracht om mijn grieven op te schrijven en zo weer een goed humeur te krijgen, net zoals ik dat nu aan het doen ben vanwege de vragen van dat meisje. Maar soms leek er op de hele wereld niet voldoende papier te zijn om mijn grieven jegens Beau op te schrijven.

Dan gaf ik mezelf de schuld. Beau was nu eenmaal Beau. Net als alle andere schepselen van God gedroeg hij zich zoals hij gemaakt was en ik voelde me zo schuldig dat ik besloot dat ik echt iets voor hem moest doen om hem te laten zien dat ik werkelijk van hem hield en hem respecteerde, zoals ik diep in mijn hart ook deed.

Dus nam ik het besluit een cake voor hem te maken aan de hand van dat ingewikkelde recept dat al zo lang in onze familie bekend is dat niemand meer weet hoe lang. Met het boodschappen doen ervoor was een hele dag gemoeid. De volgende dag ben ik om vijf uur opgestaan en ben tot laat in de middag in de keuken bezig geweest.

Beau was een beetje kieskeurig toen de cake moest worden gegeten. Toch hield hij van al mijn echtgenoten het meest van zoetigheid.

Luister, lieveling, zei ik toen hij koppig werd, ik heb hem speciaal voor jou gebakken en ik ben er vrijwel twee dagen mee bezig geweest. Ik glimlachte hem toe en vroeg hem of hij niet alsjeblieft een hapje ervan wilde proeven om mij een pleziertje te doen. Ik voelde me werkelijk een beetje op mijn teentjes getrapt toen ik dacht aan al het werk dat erin was gaan zitten. Een afschuwelijke seconde lang wenste ik dat het custardpudding was en ik die recht in zijn gezicht kon smijten, net zoals je dat wel ziet doen in de komische films van de Keystones. Toen herinnerde ik me weer dat we plechtig hadden beloofd elkaar lief te hebben, dus sloeg ik eenvoudigweg een arm om zijn schouder heen, duwde met mijn vrije hand de cake een stukje dichter zijn kant op en zei: Belle wil dat Beau in ieder geval een klein hapje neemt. Belle was een dwaas koosnaampje dat hij me gaf, omdat hij het slim van zichzelf vond Beau te zijn en zijn Belle naast zich te hebben.

Hij keek schaapachtig en pakte zijn vork op en ik wist dat hij probeerde me een pleziertje te doen, zoals ik hem een pleziertje had willen doen door die diamant van zevenendertig karaat twee maal te dragen.

Mijn hemel, Belle, zei hij toen hij het eerste hapje had doorgeslikt, dit smaakt heerlijk.

Lieveling, wees voorzichtig, zei ik. Die cake is machtig.

Beste wat ik ooit heb gegeten, zei hij en pikte ook de kruimeltjes op. En ik zei: Lieveling, zou je niet een beetje koffie willen hebben om het weg te spoelen?

Hij gaf geen antwoord, zat daar alleen maar te glimlachen. Toen zei hij na een tijdje dat hij zich verdoofd voelde. Ik heb helemaal geen gevoel in mijn voeten, zei hij. Ik rende weg om alcohol te halen om hem daarmee in te wrijven en trok zijn schoenen en sokken uit en begon te wrijven en toen volgde er een soort heftige spiersamentrekking en krulden zijn tenen zich op, maar dat had geen enkele invloed op de glimlach op zijn gezicht.

Homer, zei ik een tijdje later – want ik had hem natuurlijk tele-
fonisch op de hoogte moeten stellen van de dood van Beau – hoe
kan dit nu in vredesnaam zijn gebeurd? Kan het komen door iets
wat hij heeft gegeten? En Homer zei: Hoe bedoel je door iets wat
hij heeft gegeten? Natuurlijk niet. Jij bent de beste kokkin in deze
hele streek. Je bent beroemd om je kookkunst. Het kan niet zijn gekomen door iets wat hij heeft gegeten. Doe niet zo dwaas, Lucy. Hij
begon me klopjes op mijn schouder te geven en zei dat hij een boek
had gelezen over schuldgevoelens en het verliezen van een dierbare en dat degene die achterbleef zich vaak verantwoordelijk achtte
voor de dood van de ander. Ik dacht dat jij verstandiger was, Lucy,
zei hij.

Homer deed die keer een beetje bars tegen me.

Julius Babba regelde Beau's erfenis. Beau heeft je een aardig
sommetje nagelaten, zei hij. En ik had tegen hem willen zeggen:
Niet zo'n aardig sommetje als de anderen, maar deed dat niet.

Op dat moment herhaalde de vrouw van de *Bulletin* haar laatste
vraag.

Is een van uw echtgenoten uw favoriet geweest? Ze zei het op de
toon van een openbare aanklager en niet op die van een verslaggeefster die erin is geïnteresseerd voor Valentijnsdag een artikel
over de liefde te schrijven.

Ik had genoeg van haar en haar vragen. Ik sleepte mezelf omhoog tot ik in bed zát. Luister eens, jongedame, zei ik. Het ziet ernaar uit dat ik in uw gezelschap op mijn verkeerde been ben gaan
staan – en toen lachten we alle twee om dat grapje.

Dat lachen zorgde ervoor dat we weer goed gehumeurd raakten
en toen probeerde ik haar uit te leggen dat er beneden onverwachts
bezoek was gearriveerd en dat ik aan haar enige aandacht zou
moeten besteden en dat ik werkelijk bereid was om mee te werken
aan dat artikel voor Valentijnsdag, maar dat al die vragen me aanvankelijk een beetje hadden verdoofd. Het was alsof je een examen
moest afleggen en alle vragen als een verrassing kwamen. Ik zei
haar dat ze haar vragenlijstje maar moest achterlaten en dat ik er
dan eens diep over zou nadenken, zodat ze de volgende dag kon terugkomen en ik mijn antwoorden klaar zou hebben en er wat pre-
sentabeler zou uitzien dan nu, met een verkreukelde ochtendjas

aan en ongekamde haren.

Ze reageerde poeslief, gaf me de lijst vragen en zei dat ze hoopte dat tien uur de volgende morgen me schikte, en ik zei: Ja, dat schikt.

Daar begint Eliza weer te lachen. Het is eerder gekras dan gelach. Dat moet ik niet denken. Maar het is zo'n vreemde dag geweest met die jonge verslaggeefster en Eliza die al zo vroeg arriveerde.

Nu ik er eens over nadenk, moet ik concluderen dat Eliza het er op huwelijksgebied ook zo slecht niet van heeft afgebracht. Die verslaggeefster zou Eliza een aantal van die vragen moeten stellen.

Mama is haar hele leven lang een menslievende vrouw geweest, en ze is negenentachtig geworden, maar Eliza leek mama altijd tegen de haren in te strijken. Om de waarheid te zeggen, strijkt Eliza alle vrouwen in deze stad tegen de haren in. Het is niet goed, schatje, zei mama, dat vrouwen die hun hele leven lang zuinig zijn geweest en zoveel mogelijk hebben gespaard tijdens hun laatste ziekte moeten merken dat Eliza de kans grijpt om een voet tussen de deur te krijgen om de doodeenvoudige reden dat ze een gediplomeerd verpleegster is. En even daarna hoor je dan dat Eliza met de weduwnaar is getrouwd en in een keer alles opstrijkt wat de overleden vrouw met pijn en moeite tijdens haar leven heeft gespaard.

Dat was nu niet direct een bijzonder vriendelijke opmerking van mama, maar ik heb het door anderen nog wel eens veel grover horen verwoorden. Mevrouw Perkerson, bijvoorbeeld, die aan de overkant woont. Eliza is net een aasgier, heeft mevrouw Perkerson gezegd. Eerst kijkt ze toe hoe de echtgenotes overlijden en dan trouwt ze en dan kijkt ze toe hoe de echtgenoten overlijden. Kort daarop trek ze dan haar rouwkleren aan en heeft een lekkere vette bankrekening, om nog maar te zwijgen over de duurste huizen in deze stad.

Ik weet dat Lois Eubanks McIntyre zich in haar graf omdraait als ze eraan denkt dat Eliza dat grote huis erft, zei mevrouw Perkerson de laatste keer dat ik haar heb gezien, met die tuinen die net zo zijn aangelegd als bij de Villa d'Este. En dan zeggen ze nog dat iemand verplegen hard werken betekent.

Ik had Eliza enige tijd niet gezien. We waren vriendelijk tegen elkaar, maar geen vriendinnen. Dat waren we ook nooit geweest en ik voelde me vooral gekwetst toen ik had gehoord wat ze zei over mij, dat ik Beau Green van haar had afgepikt. Maar wanneer we elkaar toevallig in de stad tegen het lijf liepen, bleven we altijd wel even staan om een praatje te maken, waarna we dan glimlachend weer van elkaar vandaan liepen, zeggend dat we eens een keer een afspraakje moesten maken. Daar was echter nooit iets van gekomen.

En toen belde Eliza drie weken geleden op en dacht ik beslist dat er iemand dood was. Maar nee, ze was heel vriendelijk, poeslief, alsof we elkaar iedere dag zagen en ze nodigde me uit die middag bij haar een kopje thee of een glaasje sherry te komen drinken. Ik vroeg haar of het de een of andere speciale gelegenheid was en zij zei dat er volgens haar voor oude vriendinnen geen speciale gelegenheid nodig was om elkaar weer eens een keertje te zien maar dat er nu inderdaad wel sprake was van een bijzondere gelegenheid. Ze wilde me haar tuinen laten zien – natuurlijk waren het haar tuinen niet, maar die van Lois Eubanks McIntyre – die ze had opengesteld zodat de kerk voor een goed doel geld kon inzamelen. Ik was toen niet gekomen. Dus wilde ze dat ik die tuinen die middag zou bekijken.

Het kwam zo plotseling dat ze me ermee verraste. Ik wilde er niet naartoe gaan en ik had geen enkele reden om ernaartoe te gaan, maar ik kon geen enkel fatsoenlijk excuus bedenken om niet te gaan. En dus ging ik.

De tuinen waren werkelijk mooi en ik ben dol op bloemen.

Eliza leidde me persoonlijk rond. Er waren talrijke paadjes en steile trapjes en onverwachte bochten en ik was zo enthousiast over de bloemen dat ik zo dom was er niet op te letten waar ik mijn voeten neerzette. Ik was er niet aan gewend over zoveel grint te lopen of oneffen stenen trappetjes op en af te gaan en Eliza waarschuwde me er helemaal niet voor.

Toen had ik plotseling een heel merkwaardig gevoel, niet alsof ik was gevallen maar alsof ik was geduwd, en daar stond Eliza over me heen gebogen en zei dat ze het zichzelf nooit zou vergeven dat ze me niet had gezegd dat een bepaalde tree kapot was en dat ik doodstil moest blijven liggen en me niet mocht verroeren tot de dokter er was en dat het zo jammer was dat het door haar voor mij geplande uitje op een tragedie was uitgelopen. Ze blies het allemaal nogal op, want ik had alleen maar een gebroken voet, al is dat dan wel lastig.

Maar Eliza loopt hier nu al drie weken af en aan, zeggend dat ik haar aansprakelijk kan stellen omdat ze voor dergelijke gevallen is verzekerd, en in ieder geval bofte ik erbij dat ze verpleegster was en ervoor kon zorgen dat ik voldoende toegewijde aandacht kreeg. Ik heb geen verpleegster nodig, maar zij stond erop iedere dag te komen en op sommige dagen zelfs meerdere malen; ze lijkt het huis in en uit te wippen als een koekoek in zijn klok.

Ik kan nu maar beter doorgaan met de vragen van de verslaggeefster.

Heeft u een recept voor een gelukkig huwelijk?

Ik heb haar al gezegd dat ik dat niet heb en natuurlijk bestaat er helemaal geen recept voor een gelukkig huwelijk. Maar ik zou haar wel kunnen vertellen wat ik altijd doe. Dat ik mijn grieven en onvrede opschrijf en het geschrevene dan later weer verscheur. Misschien dat iemand anders daar ook baat bij zou kunnen hebben.

Ik hoorde Eliza de trap niet opkomen. Ik schrok toen ik opkeek en haar naast mijn bed zag staan. Stel dat ze had ontdekt dat ik over haar aan het schrijven was? Stel dat ze dit aantekenboekje uit mijn hand had gepakt en erin was gaan lezen? Ik zou haar dat op geen enkele manier hebben kunnen beletten.

Maar ze glimlachte slechts en vroeg of ik trek had in een lunch en zei dat ze hoopte dat ik een goede eetlust had. Ik weet niet hoe ze nu kon denken dat ik, liggend in bed, een goede eetlust zou kunnen opwekken, maar dat was weer typisch iets voor Eliza en het enige wat ze had gemaakt was soep uit blik die nog niet eens heet was.

Ik wilde alles vergeten – de vragen van die jonge vrouw, de aanwezigheid van Eliza in mijn huis, mijn gebroken voet.

Ik zou hebben gedacht dat ik in nog geen duizend jaar in slaap zou kunnen vallen. Maar ik was zo doezelig dat ik niet eens mijn aantekenboekje dicht kon doen, laat staan dat ik het onder de dekens kon verbergen.

Ik weet niet waardoor ik wakker ben geworden. Het was pikdonker, maar het wordt op deze winterdagen zo snel donker dat je niet kunt bepalen of het nog vroeg in de avond of al tegen middernacht is.

Ik voelde me aangesterkt door mijn lange slaapje en dacht alles aan te kunnen. Ik was zover dat ik alle vragen op het lijstje van die jongedame kon beantwoorden.

Het aantekenboekje lag nog geopend naast me en ik dacht dat Eliza haar verdiende loon zou hebben gekregen wanneer ze hier binnen was geweest en had gezien wat ik over haar had geschreven.

Toen kwam er vanuit de keuken een heerlijke geur naar boven en hoorde ik beneden een heleboel lawaai. Plotseling gingen alle lichten bij de achtertrap en in de hal aan en stonden Eliza en Lewis in de deuropening van mijn kamer en zeiden grinnikend dat ze een verrassing voor me hadden. Toen draaide Lewis zich om en pakte iets van het haltafeltje af en liep daarmee trots op me af. Ik wist niet wat het was. Het was rood en hartvormig en erbovenop zat iets wits. Aanvankelijk dacht ik dat het een hoed was, toen pakte ik mijn bril om beter in de verte te kunnen kijken, maar zelfs toen ik die had opgezet, kon ik nog niet zien wat Lewis in zijn handen had.

Lewis stak me het dienblad toe. Het is een cake voor Valentijnsdag, zei hij. We hebben hem voor jou versierd en geglaceerd. Toen hield Lewis hem voorzichtig een beetje schuin en zag ik L U C Y in onregelmatige letters erbovenop staan.

Ik eet gewoonlijk geen zoetigheid. Dus hadden ze al die liefdevolle moeite voor niets gedaan. Toen bedacht ik me hoe aardig het was dat ze er zoveel werk aan hadden besteed, en was ik bereid het hun te vergeven dat ze een troep van mijn keuken hadden gemaakt en mijn recepten hadden gepakt ... of misschien hadden ze wel een kant en klaar pak gebruikt. In ieder geval meende ik dat ik mijn waardering moest laten blijken en dat ik er zeker niet aan dood zou gaan als ik een stukje van hun cake nam.

Ze keken me zo trots en verheugd aan toen ik de cake at, dat ik nog een tweede stukje nam. Toen ik dat op had, zeiden ze dat ik er goed aan zou doen nu weer even te rusten en ik zei dat ze de cake moesten meenemen en er zoveel van moesten eten als ze wilden en de rest dan in aluminiumfolie moesten doen.

En nu is het helemaal stil in huis.

Ik heb me mijn hele leven lang nog nooit zo goed gevoeld. Ik glimlach een grote, brede, tevreden glimlach. Die moet er net zo uitzien als die laatste lieve glimlach op het gezicht van al mijn echtgenoten – met uitzondering van Luther, die is overreden door een vrachtwagen vol kratten bier.

Ik voel me geweldig en zo ontspannen.

Maar ik kan dit potlood nauwelijks vasthouden.

Mijn hemel, het valt.

Janwillem van de Wetering
Het dodelijk paasei

*Toen Janwillem van de Wetering in 1971 eenenveertig jaar oud
was, schreef hij over zijn ervaringen in een boeddhistisch klooster.
Het verschijnen van het autobiografische betekende het begin van
zijn carrière als schrijver.*

*Toen hij twee jaar later Simenon las, dacht hij: 'Dat zou ik ook
kunnen!' Puttend uit zijn ervaring bij de Amsterdamse politie begon hij aan zijn internationaal succesvolle serie van boeken over
Grijpstra en De Gier.*

*Hij produceert één roman per jaar en schrijft zowel in het
Engels als in het Nederlands. Daarnaast schrijft hij korte verhalen die regelmatig gebundeld worden.*

De sirene van de kleine gedeukte Volkswagen gilde akelig tussen
de naakte bomen van het Amsterdamse Bos. Hij was zojuist door
ten minste drie wit-doorstreepte rode borden gereden, maar dat
mocht want het autootje was van de politie, hoewel niet als zodanig
gemarkeerd. Evengoed zag het er verloren uit in het lege park en
het afwisselend aanzwellende en wegstervende gekrijs klonk dun
en verdrietig.

Het was eerste paasdag en het regende. De twee inzittenden van
de auto, adjudant Grijpstra en brigadier De Gier, zaten weggedo-
ken in hun regenjassen en keken naar de piepende en verroeste rui-
tewissers die hun taak maar nauwelijks aankonden. Grijpstra had
zonet gezegd dat ze maar eens om een nieuwe auto moesten vragen
en De Gier had instemmend geknikt maar ze wisten alle twee dat
ze het formulier pas zouden invullen als het karretje echt in elkaar
zou storten, en zover was het nog niet. Hoewel, misschien, toch . . .
Nou deed de kachel het weer niet. De rechercheurs huiverden.

Koud. Nat. En nog vroeg ook. Nog geen negen uur, en geen mens te zien in het park. Eigenlijk hadden ze vrij maar ze waren die morgen uit hun bed gebeld door de radiokamer van het hoofdbureau. Er zou een dode meneer aan een boom hangen, in het Amsterdamse Bos, en of ze maar even wilden gaan kijken. Een *kadaver*, had de radioagente gezegd, want ze schreef gedichten in haar vrije tijd en hield van mooie woorden.

Grijpstra's dikke wijsvinger drukte op een rode knop en de sirene hield midden in een loei op. Ze hadden nu al een tijdje de bochtige paden gevolgd en alleen maar reigers gezien die rustig stonden te vissen in sloten en plassen en pas traag opflapten als de auto vlak bij hen kwam.

'Weet jij wie het lijk ontdekt heeft? Ik was nog een beetje slaperig toen ze me belden.'

De Gier keek naar zijn smeulende sigaret en liet daarna zijn fraaie profiel langzaam naar links draaien, tot het een nog mooier en-face werd, doorsneden door een volle wijde snor onder sterk naar voren komende jukbeenderen die de zwoele grote bruine ogen accentueerden. 'Ja, een sportieve heer, zo'n man die een trainingspak aan heeft en ronddraaft. Hij lette niet goed op en rende bijna tegen de voeten van het lijk op. En toen is hij nog veel harder gaan lopen, net zo lang tot hij op de Amstelveense Weg was en een telefooncel vond. Toen heeft hij zes maal twee gebeld en zes maal twee heeft ons gebeld en hier zijn we dan.' De Gier geeuwde. 'Tenminste dat geloof ik. We zijn hier toch?'

'We zijn hier,' zei Grijpstra en wilde nog iets bemoedigends zeggen toen hij onderbroken werd door een sirene en, een paar seconden later, door nog een sirene. Twee zwarte auto's kwamen de Volkswagen met grote snelheid tegemoet rijden en De Gier vloekte en stuurde scherp naar rechts. De Volkswagen hobbelde over vochtig gras en reed een perk binnen. De Gier remde, de auto schoof nog even door en zakte weg in de modder.

De twee zwarte auto's stopten en in colbertkostuums geklede mannen renden het grasveld op. De mannen trokken de Volkswagen vrij. Grijpstra draaide zijn raampje open en keek nietszeggend naar buiten. 'Goeiemorgen adjudant, goeiemorgen brigadier,' zei de dichtstbijstaande man. 'Waar is het lijk?'

216

'Moeten jullie dat niet zelf weten?'

'Nee adjudant,' zeiden drie mannen tegelijk. Daarna nam de eerste man het woord weer. 'We dachten dat jullie het wisten. Wij weten alleen maar dat er een lijk in het Amsterdamse Bos hangt en dat dit het Amsterdamse Bos is.'

Grijpstra draaide zich terug naar de brigadier. 'Jij weet het een beetje, hè?'

De Giers zachte bariton zong de instructies. 'Rechtsaf na de grote vijver, dan eerst rechts, en dan links. Of omgekeerd. Hier in de buurt ergens.'

De drie auto's reden langzaam weg, de grootste voorop. Ze hoefden niet ver te rijden. Een heer in een felblauw sportjak sprong fanatiek op en neer aan de kant van een pad. Toen ze vlak bij hem kwamen draaide hij zich om en rende weg. Ze bleven achter hem aan rijden tot hij stilstond en wees. De experts stapten uit de zwarte auto's en stelden hun apparatuur op. Terwijl er foto's gemaakt werden en een videorecorder begon te zoemen drentelden de twee rechercheurs om de voeten van het lijk. Het lijk hing stil, tot Grijpstra uitgleed en met zijn schouder tegen een bungelend been aantikte. Het lijk zwaaide even weg maar Grijpstra stak een hand uit en herstelde de rust.

'Keurig,' zei Grijpstra. 'Vind je niet?'

De brigadier mompelde en keek de andere kant op.

'Let nu even op. Kijk, hij heeft een opvouwbaar kampeerstoeltje meegenomen en een rolletje nieuw touw. De strop is perfect, zie je wel? Stoeltje neergezet, op het stoeltje geklommen, touw om de tak, touw om zijn hals, stoeltje weggeschopt, klaar!'

'Inderdaad,' zei een man. 'Klaar. Hij is dood en als je dood bent ben je dat. Een mooie term, adjudant. Ik kan niets ontdekken dat de moeite van het vermelden waard is, behalve dat hij dood is. En hij heeft zichzelf opgehangen dunkt me.'

'Geen sporen van een vechtpartij, dokter? Blauwe plekken? Kneuzingen?'

'Zo te zien niet. Ik zal hem straks nog eens helemaal bekijken maar het lijk heeft iets rustigs. Ik heb dat wel meer gezien. Helemaal geen paniek. Nee hoor, niks aan de hand voor jullie. Zelfmoordje.'

De brigadier voelde dat hij ook iets moest doen. Hij dwong zichzelf naar het lijk te kijken, en schraapte zijn keel schoon. 'Ongeveer zestig jaar oud. Netjes gekleed. Dat kostuum is een paar jaar oud maar hij heeft het geregeld naar de stomerij gebracht. Schoon overhemd. Nieuwe das. Korte grijze baard, geknipt en gekamd. Een man die zichzelf niet liet verslonzen.'

Het lijk werd losgesneden en op een brancard gelegd. De dokter boog zich over het gezicht en rook. 'Hmm, borreltje op. Zit er iets in zijn zakken?'

Een andere man had het lijk afgetast. 'Niks, dokter. Helemaal niks. Wou zeker anoniem blijven. Maar straks zullen we zijn kleren bekijken. Misschien vinden we een wasmerkje.'

'Neem hem maar mee,' zei Grijpstra en raakte De Giers elleboog aan, 'we gaan verder, brigadier. We hebben nog heel wat te doen vandaag. Dag heren.'

'Wat hebben we dan te doen?' vroeg De Gier in de auto.

'Ontbijten. We zitten vlakbij Schiphol.'

'Ik wil geen koffie uit een automaat.'

'Nee,' zei Grijpstra, 'dat krijg je ook niet. We laten onze politiekaarten aan de marechaussee zien en lopen door hun hekje en dan komen wij bij een echt restaurant, voor echte mensen. En dan gaan we echt eten. Gebakken eieren. Knapperig spek. Toast. Tomaat. Ja, een gebakken tomaat, da's lekker.'

De Gier grinnikte en liet de microfoon vanonder het dash-board in zijn hand wippen. 'Dat lijk. Een man. Zestig jaar oud ongeveer. Driedelig blauw kostuum. Vals gebit. Blauwe ogen. Korte grijze baard. Geen papieren. Het is nu onderweg naar het lijkenhuis. Vermoedelijk zelfmoord.'

'Dank je wel,' zei de radio.

'Hebben jullie dat signalement misschien? Iemand die vannacht is zoekgeraakt?'

'Nee, maar er zal wel iemand bellen, we houden je op de hoogte.'

'Goed, dan gaan we sluiten. Prettige dienst verder.'

'HÉÉ!' riep de radio.

'Ja?'

'Niet zo vlot, brigadier. We hebben nóg wat.'

De Gier remde en draaide de motor uit. Een eend schuifelde uit het hoge gras en stak het pad over, gevolgd door zeven piepende donsballetjes, op een keurig rijtje. De radio bleef aan het woord en gaf een adres op aan de andere kant van de stad. 'Moeten jullie even naar toe. De dame is vergiftigd, waarschijnlijk door middel van een chocolade-paasei. De ambulance die haar opgehaald heeft sloeg alarm. Volgens de broeder kan het vergif parathion zijn, dat is zo'n gemeen landbouwspulletje, of arsenicum. Ze hebben haar maag meteen leeggepompt en de broeder dacht dat ze het wel zou halen.'

Grijpstra stak zijn hand uit en De Gier gaf hem de microfoon.

'Zus,' zei Grijpstra, 'waarom moeten we naar het huis van die juffrouw als die juffrouw net naar het ziekenhuis gebracht is?'

'Ik heet geen Zus,' zei de radio, 'ik heet Sonja. En de man van het slachtoffer is nog thuis. Ene meester Moozen, advocaat en procureur.'

'Moest ie niet met zijn vrouw mee?'

'De broeders belden vanuit het Wilhelmina-ziekenhuis. Ze zeiden dat meneer beter thuis op jullie kon wachten, ze vertrouwden het zaakje niet en wilden hem niet mee laten gaan.'

Grijpstra lachte snurkend. 'Nee, als mevrouw vergiftigd is . . . Goed, we gaan al. Maar we hebben eigenlijk vrij vandaag, dat weet je toch wel, hè Zus?'

De radio kraakte.

'Hè Sonja?'

'Veel plezier,' zei de radio. 'Doe je best. En als ik iemand anders had kunnen sturen had ik het heus wel gedaan, maar er is ergens een tram uit de rails gereden. Lucifers, weet je wel?'

'Ik weet het,' zei Grijpstra. 'Dag Zus.'

'Lucifers?' vroeg De Gier.

'Ja, dat is een oud grapje. Je neemt een lege patroonhuls en stopt hem vol met lucifers, alleen de kopjes. Dan tik je de huls dicht met een hamer en propt hem in de tramrails. Als de tram aankomt drukken de wielen zo snel en zo zwaar op de huls dat het bommetje ontploft. Als je nou een paar hulzen achter elkaar neerlegt heb je een goeie kans dat de ontploffinkjes samen kracht genoeg opleveren om de tram los te rukken. En dan kun je niet verder.'

'Leuk,' zei De Gier. 'Dat heb ik nooit gedaan.'

'Ik wel,' zei Grijpstra, 'dikwijls. Toen ik op de lagere school zat gingen we er speciaal hulzen voor halen, op de schietbaan. Enig hoor, al die mensen met die witte gezichten die de tram uit komen wankelen, en zo'n stotterende bestuurder, je blijft lachen.'

De Gier keek uit het raam. De Volkswagen reed nog door de lange lege lanen van Nieuw-Zuid. Kwart over tien 's morgens en iedereen lag nog rustig in bed of was op weg naar de WC om te plassen, of naar de keuken, voor het eerste kopje koffie. Maar tenminste één meneer was die morgen vroeg opgestaan en was in het bos gaan wandelen, met een vouwstoeltje onder zijn arm en een rolletje touw in zijn hand. Om eens en vooral een einde te maken aan de hele ellende. Een oude man, netjes gekleed, met een keurige baard.

'Bah!' zei De Gier hardop.

Grijpstra had de auto net door een van oranje op rood springend licht laten rijden.

'Wat?'

'Ach, niks. Gewoon godverdomme.'

'Ja,' zei Grijpstra. 'Dat is zo.'

Ze reden zwijgend door. De Coentunnel was ook leeg. De kleine huisjes van Noord flitsten langs en werden na een tijdje bungalows. Grijpstra vond de juiste bungalow. De lente had een magnoliaboom achter de geschoren ligusterheg in een lila kleurtje gezet. Het pad naar de voordeur was met felgele krokussen afgezet.

'Krokusjes,' zei De Gier. 'Lekkere bloemetjes zijn dat toch. Fris in de kleur.'

'Ik vind er geen zak aan,' zei Grijpstra. 'Ze zien eruit alsof ze in de fabriek gemaakt zijn. Computerplantjes, de bolletjes vallen uit een machine en worden van tevoren al geprogrammeerd om er schattig uit te zien. Jij mag bellen.'

'Ik heb honger,' zei De Gier en belde. 'Die krokussen doen me aan kaas denken. Kaas is ontbijt. En het ontbijt kunnen we vergeten vandaag.'

De deur ging open en een in spijkerbroek en trui geklede man keek de rechercheurs somber aan. Grijpstra liet zijn politiekaart zien. De man knikte en maakte een uitnodigend gebaar. Een man uit een Libelle-verhaal, groot, slank, met een scherp gesneden ge-

220

zicht boven een krachtige kin. Een jaar of veertig oud.

'Ik hoop dat dit niet te lang gaat duren, heren,' zei Moozen. 'Ik wou met de ambulance mee, maar de broeders maakten bezwaren. Ik wil nu zo vlug mogelijk naar het ziekenhuis, mijn vrouw is erg beroerd.'

'Was uw vrouw bij bewustzijn toen ze weggehaald werd, meneer Moozen?'

'Nauwelijks. Ze kon niet spreken.'

'Ze had een chocolade-ei gegeten?'

'Ja. Het ei kwam als een cadeautje. Van vrienden, dacht ik. Ik moest het hondje uitlaten vanmorgen en er zat een paashaas op het pad. Een flinke haas, veertig centimeter hoog. Hij had het ei, in zilverpapier verpakt, in zijn poten. Ik heb het kreng naar binnen gebracht en aan mijn vrouw laten zien. Ze moest lachen en pakte meteen het ei en begon het op te eten. Ze is gek op chocola. Maar ze werd onmiddellijk doodziek. Ik heb de GG & GD gebeld en die kwamen gelukkig binnen een paar minuten. Het is allemaal net gebeurd. Mag ik nou naar het ziekenhuis?'

'Zeker, we zullen u erheen brngen. Zouden we nog even die paashaas mogen zien?'

Moozen deed de tussendeur open en een klein zwart hondje sprong tegen de rechercheurs op, vriendelijk blaffend. Moozen liep door naar de keuken en kwam weer terug, de paashaas voor zich uit dragend. Grijpstra klopte met zijn knokkels op de haas. Solide chcola.

'Wat kijkt dat beest onaangenaam,' zei De Gier.

De tandeloze bek van de haas stond open. De ogen stonden vlak bij elkaar, diep in de schedel verzonken. De oren waren achterover gebogen. Het leek alsof de haas klaar stond om toe te springen, en te stompen of te knauwen.

'Jasses,' zei Grijpstra.

'Zullen we gaan?' vroeg Moozen.

De Gier zette de sirene aan en Grijpstra schoof het blauwe zwaailicht dat hij voor de heenweg van het dak had gehaald, weer terug. De magneet zoog de lamp vast. Het was nog steeds stil in de stad, de rit duurde niet lang. In het ziekenhuis bleek dat hun haast overbodig was geweest. Mevrouw Moozen was nog niet bij kennis.

221

De zuster, een energiek meisje dat het gezelschap vreugdeloos bekeek vanachter een bril met een stalen montuur, beloofde dat ze terug zou komen als er enige verandering in de toestand van de patiënt op zou treden.

'Mogen we hier roken?' vroeg Grijpstra.

'Als dat moet.' Ze glimlachte door haar mond iets te vertrekken, bekeek het lange breedgeschouderde lichaam van De Gier met een gretige feministische blik, schokte met haar heupen terwijl ze zich omdraaide, en marcheerde de wachtkamer uit.

'Is er hier ergens koffie, zuster!' riep De Gier.

'Er staat een machine in de hal, maar daar mag u beslist niet roken.'

'Ja hoor,' zei De Gier tegen de dichtklappende deur. Hij stond op en bekeek de aanplakbiljetten op de witte muur. Een plaat van twee brandende sigaretten, gekruist onder een doodskop. Nog een plaat van een oergezond jongetje dat net in een appel bijt. Een tekening van een dronken automobilist (de dronkenschap werd aangeduid door een aantal luchtblaasjes cirkelvormig om het hoofd getekend) met als onderschrift 'niet *indien* u een ongeluk krijgt maar *wanneer* u een ongeluk krijgt'.

De Gier zuchtte, drukte zijn sigaret uit in een blikken asbak en liep de hal binnen. Hij kwam terug met koffie. Grijpstra bood sigaartjes aan. Moozen zei dat hij niet rookte.

'Nou dan,' zei Grijpstra geduldig en blies een rafelig zwarte rookwolk uit, 'laten we maar eens beginnen. Hebt u enig idee wie er zo'n hekel aan uw vrouw heeft dat hij of zij haar zou willen vergiftigen? Heeft mevrouw misschien ruzie met iemand gehad?'

De vraag hing in de kleine witte kamer. Moozen dacht na. De rechercheurs wachtten. De Gier keek naar de vloer, Grijpstra keek naar het plafond. Er ging een volle minuut voorbij.

'Ja,' zei Moozen. 'Ruzie. Met mij. We hadden de laatste tijd, tja, moeilijkheden. Maar die waren eigenlijk alweer voorbij. Eerst dachten we dat we zouden gaan scheiden, maar gisteren hebben we besloten dat niet te doen. Het was weer goed gekomen.'

'Zo,' zei Grijpstra.

'Was er een speciaal probleem?' vroeg De Gier.

Moozen ging rechtop zitten. 'Ja. Mijn vrouw had een minnaar.'

Zijn stem klonk vast, ieder woord was precies gearticuleerd.

'Had? Nu niet meer?'

'Nu niet meer. Het begon een maand of wat geleden. Problemen met de centrale verwarming. De verwarmingsinstallatie is gloednieuw. Ik heb me schriftelijk bij de fabriek beklaagd en ik kreeg onmiddellijk antwoord. Ze zouden een ingenieur sturen. Die kwam ook. Ik had de indruk dat de installatie maar een klein mankement vertoonde maar de ingenieur was niet weg te slaan. Dit nog even proberen, dat nog even nakijken. Allerlei gepruts met nieuwe onderdelen die niet zouden passen. En mijn vrouw was steeds in de kelder. Ik vroeg of ze iets in de man zag, en dat gaf ze toe, ze is altijd heel eerlijk. Ze zei dat ze een beetje verliefd was geworden. De man ging weg maar ze bleven elkaar ontmoeten. In motels.'

'Hoe weet u dat?'

'Omdat mijn vrouw me dat vertelde. Maar ik moest het vragen, ze zei het niet uit zichzelf.'

'En u nam dat niet?'

'Nee. Ik kan wel tegen een stootje maar dit ging me te diep. De ex-vrouw van de ingenieur is niet goed bij haar hoofd, opgenomen in een inrichting, krankzinnig verklaard. Hij is onlangs gescheiden. De kinderen zijn natuurlijk bij hem gebleven, twee kleine kinderen. Mijn vrouw en ik zijn al zes jaar getrouwd, we willen graag kinderen maar tot nu toe is dat niet gelukt. Ze wordt wel zwanger maar verliest het embryo na een paar maanden. Ik vermoedde dat het idee dat ze voor de kinderen van die man kon zorgen haar aantrok. En ze zei dat ze verliefd was. Dus ik drong aan op een beslissing. Of die man, of ik. Niet alle twee tegelijk.'

'En ze koos u?'

'Ja.'

'Hebt u met die ingenieur te maken gehad? Een gesprek? Een ontmoeting?'

Moozen probeerde te glimlachen. 'Ja, maar we hebben toen alleen over verwarmingsproblemen gesproken.'

'Weet u zijn naam en adres?'

'Ja.'

De Gier schreef de gegevens op. 'Zullen we dan maar gaan, adjudant?'

De zuster kwam binnen. 'Mevrouw maakt het beter en is bij kennis.' Moozen sprong overeind. 'Een moment, meneer,' zei Grijpstra zachtjes, 'we willen graag heel even met uw vrouw spreken.'

De zuster bracht de rechercheurs naar de kamer van de patiënte. Het gezicht van de vrouw was doodsbleek maar ze glimlachte toen Grijpstra zich voorstelde. De Gier bekeek de vrouw. Mooi, klein, tenger, met een licht gebogen neus en een wulps gekrulde mond.

'Gaat het een beetje, mevrouw?' vroeg Grijpstra.

'Niet zo erg.'

'Hebt u enig idee wie u dit aangedaan heeft?'

'Nee.'

'Mevrouw is te zwak,' zei de zuster, 'u moet nu weg!'

'Mogen we de dokter even spreken?' vroeg Grijpstra op de gang.

'De dokter heeft het druk.'

'Wij ook, zuster.' Grijpstra's stem had een koude ondertoon. De zuster keek verschrikt op. 'Komt u maar mee.'

'Ze gaat niet dood,' zei de dokter, 'maar voorlopig is ze ziek, en goed ziek ook. Parathion is een sterk gif, het heeft haar maag aan flarden gescheurd. Het zal wel weer in orde komen, ze is nog jong genoeg, gelukkig, maar het zal nog even duren voor ze weer iets lekkers kan eten. Dat wordt een lang en slepend dieet.'

'Pap?' vroeg Grijpstra.

'Ja. Pap. Havermout. Melkkostjes.'

Grijpstra huiverde. De dokter grijnsde verontschuldigend.

'Enig idee wie het gedaan heeft?'

'Nog niet.'

De dokters grijns bleef op zijn dunne mond zitten. 'Ik zou maar bij de echtgenoot beginnen. Het idee dat huwelijk en liefde iets met elkaar te maken hebben is uit de tijd. Stop twee mensen bij elkaar en je krijgt moord en doodslag, vooral als de een van de ander afhankelijk is. Het huwelijk is een onmogelijke situatie, we zouden het maar eens moeten afschaffen.'

Grijpstra's lichtblauwe ogen twinkelden. 'Bent u getrouwd, dokter?'

De grijns van de dokter vervaagde. 'Jazeker.'

'Al lang?'

'Lang genoeg.'

Grijpstra keek ook ernstig. 'Ik ook. Maar vergif is smerig. Als mevrouw nog iets te vertellen mocht hebben, wilt u het misschien aan ons doorgeven. Hier is mijn kaartje.'

De Gier zei niets toen hij de Volkswagen door het druk geworden verkeer stuurde. Grijpstra zweeg naast hem. De ingenieur bleek in een vrij groot flatgebouw te wonen. De Gier parkeerde. Grijpstra stak een vers sigaartje op.

'Zou het een familiedrama zijn?'

'Misschien.'

'Denk je iets?'

'Denk je iets!' herhaalde De Gier schamper. 'Wat is dat nou voor een kreet? Ik denk helemaal niet. Ik heb gehoord wat Moozen zei en ik heb gehoord wat die arme schat van een vrouw zei, dat was overigens niet veel, en ik zal het allemaal onthouden. Verdachten willen wel eens een beetje liegen. De laatste keer dat ik een vergiftigde mevrouw verhoorde . . . weet je nog? Dat gevalletje in west? Dat mens had het zelf gedaan om de schuld op haar vriend te schuiven, en natuurlijk veel te veel van die rommel geslikt, ze is nog bijna dood gegaan ook. Misschien is dit een herhaling. Maar die paashaas . . . heb je dat beest bekeken?'

'Ja. Een kolerebeest.'

'Speciaal voor de gelegenheid gemaakt. Zo'n monster koop je niet in de supermarkt. Misschien zoeken we een beeldhouwer, die haas was te goed gemaakt, een amateur krijgt dat niet voor elkaar. Misschien is Moozen zelf wel een kunstzinnig baasje. Hoe maak je eigenlijk een chocolade-paashaas?'

Grijpstra probeerde zich in de beperkte ruimte uit te rekken. Het ging niet. Hij geeuwde. 'Met een vorm, denk ik, van gips of zo, en daar giet je de warme chocola in en als de chocola droog en hard is peuter je de vorm weer los. Die haas was van pure chocola. De schurk heeft kosten noch moeite gespaard.'

'Een banketbakker?'

'Of een ingenieur. Die werken ook met allerlei materialen. Laten we die minnaar-meneer maar eens gaan bekijken.'

De ingenieur was een mager mannetje met veel ongekamd zwart haar en grote levendige ogen, een nerveuze man, nerveus op een prettige kinderlijke manier. De Gier herinnerde zich dat mevrouw Moozen ook klein van stuk was. De flat was een vrij ruim appartement, met vier kamers. Ze moesten oppassen om niet op het overal verspreide plastic speelgoed te stappen. Twee kleine jongetjes speelden op de vloer, de oudste ging meteen zijn paascadeau halen om het aan de ooms te laten zien. Een mandje, gevuld met eieren, zelf gemaakt, van chocola. De andere jongen kwam ook zijn mandje laten zien, het mandje was één maat kleiner dan dat van zijn broer.

'Mijn zuster en ik hebben die eieren gisteravond gemaakt,' zei de ingenieur. 'Ze is hier komen wonen toen mijn vrouw weg ging, maar dit weekend is ze naar mijn ouders, dus ik moet op de kinderen passen. We kunnen de deur niet uit want Tom heeft mazelen gehad, maar het is niet meer besmettelijk, zei de dokter. Hè, Tommetje?'

'Ja,' zei Tom. 'Klaas moet ze nog krijgen. *Ik* had hele grote mazels.'

'Die krijgt Klaasje vast ook wel,' zei Grijpstra troostend want Klaasje trok een pruillip. 'Hè, Klaasje?'

'Ja,' zei Klaasje blij.

'Gaat u zitten, heren, bent u van de politie? Ik verstond niet precies wat u zei, de kinderen maakten zo'n lawaai.'

'Recherche,' zei Grijpstra.

'O ja? Heb ik iets gedaan? Wilt u koffie?'

De ingenieur schonk koffie en de jongetjes verdwenen en trokken de deur achter zich dicht. 'Moeilijkheden?'

'Ja meneer,' zei Grijpstra. 'Helaas brengen we meestal moeilijkheden mee. Een zekere mevrouw Moozen is vanochtend met spoed opgenomen, ze was vergiftigd, met opzet. Ons werd verteld dat mevrouw Moozen u bekend is.'

'Annette!' zei de ingenieur. 'Goeie God! Is ze er erg aan toe?'

De Gier hield even op met een shagje draaien en bekeek de verdachte. Zijn bruine ogen glansden, maar niet van plezier. De brigadier was zowel geïnteresseerd als gedeprimeerd. Hij bedacht voor de zoveelste keer dat hij niet voor zijn vak deugde. Hij hield er niet van om mensen lastig te vallen. Hij ging verzitten en zijn automatisch pistool prikte even in zijn huid. Hij duwde het wapen ongeduldig terug. Dit was niet de juiste tijd om aan geweld herinnerd te worden, het dodelijke geweld dat tot de uitrusting van iedere opsporingsambtenaar behoort.

'Wat is er gebeurd?' vroeg de ingenieur. 'Is ze in levensgevaar?'

'Eerst een vraagje, meneer,' zei Grijpstra traag. 'U zei daarnet dat uw zuster en uzelf gisteravond in de weer waren met het maken van chocolade-eieren. Hebt u soms ook een paashaas gemaakt?'

De ingenieur zoog op zijn sigaret. Grijpstra herhaalde zijn vraag.

'Paashaas? Ja, of nee eigenlijk. We hebben het geprobeerd maar het werd een vreselijk geknoei. Voor de eieren hadden we een vormpje, maar de paashaas moest met de hand gekneed worden. We hebben ten slotte een platte pudding gemaakt, in de vorm van een haas. De vorm hebben we van de buren geleend.'

'Mogen we de keuken even bekijken?'

De ingenieur maakte geen aanstalten om op te staan.

'Vergiftigd! Maar dat is ontzettend. Waar is ze nu?'

'In het ziekenhuis.'

'Vertelt u me alstublieft hoe het met haar gaat, ik kan niet tegen zo'n spanning.'

'De dokter zegt dat ze buiten levensgevaar is, maar ze zal voorlopig wel ziekelijk blijven.'

De ingenieur stond op. Op het keukenaanrecht lagen nog restjes van de voor de eieren gebruikte chocola. Grijpstra vroeg om een envelop en liet er wat stukjes in glijden.

'Weet u dat Annette en ik een verhouding hadden?'

'Ja meneer.'

'En is u verteld dat ze de verhouding onlangs verbroken heeft? Dat ze liever bij haar echtgenoot blijft?'

'Ja meneer.'

De ingenieur veegde het aanrecht schoon met een spons. 'Maar u denkt misschien dat ik toch iets met de vergiftiging te maken gehad kan hebben, uit jaloezie of zo. Maar dat is niets voor mij. Dat kunt u niet weten. Het kan me eigenlijk niet zoveel schelen of u me verdenkt of niet. Kan ik Annette bezoeken? In welk ziekenhuis ligt ze?'

'In het Wilhelmina.'

'Dan ga ik er naar toe. De buren kunnen wel even op de jongens passen. Wat een ellende. Arme Annette!'

Grijpstra en De Gier stonden al in het portaal. 'Wacht u nog even tot u van ons hoort. We zullen proberen vandaag nog te bellen of langs te komen als dat nodig is.'

'Aardige kerel,' zei De Gier toen de Volkswagen zijn plaatsje op de binnenplaats van het hoofdbureau had teruggevonden. 'En die mevrouw Moozen leek me ook heel aardig. Wat gaan we nou doen?'

'Ik ga naar de cantine,' zei Grijpstra, 'koffie drinken, koek eten, krant lezen en nadenken. En jij gaat terug naar het huis van meneer Moozen en breekt een oor van die gemene haas af. Dat oor breng je naar het laboratorium, samen met deze envelop. Als de twee chocoladesoorten gelijk zijn hebben we een beetje bewijsmateriaal tegen de ingenieur.'

De Gier startte de motor weer. 'Misschien is die ingenieur niet zo aardig als hij lijkt. En Moozen zou ook niet aardig kunnen zijn. Wie van de twee? Zou die ingenieur eerst zijn eigen vrouw gek gemaakt hebben om later zijn vriendin te vermoorden? Als verdachten afwijkingen hebben, halen ze de vreselijkste dingen uit. Vriendin wil niet meer en krijgt een hap vergif. Zoiets?'

Grijpstra leunde tegen De Giers deur en sprak de lege binnenplaats toe. 'Nee. Zou kunnen natuurlijk, maar die ingenieur leek me echt in de war, omdat Annette iets ergs was overkomen. Als hij niet zulk duidelijk medelijden getoond had en als die jochies niet in die flat hadden rondgedard, had ik hem meegenomen voor een verdere lange ondervraging.'

'En Moozen zelf?'

'Ja. Die man is advocaat. Advocaten kunnen de lulligste grollen bedenken. Paashaas maken of laten maken. In de kast zetten. 's Ochtends zogenaamd de hond uitlaten en de paashaas op het tuinpad zetten.'

'Ja ja ja ja ja,' zei De Gier en bleef 'ja' zeggen tot Grijpstra zich omdraaide en een tik op zijn elleboog gaf. 'Je zegt nou wel "ja", maar je klinkt niet erg overtuigd.'

'Ben ik ook niet,' zei De Gier. 'Die Moozen leed ook, hij vond het naar dat zijn vrouw er zo aan toe was.'

'Moordenaars zijn ook mensen, en lijden ook.'

De Gier begon weer met zijn 'ja ja ja'. Grijpstra liep naar het gebouw, hoofdschuddend, en een beetje krom.

Ze ontmoetten elkaar een uur later, in de cantine. De Gier haalde een bord met broodjes. Grijpstra's hand schoot uit. De adjudant had al een broodje op voor de brigadier was gaan zitten.

'Dus het is dezelfde chocola?'

'Zegt niets. Een van de laboranten zei dat zijn vader banketbakker is. Er bestaan maar twee mengsels die geschikt zijn voor het maken van eieren en paashazen, en het spul waar onze haas van gemaakt is, en waar de ingenieur zijn eieren van draaide, is het gemakkelijkst verkrijgbare produkt.'

'Dus?'

'Dus we hebben ons een moeilijk zaakje op de hals gehaald. Laten we maar weer naar Moozen gaan en eens kijken hoe het met de vrienden- en kennissenkring zit. Misschien heeft Annette nog meer minnaars of de zaak is net omgedraaid en Moozen heeft een jaloerse maîtresse.'

De Gier wilde het laatste broodje pakken maar Grijpstra was hem voor.

'De cantine heeft geen broodjes meer.'

'Jammer,' zei Grijpstra met zijn mond vol. Hij kauwde en slikte.

'Moet je luisteren, we hebben een berichtje binnen over het lijk in het Amsterdamse Bos. Een meneer wiens signalement klopt met ons lijk is verdwenen. De radiokamer beweert dat een juffrouw heeft opgebeld, een kamerverhuurster. Ze had een meneer De Vries in huis die zich de laatste tijd vreemd gedroeg en gisteravond de straat is opgegaan en niet meer teruggekomen. Ze is in het café op de hoek navraag gaan doen en de kastelein beweert dat De Vries wel in de kroeg geweest is maar zich niet heeft bezopen en om twee uur, dat is zijn sluitingstijd, weg is gegaan. De kamerverhuurster zegt dat ze om twee uur vanmorgen de voordeur twee keer open en dicht heeft horen gaan. Toen zal ie wel zijn kampeerstoeltje en touw zijn gaan halen.'

'Ouwe man met baard?'

'Ja.'

'Nou, dat is hem dan. Ik zal boven even een foto gaan halen, ze hebben er genoeg genomen vanmorgen. Als die juffrouw dan zo vriendelijk is om meneer te herkennen hebben we in ieder geval één zaakje rond vandaag. Weet je dat je mijn broodjes hebt opgegeten, adjudant? En dat ik honger heb?'

'Geeft niet,' zei Grijpstra tevreden. 'Van brood word je dik en je moet op je lijn letten. Zullen we dan maar even naar die juffrouw gaan?'

'Dat is 'm,' zei de dame en betastte voorzichtig haar hoofd dat bijna helemaal bedekt was met gele plastic krulpennen. 'Wat vreselijk, wat vreselijk! Guttegutegut. En het was zo'n nette man. Woonde hier al vijf jaar, weet u? Meestal blijven ze niet zo lang. Ik heb hier al allerlei schorriemorrie gehad, maar meneer De Vries was een heer. Ik heb hem eens verteld wanneer ik jarig was en hij bracht bloemen mee, en ook het jaar daarop. Daarna is hij het een keer vergeten en toen . . .'

'Had hij moeilijkheden, mevrouw? Zorgen?'

Het hoofdje van de juffrouw knikte zo snel dat de krulpennen tegen elkaar aan ratelden. 'Ja. Zorgen. Kon zijn schulden niet betalen en het ging slecht met zijn zaak. Hij had een soortement fabriekje in de steeg hier, om de hoek. Maakte spulletjes van koper. Ornamenten, zei hij. Maar de buren kankerden over het lawaai, en het scheen ook te stinken. Zuren en zo, weet u wel? En toen moest ie zijn pand uit maar hij wist niet waar hij heen moest, en ondertussen kon ie niet werken en hij kreeg alsmaar maanbrieven. Hij werd er helemaal krankjorum van. En maar heen en weer lopen 's nachts. Op zijn sloffen om mij niet wakker te maken, maar ik hoorde hem toch wel.'

'Dank u wel, mevrouw.'

'Helemaal alleen was ie,' zei de juffrouw toen ze de rechercheurs naar de voordeur bracht. 'Net als ik. En hij was altijd zo beleefd.' Ze huilde.

'Prettige Pasen,' zei De Gier toen hij de deur van de Volkswagen openrukte.

'Jij ook. Nou maar weer naar meester Moozen.'

'Die zal ook niet blij zijn als ie ons weer ziet, we maken de mensen niet gelukkig vandaag.'

'Daar zijn we ook niet voor,' zei Grijpstra. 'We zijn om de orde te handhaven. Soms denk ik wel eens dat de mensen niet van orde houden, verdomd als het niet waar is.'

Ze vonden Moozen in zijn tuin. Het regende weer, maar de advocaat scheen niet te merken dat hij nat werd. Hij stond naar zijn krokusjes te staren, of naar wat er van zijn krokusjes was overgebleven. Hij had ze één voor één omgeschopt en er een paar platgetrapt in het gras.

'Hoe gaat het met uw vrouw, meneer Moozen?'

'Wat beter. Voorlopig moet ze daar blijven.'

Grijpstra kuchte. 'We hebben, eh, uw vrouws, eh, vroegere minnaar bezocht.'

'Hebt u hem aangehouden?'

'Nee meneer.'

'Is hij een duidelijke verdachte?'

'Nog niet,' zei Grijpstra. 'Wat ik vragen wilde, bemoeit u zich wel eens met strafzaken, meneer Moozen?'

Moozen trapte nog een krokusje plat. 'Nee, ik specialiseer me in civiel recht. Met moord en doodslag heb ik nog nooit iets te maken gehad. Maar ik kan me niet voorstellen dat Annette moordlust op zou wekken. U kent haar niet, maar ze is de zachtheid en lieftalligheid zelf. Ik weet zeker dat ze haar verhouding met de ingenieur zo tactisch mogelijk verbroken heeft, en ik en die man ook een beetje. Hij lijkt me geen gifmenger.'

'Ons ook niet.' De advocaat zuchtte en draaide zich besluiteloos naar de rechercheurs toe.

'Hebt *u* misschien vijanden, meneer Moozen?' vroeg De Gier. 'Zou het ei niet voor u bedoeld kunnen zijn?'

Moozen haalde zijn schouders op. 'Ach, misschien wel, maar ik zou niet weten wie. Iemand die me zo haat dat hij me dood wenst?'

'Bent u misschien met een zaak bezig die nare kantjes heeft?'

'Ja,' zei Moozen, 'een botsing van twee opleggers, midden in de nacht. Geen getuigen. Een dode chauffeur en een zwaargewonde, voor tonnen schade en een onduidelijk politierapport. Ik heb die zaak van een collega overgenomen die zenuwziek is geworden. Beide partijen gaan fel te keer, ook tegen mij want ze vinden dat ik het niet goed doe, maar ze willen niet wéér van advocaat veranderen.'

'Nog andere zaken, meneer?'

'Ik moet nogal wat schulden innen voor mijn relaties, dat is ook geen pretje. Wanbetalers zijn over het algemeen slechtgehumeurd. En ik moet af en toe scherp gestelde briefjes schrijven of vervelend doen door de telefoon.'

'Banketbakkers?'

'Pardon?'

'Hebt u ook wel eens vervelend gedaan tegen een banketbakker?'

'Niet dat ik weet. Hoezo?'

Grijpstra keek vermoeid.

'Ach, natuurlijk,' zei Moozen. 'Neem me niet kwalijk, ik ben niet vlot van begrip vandaag. Een banketbakker die een paashaas maakt. Maar ik heb beslist geen brieven aan banketbakkers geschreven.'

'Ja,' zei Grijpstra, 'dan moeten we uw correspondentie eens doorkijken. Zullen we naar uw kantoor gaan?'

'Ik heb kantoor aan huis, gaat u maar mee naar boven.'

Het volgende uur werd met veel doorbladeren van vele mappen doorgebracht. De Gier maakte aantekeningen, de namen en adressen van bijzonder moeilijke gevallen. Het gekriebel op zijn bloknootje en het geritsel van papier begon hem te vervelen. Toen het bloknootje van de tafel gleed en hij zich moest bukken om het op te rapen schoot een snelle gedachte door zijn hoofd. Hij kon de gedachte nog net grijpen.

'Een ornamentenmaker. Kent u misschien iemand die ornamenten maakt?'

'Ornamenten?' vroeg Moozen. 'Wat voor ornamenten?'

De Gier krabde in zijn krullen. 'Tja, dat weet ik niet. Versieringen, denk ik. Van koper.'

'Nee.' Het geblader ging weer door.

'Wacht eens,' zei Moozen na een paar minuten. 'Koper zei u. Dat is metaal. Een van mijn relaties is een groothandel in metalen en heeft een vordering op een firma die Ornamento heet. Een flink bedrag was het, ik ben er van de week nog mee bezig geweest. Bijna tien mille, met de rente mee. De schuld is al een paar jaar oud, er zijn wel een paar betalingen geweest maar die hadden niet veel om het lijf. Ik heb die firma een briefje geschreven, nogal grof gesteld. Of betalen, óf voor de rechtbank. Ik heb de zaak zelfs al aanhangig gemaakt, geloof ik. Even kijken.'

Hij trok een mapje tevoorschijn. 'Hier, in de Jeroenensteeg.'

De Gier sprong op. 'Hebbes, Grijpstra! De Jeroenensteeg is om de hoek van het Singel en daar zit die kamerverhuurster met de krulpennen. Heet de eigenaar van Ornamento De Vries?'

'Ja,' zei Moozen.

'Dattizzum! Ha. Hoeven we verder niet te zoeken.'

'Maar ik heb die meneer De Vries nooit ontmoet,' zei Moozen klagend. 'Ik kon hem niet eens bellen want zijn telefoon is afgesloten.'

Grijpstra zat het briefpapier van Ornamento te bekijken. Onder de naam waren afbeeldingen van deurknoppen en kloppers in de vorm van leeuwehoofden afgedrukt.

'Leeuwen,' zei Grijpstra. 'Als je leeuwen van koper kunt maken moet je ook een paashaas uit chocola kunnen gieten.'

'Ach nee,' zei Moozen.

'Ja, meneer Moozen. En we kunnen de verdachte niet meer vervolgen want we hebben hem vanmorgen van een boom in het Amsterdamse Bos geplukt. Dood door ophanging.'

'Ach nee,' zei Moozen. 'Wat vreselijk. Arme Annette! Had ik dat ei nou maar opgegeten, maar ik hou niet van chocola.'

'We zijn er nog niet,' zei Grijpstra een kwartier later. De Volkswagen had zich vastgereden in een verkeersopstopping op het Damrak. De Gier luisterde niet. Hij zat naar een roodharig meisje te kijken dat op de tramhalte naast de auto stond. De brigadier lachte vriendelijk. Het meisje ook.

'Helemaal nog niet,' zei Grijpstra. 'We gaan eerst nog even naar die juffrouw met de krulpennen toe, om te kijken of we de sleutel van het fabriekje op de kamer van De Vries kunnen vinden. Dan moeten we naar het fabriekje om te kijken of daar nog chocola ligt, en misschien ook de rest van het vergif. Dan moeten we die paashaas op vingerafdrukken laten nakijken, en dan naar het lijkenhuis om afdrukken van De Vries te halen. Het zijn natuurlijk dezelfde afdrukken, maar daar moeten we wel zeker van zijn. Dan het rapportje tikken, foutloos en in drievoud, echt iets voor jou. Als ik het doe moet ik steeds stuffen. En die ingenieur bellen want die zit

233

zich nog zorgen te maken. Wat een gezeur allemaal, maar ik doe het liever nu want morgen hebben we weer andere trammelant en dan blijft dit liggen.'

Het meisje had zich van de auto afgewend, maar keek nog even om.

'Slim van jou om aan die ornamenten te denken,' zei Grijpstra tevreden. 'Als je daar niet opgekomen was, zaten we nou nog in dat archief te wroeten. Je kunt soms echt intelligent zijn, maar ik ook, want ik heb je uitgezocht om mee samen te werken. Je bent een werktuig in mijn handen. Haha.'

'Haha,' zei De Gier en deed zijn deur open.

'Wat ga je nou doen?'

'Uitstappen,' zei De Gier. 'Dat meisje heeft al een paar keer naar me gelachen. En ik heb honger. Zij ook misschien. Ik ga haar vragen of ze met me bij de Chinees wil gaan eten, hier verderop zit een hele goeie, een hele dure ook maar dat kan wel voor een keertje.'

'En hoe moet het dan met al dat werk?'

De Gier stak een hand uit en klopte Grijpstra op de bovenarm. 'Dat mag jij doen, adjudant. Jij bent het grote brein en jij hebt mijn broodjes opgegeten. Plezierige Pasen verder.'

Het verkeer bleef nog even vast zitten, terwijl Grijpstra uitstapte en om de auto heen liep. Toen hij weer instapte, draaiden De Gier en het meisje zich in zijn richting en stapten van de tramhalte af. Het paar wrikte zich voorzichtig langs de bumper van de Volkswagen.

De Gier grinnikte tegen Grijpstra.

Grijpstra keek woedend.

De Gier grinnikte nog eens.

'Ja,' mompelde Grijpstra en liet zijn hand langzaam omhoog komen. 'Veel succes dan maar.'

De Gier knikte beminnelijk en liep door. Zijn arm was om de schouders van het meisje heen gegleden.

James Holding
Het Noorse appelmysterie

James Holding, thans gepensioneerd, heeft een leidinggevende functie bekleed bij een reclamebureau. Voor tijdschriften heeft hij talloze korte misdaadverhalen geschreven waarin gewoonlijk bepaalde figuren herhaalde malen hun opwachting maakten. In zo'n serie treffen we het schrijversduo King Danforth en Martin Leroy aan, die opereren onder de naam Leroy King. Het hieronder gepubliceerde verhaal behoort tot die serie. In een tweede reeks verhalen wordt de hoofdrol gespeeld door Manuel Andradas, een huurmoordenaar voor de georganiseerde misdaad in Brazilië, een van de meest ongebruikelijke protagonisten in de misdaadliteratuur. Zijn 'Hal Johnson' verhalen draaien rond een detective die gestolen bibliotheekboeken weer opspoort. Holding heeft tevens veel jeugdromans geschreven voor een groot aantal Amerikaanse en Engelse uitgevers.

Twee uur nadat de stewardess Angela Cameron dood had aangetroffen op haar bed in luxe hut A-12, wist iedereen aan boord van het schip dat al. Dat was heel snel, zelfs wanneer je in aanmerking neemt dat men er algemeen van uitgaat dat geruchten aan boord van een schip op zee zich sneller verspreiden dan waar dan ook.

Natuurlijk was het zo dat de meeste passagiers die aan de cruise deelnamen na vijfenveertig dagen varen graag eens over iets anders wilden praten dan uitstapjes aan land en de geweldige dingen die ze in winkeltjes op de kop hadden weten te tikken. Ze pakten dit nieuwtje gretig aan, verwerkten het grondig en speelden het vervolgens met een ongebruikelijke snelheid door naar hun buren. Terwijl ze lui lagen te zonnen in de vrolijk gestreepte dekstoelen van het Noorse cruiseschip de *Valhalla* dat zich door de Zuidchinese Zee een weg ploegde naar Hong Kong, kwetterden ze over de dood van juffrouw Cameron als een troep hongerige mussen die plotseling op de sneeuw een boterham hebben ontdekt.

Maar ondanks het feit dat er door de passagiers heel geanimeerd over de gebeurtenis werd gesproken, voelde iedereen iets als spijt en zelfs ook wel verdriet. Want Angela Cameron was niet alleen levendig, intelligent, aantrekkelijk en rijk bedeeld met sex-appeal geweest, maar was door de mannelijke passagiers ook even aardig gevonden als door de vrouwelijke – hetgeen heel wat zegt over een aantrekkelijke jonge vrouw die op haar eentje een luxe cruise om de wereld maakt.

De Danforths en de Leroy's zaten in de Promenade Bar op het achterdek voor de lunch een cocktail te drinken toen ze op de hoogte werden gesteld van het feit dat er iemand aan boord was overleden. Toen de barkeeper zich voorover boog om een schaaltje zoute noten op hun tafeltje neer te zetten, zei hij plechtig tegen King Danforth: 'Wat erg van juffrouw Cameron, meneer.'

Helen Leroy, die blond, levenslustig en adrem was, reageerde daarop al voor Danforth iets had kunnen zeggen. 'Juffrouw Cameron?' vroeg ze aan de man. 'Wat is er dan met haar gebeurd, Eric?'

'Het spijt me, mevrouw,' zei de Noorse barkeeper in zijn stijve Engels. 'Ik dacht dat u het al wel had gehoord. Juffrouw Cameron is dood. Edith, haar stewardess, heeft haar vanmorgen gevonden. Ze is overleden terwijl ze in bed lag te lezen.'

'Oh, mijn hemel, wat erg,' zei Carol Danforth meteen meelevend. 'Ze was zo'n aardige vrouw. En wat verschrikkelijk voor Edith. Hoe is het gekomen, Eric? Heeft juffrouw Cameron een hartaanval gehad?'

'Nee, mevrouw,' zei Eric. 'Ze is gestikt in een stukje appel.'

King Danforth en Martin Leroy keken elkaar even aan. De dood was voor hen geen onbekende. Sterker nog: zij voorzagen erdoor in hun levensonderhoud. Onder het pseudoniem Leroy King opereerden de twee mannen met geweldig veel succes als een schrijversduo dat zich specialiseerde in verhalen over moord, mysteries en misdaad. Ze waren wereldberoemd geworden door enige tientallen uitstekend verkochte romans, twintigtallen korte verhalen en talrijke scenario's voor de televisie en films over moord. En net nu ze met hun echtgenoten aan een cruise deelnamen om dat alles eens even achter zich te kunnen laten, zei de barkeeper: 'Nee, mevrouw. Ze is gestikt in een stukje appel.' Een zin die zo uit een van hun eigen boeken gehaald zou kunnen zijn.

Op aandringen van Helen en Carol kwam Eric met nadere details op de proppen. Het was duidelijk dat het nieuwtje zich onder de bemanning van het schip had verspreid als een bosbrand in de heuvels rond Hollywood. Juffrouw Cameron ontbeet gewoonlijk in haar hut. Dus liep Edith, haar stewardess, gewoonlijk om tien uur 's morgens de hut van juffrouw Cameron in wanneer daar tenminste geen bordje met *Niet storen* op was aangebracht. Ze maakte daarbij gebruik van haar loper, wekte de dame en vroeg haar wat ze voor haar ontbijt wilde hebben.

Maar deze morgen was juffrouw Cameron niet wakker geworden en had ze ook geen ontbijt nodig gehad. Edith had haar aangetroffen in haar nachtjapon, rechtop zittend tegen de kussens op haar bed, met een boek dat uit haar ene hand was gevallen en een half opgegeten appel die uit de andere was gevallen. Haar gezicht was verschrikkelijk verkleurd en vervormd geweest en haar huid voelde al koud aan. Het leeslampje brandde nog.

Hoewel het volkomen duidelijk was dat iedere hulp voor juffrouw Cameron te laat zou komen, had Edith meteen om assistentie van de scheepsarts verzocht. Hij had alleen maar kunnen bevestigen dat die arme juffrouw Cameron inderdaad dood was en op de doodsoorzaak kunnen wijzen: een groot stuk van de appel die ze aan het opeten was geweest, zat volkomen klem in haar keel.

Toen de barkeeper weer was vertrokken, schoof Danforth met zijn slanke lichaam een beetje heen en weer op zijn stoel, streek met een hand over zijn kortgeknipte haar en zei een beetje schaapachtig: 'Ik ben ten aanzien van zoiets dergelijks niet ongevoelig en gevoelloos. Maar ik kan er niets aan doen dat ik het gevoel heb dat "gestikt in een stukje appel" heel goed in een van onze verhalen zou passen, Mart.'

'Ik had dezelfde gedachte,' zei Leroy grinnikend. Zijn donkere ogen, korte brede gezicht en compacte lichaam suggereerden een Indische passiviteit die echter door ieder woord en gebaar werd ontkend. 'Ik had vrijwel het gevoel dat we thuis waren en een plot zaten te bedenken.'

'Wauw!' zei Helen Leroy. 'Je bent toch zeker niet vergeten dat we op vakantie zijn? Geen plots, geen moordenaarstrucjes, geen gezoek naar boeven die in verhalen zouden kunnen passen – dat hadden we afgesproken. Waar of niet?'

'Waar,' bevestigde Carol Danforth nadrukkelijk. Ze was klein en donker, net als de compagnon van haar echtgenoot, en sprak snel. 'Vergeet het dus verder maar, jongens. Juffrouw Cameron is op een volstrekt natuurlijke wijze door een toevallige omstandigheid overleden, om het qua terminologie maar eens zo tegenstrijdig mogelijk te zeggen. Laat haar verder met rust.'

'Maar wat een geweldige start voor een mysterie!' De ogen van haar echtgenoot begonnen te stralen van enthousiasme.

'Het eerste wat we zouden moeten vooronderstellen,' ging Martin meteen verder, 'is dat de jonge vrouw niet op volstrekt natuurlijke wijze door een toevallige omstandigheid om het leven is gekomen, zoals Carol stellig beweert, maar dat ze werd vermoord.'

'Natuurlijk,' zei Danforth. 'Dat is de uitdaging. Zien te achterhalen hoe de moordenaar de indruk heeft kunnen wekken dat het hier een volstrekt natuurlijke, door een toevallige omstandigheid veroorzaakte dood betreft.'

'En hoe hij haar heeft vermoord, en waar en waarom.'

'Precies.'

'En wie hij is.'

De echtgenoten zagen berustend dat de twee ongeneeslijke plotbedenkers hun tanden ergens hadden ingezet en niet bereid waren los te laten. Dus loosden ze in plaats van te vitten maar eens een diepe zucht, mede omdat ze door de cocktails die ze dronken wat milder gestemd raakten, en besloten aan de discussie deel te nemen.

'Voordat je dat scherpe, analytische verstand van je gaat gebruiken voor het oplossen van een moord die niet is gepleegd,' zei Carol Danforth, 'vraag ik me af of je wel beseft dat er zo ongeveer zevenhonderdvijftig *verdachten* aan boord van dit schip zitten. Vierhonderd bemanningsleden en driehonderdvijftig passagiers. Zijn dat er niet te veel, zelfs voor twee genieën zoals jullie, om er een selectie uit te kunnen maken?'

'Helemaal niet,' zei haar echtgenoot. 'Het gaat om het motief. Al die mensen zullen toch zeker geen motief hebben om een aantrekkelijke jonge vrouw als juffrouw Cameron te vermoorden?'

'Niet waarschijnlijk,' bevestigde Leroy, 'tenzij iedereen aan boord tot de ontdekking is gekomen dat ze tyfus had of besmet was door een fatale dosis radio-actieve straling of zoiets dergelijks.'

Danforth schudde zijn hoofd. 'Te ver gezocht. Er zijn slechts heel weinig mensen die de maatschappij een dienst willen bewijzen door het plegen van een moord, zelfs onder die omstandigheden. Nee, het motief moet geloofwaardiger zijn dan dat.'

Helen Leroy zei: 'Tsja, ik ben geen schrijfster, godzijdank, maar als jullie je briljante deductieve vermogens eens richtten op het bijzonder fraaie figuurtje van juffrouw Cameron.'

King Danforth gaf haar een klopje op haar hand en leunde achterover om nadenkend een slokje van zijn cocktail te nemen.

'Nu hebben we houvast, lieveling. Een moord uit seksuele motieven. Dat begint er meer op te lijken. Deze jonge vrouw was erg mooi en, ik hoop dat jullie me het vulgaire taalgebruik zullen vergeven, sensationeel bevoorraad. Stel nu eens dat iemand haar wilde versieren, meedogenloos werd afgewezen en haar uit seksuele frustratie vervolgens heeft vermoord?'

'Geweldig!' zei Helen Leroy. Ze keek door het raam van de bar naar de traag omhoog komende golven van de blauwe zee, die schuimkoppen kregen die eruit zagen als kleine antimakassars. 'Ik krijg genoeg van al dat veronderstellen. Ziet het water er niet uitnodigend uit voor een lekkere duik?'

'Over zwemmen gesproken,' mompelde Danforth. 'Die jonge vrouw, juffrouw Cameron, kon behoorlijk goed zwemmen. Ik heb haar in het overdekte zwembad hier aan boord een paar maal stevig baantjes zien trekken.'

'In een badpak?' vroeg Leroy.

'Natuurlijk.'

'Dan kan jij met gezag over haar figuur spreken, King. Was dat zo mooi dat een man er een moord om zou kunnen plegen?'

'Beslist,' zei Danforth waarderend.

'Nu hoor ik voor het eerst dat jij stiekem naar het zwembad bent gegaan om Angela Cameron een Australische crawl te zien uitvoeren,' zei Carol Danforth scherp. 'Echtgenoten naar zwembaden lokken! Geen wonder dat ze is vermoord!'

'Indien je bereid bent je te laten leiden door mijn langdurige ervaring bij het bedenken van plots,' zei Martin Leroy snel, 'zouden we het motief nu maar even moeten laten zitten om het antwoord te vinden op enige vragen over de methode. Zoals je je nog wel zult herinneren, is ze gestikt in een stuk appel.'

'Geen probleem,' antwoordde Danforth. 'Ze is eerst gewurgd. Dat stukje appel is alleen maar haar keel ingeduwd door de moordenaar, zodat de arts dat zou vinden en dus zou denken wat hij nu inderdaad blijkt te denken.'

'Ja, maar de barkeeper heeft niets gezegd van strepen op de keel van de dame, die erop zouden kunnen wijzen dat ze met blote handen is gewurgd.'

'De moordenaar heeft haar niet met zijn blote handen gewurgd. Dat heeft hij met iets anders gedaan.'

'Onmogelijk. IJzer of koord zouden duidelijke sporen hebben achtergelaten.'

'Wie heeft iets over een wurgijzer of koord gezegd? Hij heeft een of ander zacht materiaal gebruikt, zoals een beddelaken of een handdoek.'

'Een beddelaken!' Helen Leroy lachte. 'Mannen!'

'Maar daardoor zou het aantal mogelijke verdachten wel flink worden gereduceerd,' zei Leroy grinnikend. 'Alle vrouwen aan boord kunnen we dan buiten beschouwing laten.'

'Wees nu eens even serieus,' zei Danforth met gefronste wenkbrauwen. 'Dit is een probleem dat zich met luchthartigheid niet laat oplossen.'

'Oké. Hoever zijn we? We hebben een zich verzettende juffrouw Cameron die door een moordenaar is gewurgd, mogelijk door een man die daarbij laten we zeggen een badhanddoek heeft gebruikt. Wat kunnen we daaruit verder concluderen?'

'Dat we gaan lunchen,' zei Carol Danforth grimmig. 'Ik ben uitgehongerd.'

'Laat niemand een appel als dessert bestellen,' zei Danforth.

Hun tafel bevond zich in de voorste eetzaal van de *Valhalla*, die de Runenzaal werd genoemd. Toen ze gingen zitten om te lunchen, konden ze uit de drukke gesprekken in de gewoonlijk plechtstatige ruimte opmaken dat de dood van juffrouw Cameron een algemeen gespreksonderwerp was. Zij hielden zich echter aan de lang voordien vastgestelde regel dat er aan tafel niet over zaken wordt gesproken – een regel die door de dames was vastgesteld. En dus hadden de Danforths en de Leroy's het over het uitstapje dat ze de dag daarvoor naar Bangkok hadden gemaakt, waar ze het voorrecht hadden genoten de adembenemende tempels, toren en *cheddi's* van die heilige stad te zien.

Het cruiseschip was die morgen bij het ochtendgloren voor anker gegaan voor de monding van de rivier de Menam, omdat verder varen oceaanschepen effectief werd belemmerd door de grote zandbank aldaar. Vanaf de kust was er toen majestueus een grote platbodem, door Chinese zeelieden bestuurd, naar de *Valhalla* toegevaren. Vrijwel alle passagiers waren overgestapt, waarna die platbodem hen triomfantelijk over de zandbank heen had gevoerd. Drie uur later waren ze op de kade van Bangkok aan wal gestapt, zo'n zevenendertig kilometer verder stroomopwaarts. De hele dag rondkijken in de kokende hitte die daarop was gevolgd, was vermoeiend maar ze waren het er allemaal over eens dat het wel de moeite waard was geweest. Rond middernacht waren ze uitgeput hun bed ingedoken.

'Die trip zou iedereen, behalve een geharde toerist, de das om hebben gedaan,' zei Leroy. 'Ik heb Helen nog nooit zo afgepeigerd gezien als toen we terug kwamen aan boord.'

Op dat moment brak Danforth met de vaste regel. Hij had zitten nadenken over een in bed lezende juffrouw Cameron. 'Iedereen die naar Bangkok is geweest, was gisterenavond volslagen uitgeput,' zei hij. 'En dat doet me vermoeden dat juffrouw Cameron niet in bed heeft zitten lezen toen ze terug was aan boord. Man, ze zou zonder enige twijfel zijn gaan slapen, bekaf, net zoals wij allemaal.'

'En dus?'

'En dus moet ze *vanmorgen* aan het lezen zijn geweest. Vroeg wakker geworden, bijvoorbeeld, en daarna de slaap niet meer kunnen vatten. Toen heeft ze een boek gepakt, het leeslampje aangedaan, honger gekregen, een appel gepakt en een hap genomen. Hoe klinkt je dat in de oren?'

'Prima, monsieur Dupin, maar wat worden we daar wijzer van?' zei Leroy net toen Jackson Powell, de man die alle uitstapjes aan de wal voor de passagiers van de firma Thos. Cook organiseerde langs hun tafeltje liep, onderweg naar buiten. Even bleef hij staan.

'Erg van juffrouw Cameron, nietwaar?' vroeg hij. 'Vooral omdat ze Bangkok niet heeft gezien. Ze dacht dat dat het hoogtepunt van de cruise voor haar zou worden.'

'Wat bedoelt u met Bangkok niet gezien?' riep Danforth uit. 'Zat ze gisteren dan niet net zoals wij allemaal aan de wal?'

Powell schudde zijn hoofd. 'Ze had een plaats gereserveerd voor dat uitstapje, maar is niet meegegaan. Ik heb de lijst zelf gecontroleerd en ze was er niet.' Hij keek somber naar de geitekaas die Leroy op een cracker aan het smeren was. 'Nu zal ze Bangkok nooit meer zien,' zei hij diepzinnig en liep verder.

Toen ze de Runenzaal verlaten, grinnikte Leroy een beetje zelfbewust. 'Gaan jullie alvast maar naar onze vaste dekstoelen. Ik kom straks naar het zonnedek.'

'Waar ga je naartoe, Martin?' vroeg Helen Leroy.

'Moet even iets doen in de eetzaal op het achterdek.'

'Daar had juffrouw Cameron haar vaste tafeltje,' zei zijn vrouw. 'Mij kan je niet in de maling nemen. Waarom vergeet je die kwestie niet gewoon, lieveling?'

'Ik heb een idee en daar wil ik alleen iets over vragen. Zie jullie wel weer in het zonnetje, mensen.' En Leroy liep weg.

Toen hij zich vijf minuten later op het zonnedek in zijn stoel liet vallen, straalde Leroy. 'Ik heb even gepraat met de steward die haar aan tafel bediende. Ze is gisteren niet een keer komen eten en heeft zich ook voor het diner van de avond daarvoor niet laten zien.'

'Zal wel in haar hut hebben gegeten,' zei Carol Danforth. 'Kunnen we dan over *niets* anders praten?'

Danforth was echter aan het mompelen. 'Daar kunnen we wel achter komen.' Hij stond op, liep snel over de stuurboordgang van het zonnedek naar de lift en stapte die weer uit op het A-dek. Carol

242

en hij hadden de luxe-hut nummer A-20. Hij liep naar die hut, ging naar binnen en belde om Edith, de stewardess.

Een paar seconden later klopte ze op de deur. 'Kom binnen, Edith,' zei hij. Ze was een lieflijke, statige Noorse jonge vrouw met kastanjebruin haar en een ongelooflijk fraaie wit-roze huidskleur. Haar ogen waren een beetje opgezwollen en rood, zag Danforth. 'Het spijt me van juffrouw Cameron,' zei hij meelevend. 'Het moet erg naar voor je zijn geweest haar zo te vinden.'

'Het was niet leuk,' zei Edith en liet dat 'leuk' als 'luuk' klinken.

'Edith, je moet me eens wat vertellen. Ik heb gehoord dat juffrouw Cameron gisteren niet mee is gegaan naar Bangkok. En ze heeft gisteren en de avond daarvoor ook niet in de eetzaal gegeten. Heeft ze al die tijd in haar hut doorgebracht?'

De stewardess keek verbaasd. 'Gisteren heeft de hele dag het bordje met *Niet storen* op haar deur gehangen,' zei ze, 'en ook de avond daarvoor. Dus heb ik haar niet gestoord voor het diner, het ontbijt of de lunch. Dat is me opgedragen, begrijpt u wel. Als zo'n bordje er hangt, mag ik de mensen niet storen.'

Hij trok zijn wenkbrauwen omhoog. 'Dus is ze al die tijd in haar hut gebleven, ook toen ze werd verondersteld deel te nemen aan dat uitstapje naar Bangkok?'

'Niet aldoor,' corrigeerde Edith hem. 'Gisterenmiddag om vijf uur heb ik mijn sleutel gebruikt en ben de hut van juffrouw Cameron ingegaan. Ik maakte me zorgen. Ik had haar niet meer gezien sinds de middag daarvoor.'

'En?'

'Ze was niet in A-12. Er was daar niemand.'

'Oh. En was het bed opgemaakt? Had er iemand in geslapen?'

'Het was opgemaakt, hoewel ik dat niet meer had gedaan sinds de ochtend daarvoor.'

'Dan zal ze het gisteren waarschijnlijk zelf wel hebben opgemaakt,' zei Danforth. 'Misschien heeft ze zo lang geslapen dat ze het vervelend vond jou nog te storen. Was haar deur op slot toen je gisteren haar hut in ging?'

Ze knikte.

'En hoe zat dat vanmorgen toen je ... eh ... haar hebt gevonden?'

'Niet op slot,' zei de jonge stewardess die zich duidelijk voor de geest haalde hoe het was gegaan. 'Haar deursleutel lag naast de fruitschaal op de toilettafel.'

'En hing het bordje *Niet storen* er niet meer?'

'Nee.'

'Heb je haar vanmorgen aangeraakt?'

'Ja. Haar arm, toen ik haar daaraan heen en weer schudde.' Edith rilde. 'Ze werd . . . ze werd . . .'

'Al koud?'

Zonder iets te zeggen knikte ze.

'Maar ze was ook nog een beetje warm?'

'Nog een beetje warm. Maar meer koud. Kouder dan warm.'

'Dank je, Edith,' zei Danforth. 'Meneer Leroy en ik schrijven boeken over dergelijke dingen, weet je. We zijn er altijd in geïnteresseerd te weten hoe dergelijke dingen gebeuren. En we vonden juffrouw Cameron heel erg aardig.'

'Ze was aardig,' zei Edith en vertrok snel.

Helen, Carol en Martin zaten in hun stoelen op het zonnedek op de terugkeer van Danforth te wachten, maar dat niet met een opvallend enthousiasme, omdat ze alle drie na de lunch goed doorvoed en door het zonnetje gekoesterd weggedoezeld waren, zoals dat de meeste passagiers iedere middag regelmatig overkwam. King voelde zich gekwetst. 'Hé!' zei hij luid terwijl hij in zijn eigen dekstoel ging zitten.

Ze werden allemaal tegelijk geschrokken wakker.

Helen Leroy geeuwde. 'King, ben je daar weer? Ik wou dat je langer was weggebleven. Ik zou best nog een half uurtje verder hebben kunnen slapen.'

'Luister . . .' begon Danforth enthousiast.

'Oh, lieveling, houd toch je mond,' zei Carol Danforth. 'We zijn allemaal doodmoe. Ga ergens anders je plots maar bedenken. Helen en ik hebben er genoeg van.'

'Ik niet!' zei Leroy. 'King, wat heeft je meest recente onderzoek opgeleverd? Ik neem aan dat je een praatje hebt gemaakt met Edith?'

'Dat neem je dan terecht aan. Juffrouw Cameron heeft de dag van gisteren en de avond daarvoor in een soort mysterieus niemandsland doorgebracht, Mart. Ze is bij Bangkok niet aan land gegaan. Ze heeft geen enkele maaltijd in de eetzaal gebruikt, zoals jij zelf al had vastgesteld. En ze was niet in haar hut!'

'Niet in haar hut?' herhaalde zijn compagnon verbaasd.

'Volgens Edith niet. Gisteren heeft de hele dag het bordje met *Niet storen* aan haar deur gehangen en dat was eergisteren-avond ook het geval. Maar Edith is gisterenmiddag om vijf uur even gaan kijken. Geen Angela.'

'Wel heb je me ooit!' zei Leroy zachtjes. 'Dat is een leuke complicatie!'

'Leuke complicaties zijn de krentjes in de pap,' zei Danforth orakelachtig. 'Dus waar heeft ze dan wel gezeten?'

'Bij de moordenaar,' suggereerde Leroy. 'In *zijn* hut, waarbij ze zijn avances afsloeg.'

'Hmmm. Alle mannen hier aan boord die gezond van lijf en leden zijn, zaten in Bangkok.'

'De bemanning. Het moet duidelijk een lid van de bemanning zijn geweest. *Zij* zijn niet naar Bangkok gegaan . . .'

'Inderdaad. Zij zijn daar niet naartoe gegaan.'

Ze zaten zwijgend na te denken, kijkend naar de vaag zichtbare zwarte stroom sintels die uit de ene schoorsteenpijp van de *Valhalla* kwam en door het lichte briesje in de richting van de haven werd geblazen. Toen zei Danforth rustig, alsof er na zijn laatste opmerking helemaal geen stilte was gevallen: 'De jonge vrouw is *eer*gisteravond vermoord. Dat zou alles verklaren.'

'Eergisteren?' protesteerde Leroy. 'Onmogelijk. De barkeeper heeft ons duidelijk gezegd dat Angela Cameron net koud begon te worden toen Edith haar vanmorgen vond. Ze blijven geen zesendertig uur warm, meesterbrein!'

'Ja, dat is inderdaad een probleem. Om Edith's eigen woorden te gebruiken was juffrouw Cameron nog een beetje warm maar meer koud.'

Opnieuw viel er een stilte.

Leroy zei plotseling: 'Een lijk koelt gewoonlijk met iets minder dan een graad per uur af, afhankelijk van de temperatuur en vochtigheidsgraad van de omgeving.'

Danforth keek hem vol respect aan. 'Dat is een citaat,' zei hij.

'Maar waaruit?'

'Uit de *Encyclopaedia Britannica*, denk ik. Of soms uit ons eigen boek *Het Zweedse lucifermysterie*? Ik kan het me niet herinneren. Maar ik heb het ergens gelezen.'

'Waar zou een dode vrouw in dit schip kunnen worden opgeborgen,' vroeg Danforth, 'om ervoor te zorgen dat temperatuur en vochtigheidsgraad zodanig zijn dat het lichaam er langzamer door afkoelt?'

'De ijskast,' zei Helen Leroy slaperig.

'Niet de ijskast, slim meisje,' zei de compagnon van haar man. 'Daar is ze *nu*. We willen precies het tegenovergestelde effect.'

Leroy had een afwezige blik in zijn ogen. 'Vrienden,' kondigde hij aan, 'ik geloof dat ik het antwoord heb gevonden.'

'En dat luidt? Doe niet zo verdomd zelfvoldaan!' vermaande zijn echtgenote hem.

'Uit de aard der zaak de meest voor de hand liggende, de enig mogelijke plaats!'

'Niets zeggen,' zei Danforth. 'Laat me eens raden. De sauna op het D-dek, naast het zwembad, waar je een stoombad kunt nemen!'

'Inderdaad. Waar anders?'

'Natuurlijk!'

Weer viel er een stilte.

Ditmaal duurde die langer. Maar uiteindelijk werd hij door Danforth verbroken. 'Die sauna ligt vlak naast het zwembad, naast de ruimte waar je je kunt laten masseren. Juffrouw Cameron zwom iedere middag. In dat weinig aan de verbeelding overlatende zwempak van haar. Iemand is voor haar gevallen, en niet zo zuinig ook. Klopt?'

'Zou jij moeten weten,' zei zijn vrouw.

'Iemand die haar zo vaak in dat badpak heeft gezien dat hij zich niet langer tegen zijn lagere hartstochten kon verzetten. Dus is hij eergisteren . . .'

'Rustig aan, King. rustig aan.' Die onderbreking kwam van Leroy. 'Jij probeert telkens iemand de schuld te geven van deze veronderstelde misdaad. Ik vind dat we eerst maar eens moeten bepalen *hoe* het is gebeurd. Als jullie het goed vinden, zal ik eerst die sauna eens nader toelichten. Ik ben er zelf naartoe geweest. Ik heb er in zitten stomen als een mossel met een zachte schelp die last had van een bijholte-ontsteking. Ik ben daar bijna zes pond lichter geworden. Maar waar in die Spartaanse ruimte zou iemand het lichaam van een volwassen jonge vrouw kunnen verbergen?'

'Doe je ogen eens dicht, Mart,' zei Danforth grinnikend. 'Haal je het beeld van die sauna voor ogen. Er staan banken in van houten latten, net zoals je die aantreft op de onoverdekte tribuneplaatsen in een stadion. Daarop kunnen de mensen plaats nemen om zich dun te laten stomen, nietwaar?'

'Klopt.'

'En denk nu eens na over de ruimte *achter* die banken.'

'Zie ik voor me.'

'Begrijp je het nu?'

Leroy deed zijn ogen open. 'Je hebt gelijk. Achter die banken zit een ruimte van zo'n vijfenveertig centimeter, begrensd door de muur. En die muur is massief. Een lichaam dat daar wordt neergelegd, zou onzichtbaar blijven.'

'Inderdaad.'

'Onzichtbaar voor de cliëntèle, tenzij iemand toevallig naar de bovenste banken zou klimmen en dan recht naar beneden zou kijken.'

'Juist.'

'Dus daar heeft de moordenaar Angela Cameron verborgen gehouden,' zei Danforth, 'in de tijd tussen het begaan van de moord en het moment waarop ze vanmorgen is gevonden.'

'En wanneer heeft hij haar dan vermoord, swami?' vroeg Carol, haars ondanks.

'Het lijkt me duidelijk wanneer dat naar alle waarschijnlijkheid zal zijn gebeurd. Hoe laat sluit het binnenbad?'

'Zes uur.'

'En zoals ik heb waargenomen, zwom juffrouw Cameron graag laat in de middag. Dus is ze eergisteren waarschijnlijk rond half zes haar gebruikelijke baantjes gaan trekken. Ze is blijven zwemmen tot het bad dicht ging. Toen was ze ongetwijfeld de enige die er nog was, met uitzondering van het personeel. Toen ze de kleedkamer voor de dames inliep om haar natte badpak uit te doen en een badjas aan te trekken, moet het zijn gebeurd. De moordenaar, die juist op zo'n gelegenheid had gewacht, dacht dat hij nu succes zou hebben, maar werd teruggewezen. Toen moet hij haar hebben gedood, om te voorkomen dat ze het hele schip bij elkaar gilde of de kapitein ging vertellen wat er was gebeurd.'

Leroy ging verder. 'En toen heeft hij haar naar de sauna gebracht. De intense hitte en hoge vochtigheidsgraad daar hebben, zoals jij al zei, het afkoelingsproces van haar lichaam vertraagd tot de moordenaar dat deze morgen vroeg terug kon brengen naar haar hut.'

'Een ogenblikje,' zei Danforth, die een belerend vingertje opstak. 'Waarom zou hij een hele dag hebben willen voorkomen dat haar lijk werd gevonden?'

'Angst voor de ontdekking,' zou ik zo denken,' zei Carol die zich nu geheel en al had laten meeslepen.

'Misschien hoopte hij het tijdstip van haar dood onduidelijk te maken door dat gekkenhuis van het uitstapje naar Bangkok ertussen te laten komen,' zei Helen.

'Er zijn talrijke redenen voor te bedenken. Het belangrijkste is,' zei Leroy, 'dat de moordenaar Angela achter de banken in de sauna heeft verborgen en toen nonchalant naar het A-dek is gegaan om het bordje *Niet storen* op de deur van haar hut te bevestigen.'

'Hij wist dat zij hut A-12 had door het plaatje dat aan haar sleutel hing.'

'Inderdaad. En dat bordje heeft hij toen opgehangen om de tijd te hebben om een plan te bedenken.'

'Kan. Maar hoe heeft hij haar lichaam dan vanmorgen vroeg naar haar hut kunnen brengen?'

'Misschien in een mand met vuile handdoeken uit het zwembad? Het lijk bedekt door vuil wasgoed?'

'Perfect. Hij vouwt haar lichaam dubbel in zo'n verrijdbaar karretje, bedekt dat met een paar vuile handdoeken uit de kleedkamers en rijdt haar naar haar hut, waarbij hij net doet alsof hij nog meer wasgoed aan het ophalen is. En omdat er 's morgens zo vroeg alleen maar bemanningsleden rondlopen, is het niet moeilijk dat karretje op het juiste moment haar hut in te rijden. En later weer naar buiten.'

'Geen erg originele vorm van lichaamstransport, maar het zou zo kunnen zijn gegaan.'

'Natuurlijk kan het zo zijn gegaan. Laten we eens verder kijken. Edith zei dat de deur van de hut gisterenmiddag op slot zat toen ze naar binnen ging en zag dat Angela er niet was. Maar toen ze vanmorgen het lijk ontdekte, zat die deur niet op slot. Wat denk je daar van?' Danforth wachtte op suggesties.

Helen reageerde. 'Ze had natuurlijk de sleutel van haar deur bij zich toen ze ging zwemmen. Dus heeft de moordenaar eenvoudigweg haar eigen sleutel gebruikt om hut A-12 binnen te gaan toen hij het lijk terugbracht.'

'Heel goed. En waarom was A-12 vanmorgen niet op slot toen Edith het lichaam ontdekte?'

'Omdat de moordenaar de deur op geen enkele manier kon afsluiten toen hij de hut weer was uitgegaan!' zei Leroy. 'Het zijn geen deuren die vanzelf in het slot vallen. En hij moest de sleutel wel *in* de hut achterlaten omdat die daar uit de aard der zaak zou zijn wanneer juffrouw Cameron in die hut was. Hij kon het risico niet lopen dat een vermiste sleutel achterdocht·zou wekken.'

'Niet slecht,' zei Danforth. 'Zo zou het gegaan kunnen zijn.'

Leroy zuchtte droefgeestig. 'King, we zouden hier een interessant verhaal van kunnen maken als we het op de juiste manier benaderden. Vooral die badhanddoek spreekt me wel aan. Slachtoffer gewurgd door badhanddoek, daarna onder datzelfde ding verborgen in waskarretje tijdens transport naar luxe hut.'

'En toen?' ging Danforth verder, hem negerend. 'Wat is er toen gebeurd? Hij staat in haar hut, met een karretje met het lijk. Volgens mij heeft hij juffrouw Cameron toen een nachtjapon aangetrokken, haar rechtop in de kussens gezet, het leeslampje aangedaan, een boek bij haar ene hand gelegd en een appel bij haar andere . . . en is er toen als een haas vandoor gegaan.'

'Nadat hij eerst een stuk van de appel had afgebeten en die in haar keel klem had gezet,' zei Leroy knikkend. 'Staat me wel aan, King. Dat staat me wel aan.'

'Wie zal dus een moord vermoeden? Het is een ongelukje. In ieder geval komt de moordenaar weer uit hut A-12 tevoorschijn en doet wat hij altijd doet, namelijk het wegbrengen van vuil wasgoed naar de wasserij van het schip.'

'De trap naar de wasserij zit bij de achterkant van het A-dek,' zei Leroy. 'Dat klopt dus.'

'En die arme juffrouw Cameron wordt vanmorgen om tien uur gevonden, dood, in haar bed gestikt in een stukje appel, ergens gedurende de nacht of deze morgen vroeg. Het slachtoffer van wat mijn liefhebbende vrouw een volstrekt natuurlijke, door een toevallige omstandigheid veroorzaakte dood noemt.' Danforth leunde achterover en stak een sigaret op. 'Ziezo. Dat zit waterdicht in elkaar.'

'Maar . . .' zei Helen Leroy.

'Zijn er "maren"?' vroeg King Danforth. 'Bedoel je dat er nog losse draden zijn?'

Danforth lachte. 'Daar zit wat in,' zei hij. 'Wat vind jij ervan, Mart?'

'Op dat terrein heb ik het zeer grote nadeel dat ik geen zwemmer ben,' zei Leroy en keek Danforth even schuins aan. 'Ik word niet eens naar een zwembad toegelokt door een sensationeel chassis. In feite is het zo dat ik alleen maar op het D-dek ben geweest voor een bezoek aan de sauna en de masseur. Maar als ik een bemanningslid zou moeten aanwijzen die voor de charmes van juffrouw Cameron gevallen kan zijn en haar heeft vermoord toen ze niet op zijn avances in wenste te gaan, zou ik kiezen voor die Neanderthaler van een blonde Viking met het konijnegebit die hier in dienst is genomen om mensen uit het zwembad op te vissen als ze dreigen te verdrinken. Heet hij niet Nils?'

'Aan die man zat ik ook net te denken,' zei Danforth instemmend. 'En die kan ook makkelijk bij de handdoeken komen.'

'En bij het waskarretje,' zei Helen Leroy. 'Maar ik ken Nils vrij goed. Hij is heel aardig.'

'Misschien dat jouw chassis niet sensationeel genoeg is om het beest in hem wakker te maken,' wilde haar echtgenoot zeggen, maar hield zich in.

'Tjsa, lieve mensen,' zei Danforth, indien de feiten even eigenaardig zouden zijn als de fictie van Leroy King, hetgeen helaas niet zo is, zou die arme Angela Cameron op die manier aan haar einde gekomen kunnen zijn.'

'Inderdaad,' zei Leroy met een zucht. 'Maar we zullen het feit onder ogen moeten zien dat juffrouw Cameron de pech heeft gehad te stikken in een stukje appel. En ik wil ook eerlijk zijn tegenover Nils, de jongen bij het zwembad. Ik zou zo zeggen dat hij er een stuk beter en aantrekkelijker en vriendelijker uit zou zien dan een van deze beide heren hier in jullie gezelschap als hij eens een keertje naar de orthodontist zou gaan omdat gebit van hem te laten reguleren.'

'Dat,' zei Carol Danforth welgemeend, 'is een feit en geen fictie.'

Tijdens het diner waren ze allemaal heel opgewekt en bestelden een fles champagne. 'Om het feit te vieren dat we het Noorse appelmysterie tot een oplossing hebben gebracht,' zei Leroy.

Na het diner namen ze in de balzaal een cocktail onder een spelletje bingo, waar altijd andere passagiers dingen bij wonnen en zij niet. Daarna dansten ze tot middernacht op de uitstekende muziek van de all-Scandinavische jazzband.

Toen ze uiteindelijk naar beneden gingen, naar hun hutten op het A-dek om naar bed te gaan, waren ze voldaan. Ze hadden een stimulerend dagje achter de rug, ondanks het feit dat die dag voor een van hun medepassagiers zo'n tragisch resultaat had gekregen.

Om vanaf de liften hun luxe hutten te kunnen bereiken, moesten ze langs de deur van hut A-12, die van de overleden juffrouw Angela Cameron was geweest. Net toen ze daar vlak bij waren, ging de deur open en kwam Edith, hun stewardess, naar buiten met een fruitschaal in haar hand. Ze knikte even en wilde verder lopen. Danforth stak een hand uit en hield de vrouw met het kastanjebruine haar tegen.

'Hallo, Edith,' zei hij. 'Is er nog wat aan de hand in A-12?'

'Nee, meneer Danforth,' zei ze. 'Ik ben de hut van juffrouw Cameron aan het opruimen en haar spulletjes aan het pakken. Die zullen van boord worden gehaald als we in Hong Kong zijn aangekomen. Nu hebben we verder alles achter de rug. Haar ouders hebben over de scheepsradio opdracht gegeven haar in Hong Kong te laten cremeren en de as per vliegtuig naar huis te laten overbrengen.'

'Arme stakker,' zei Helen Leroy die zich opeens heel schuldig voelde. Maar toen keek ze naar de fruitschaal die Edith in hut A-12 had opgehaald om mee te nemen naar de pantry.

Leroy keek er eveneens naar. Hij stak een hand uit en pakte er een appel vanaf. 'Is dat de appel die juffrouw Cameron aan het eten was toen ze is gestikt?'

Edith knikte.

'Moet je eens kijken,' fluisterde Leroy.

Hij liet de appel aan de anderen zien.

Het vruchtvlees was bruin geworden op de plaats waar iemand er een grote hap van had genomen.

Aan de bovenkant waren duidelijk de afdrukken van tanden te zien. Die zouden onmogelijk kunnen zijn aangebracht door het mooie, gave gebit van Angela Cameron. Het was onmiskenbaar duidelijk dat twee grote, ver vooruitstekende voortanden in het vruchtvlees waren gezet.

J.J. Marric (John Creasy)
Gideon en de kastanjeverkoper

John Creasy heeft zoveel geschreven dat hij wel achtentwintig
pseudoniemen heeft gebruikt en toen hij in 1973 overleed een gro-
te hoeveelheid niet gepubliceerde manuscripten achterliet. Er zijn
meer dan zeshonderd boeken van hem gepubliceerd en daardoor is
hij waarschijnlijk degene geworden die in de Engelse taal de
meeste misdaadverhalen heeft geschreven.

J.J. Marric was zijn meest bekende pseudoniem en dat gebruikte
hij voor zijn verhalen over George Gideon van de Londense politie.

De oude Ben Fairley had al meer winters dan hij zich kon herinneren vers gepofte kastanjes verkocht. In feite was het zo dat hij zich
maar weinig herinnerde van wat er gedurende zijn ruim zeventig
levensjaren had plaatsgevonden, want hij had altijd vrijwel geheel
en al in het heden geleefd, of dat nu goed of slecht was. Iedere zomer trok hij er op uit en meldde zich bij die boerderijen waar hij
tijdelijk werk kon vinden door gewassen te planten, te schoffelen of
fruit te plukken. Iedere winter ging hij naar 'huis', naar het loge-
ment in de buurt van het Londense Covent Garden, waar hij zijn
handkar en komfoor had weggezet, kocht de kastanjes en gros in
en pofte ze.

Het stekkie van de oude Ben was vlak bij Leicester Square.

Zijn kastanjes waren altijd vlezig en wit en waren helemaal uit
het zonovergoten Italië gekomen. Oude Ben was even zorgvuldig
als de beste kok wanneer hij ze openspleet, omdraaide en warm
hield.

Het vuur van het komfoor hield ook hem warm.

Veel mensen kenden hem en liepen met een glimlach of een
knikje langs zijn karretje, waarbij ze soms even bleven staan om

hem een shilling of een twee-shillingstuk te geven, waarbij ze gewoonlijk 'vergaten' hun zakje kastanjes mee te nemen. Maar er waren ook mensen die wel van kastanjes hielden en het niet erg vonden die te ontvellen en op te eten terwijl ze over de harde Londense trottoirs liepen.

Tot hen behoorde George Gideon, hoofd van de Centrale Recherche van New Scotland Yard. Van tijd tot tijd, vaak 's avonds laat nadat de theatergangers weer naar huis waren gegaan en Londen rustig en verlaten was, liep Gideon op zijn gemakje rond over de vierkante mijl waarbinnen Soho, Piccadilly Circus en Leicester Square lagen, bijna alsof dat terrein zijn eigendom was. In ieder geval hield hij van die buurt. Krantenverkopers, straatkunstenaars, taxichauffeurs, klantenlokkers van nachtclubs, venters en politieagenten waren vertrouwd met zijn indrukwekkende, zwaargebouwde gestalte, de vooruitgestoken, vierkante kin, het brede gerimpelde voorhoofd onder het metaalgrijze haar.

Op koude avonden bleef Gideon vaak bij het karretje van de oude Ben staan, betaalde zijn shillings, nam een zachte, lekkere noot en stopte die warm en in zijn geheel in zijn mond,

'Moet een verhemelte van beton hebben,' zei de oude Ben dan. Of: 'U bent de enige man die ik ken die die noten open kan maken zonder zijn vingers daarbij te verbranden. Hoe flikt u 'm dat, meneer Gideon?'

'Ik heb een taaie huid gekregen door het vangen van slechteriken,' antwoordde Gideon dan onveranderlijk.

Daar lachten ze telkens beiden om, waarna Gideon nog even bleef staan praten met de oude Ben terwijl hij de schillen in het vuur gooide en keek hoe die vlam vatten.

Op een avond, niet meer dan een half uur nadat hij de kastanjeverkoper weer gedag had gezegd, stopte een taxi vlak bij het karretje van de oude Ben. Ben zag er eerst een jongeman uitkomen, toen een tweede, een derde en een vierde en voelde dat er problemen zouden komen. Vrijwel op datzelfde moment kwam er een andere taxi met piepende remmen tot stilstand aan de andere kant van de straat. Ditmaal had de oude Ben het te druk om te tellen hoeveel mannen eruit stapten; hij had de handvatten van zijn karretje vastgepakt en begon weg te lopen.

Hij kwam niet ver.

Plotseling duwde een van de jongemannen hem opzij. Toen de oude Ben daardoor vrijwel zijn evenwicht verloor, greep een andere jongeman het karretje vast en begon een derde de kastanjes van het rooster af te pakken. De oude Ben uitte een luid protest, omdat hij nu even boos als bang was.

Er kwamen snel nog meer jongemannen aangelopen en voorbijgangers bleven geschrokken staan toen de twee groepen met elkaar op de vuist gingen. Midden onder het gevecht stootte iemand tegen het komfoor, waardoor dat omviel. Toen de oude Ben naar voren rende om zijn kastanjes te redden, vlogen roodgloeiende kooltjes als lichtkogels door de lucht en sloegen tegen zijn uitgestoken handen aan.

Hij gilde het uit van de pijn.

Schril klonk het geluid van een politiefluitje.

Binnen vijf minuten werd de oude Ben Fairley kreunend en slechts half bij bewustzijn razendsnel naar het ziekenhuis gebracht. De twee concurrerende bendes waren verdwenen en de hete kooltjes die her en der op het trottoir lagen, werden koud.

Gideon werd van het gebeurde op de hoogte gesteld om een uur of half tien de volgende morgen, net toen hij zijn mensen instructies aan het geven was. Er werd vrijwel terloops melding van gemaakt door inspecteur Lloyd, die de leiding had over de pogingen die door de politie in het werk werden gesteld om paal en perk te stellen aan de activiteiten van jeugdbendes in Soho.

'Ik zou het nog kunnen begrijpen als ze er een doel mee voor ogen hadden gehad,' zei Lloyd. Hij was groot, oprecht en Welsh. 'Maar ze vechten uitsluitend omwille van het vechten. Gisterenavond zijn er weer scheermessen en boksbeugels gebruikt, George.'

Gideon keek somber. 'Heb je een van hen kunnen arresteren?'

'Nee. Ze waren al weer weg voor onze jongens arriveerden. Het kan die zwijnen niets schelen hoeveel schade ze aanbrengen, of een buitenstaander verwonden. Ditmaal is een oude kastanjeverkoper ernstig verbrand toen ze zijn komfoor hadden omgestoten.'

Gideon verstijfde. 'Kastanjeverkoper? Waar stond die man?'

'Even voorbij de National Portrait Gallery in de buurt van Leicester Square,' antwoordde inspecteur Lloyd.

Gideon drukte op een bel op zijn bureau en toen zijn assistent binnen kwam, zei hij snel: 'Gisterenavond heeft een kastanjeverkoper in de buurt van Leicester Square ernstige brandwonden opgelopen. Achterhaal hoe hij heet, waar hij is en hoe het met hem gaat.'

'In orde,' zei de assistent, een lange, magere, benige man die naar de naam Lemaitre luisterde.

'Ken je die kerel?' vroeg de man uit Wales.

'Als het degene is die ik denk, ken ik hem al dertig jaar,' zei Gideon. 'Heb je je rapport al ingeleverd?

'Dat wordt nu uitgetypt.'

Al heel spoedig hoorde hij dat het inderdaad om Ben Fairley ging, dat de oude man het redelijk maakte, maar dat de schok voor een man van zijn leeftijd ernstige gevolgen zou kunnen hebben.

'Zijn handen zijn zo erg verbrand dat hij de eerste tijd geen kastanjes zal kunnen poffen,' meldde Lemaitre. 'Hij mag echter wel bezoek ontvangen.'

'Hebben we iemand bij hem op wacht gezet?'

'Lloyd heeft daar niet om gevraagd,' zei Lemaitre, die zich in de verdediging gedrongen voelde. 'Hij lijkt uiteindelijk niets met een bepaalde misdaad te maken te hebben. Dat stelletje boeven was domweg weer onderling aan het vechten.'

Gideon gromde wat.

Hij bestudeerde het routinematig geschreven verslag, evenals twee verklaringen van ooggetuigen waarin ook nauwelijks iets bijzonders stond. Gideon ging even praten met de oude Ben in het Charing Cross ziekenhuis. Hij had de man nog nooit gewassen en geschoren gezien. Beide handen van Ben waren geheel verbonden en hij zag er moe en uitgeput uit. Maar in zijn gerimpelde gezicht stonden een paar levendige ogen en zijn broze stem had een boze ondertoon.

'Ze renden zomaar op me af, dat deden ze. En *ik* heb hun nooit kwaad gedaan. Ik heb hen nog nooit van mijn leven gezien!'

'We pakken ze wel, Ben,' zei Gideon en was dat ook vast van plan.

'Wil je me er nog iets meer over vertellen?'

'Er valt niets meer te vertellen,' zei de oude Ben. 'De ene ploeg kwam in de ene taxi en de andere in een andere. Ze renden zomaar op me af, dat deden ze.'

'Hoe zijn je handen zo verbrand geraakt?' vroeg Gideon.

Ben keek hem aan alsof hij zich afvroeg hoe een intelligente man zo'n vraag kon stellen.

'Omdat ik mijn kastanjes probeerde te redden, natuurlijk. Zij vertegenwoordigden mijn kapitaal, meneer Gideon . . . Ik had ze nodig om in zaken te kunnen blijven.'

'Ik zal ervoor zorgen dat je zaken kunt blijven doen,' beloofde Gideon. 'Ben, wat is er daarna gebeurd? Volgens het rapport waren alle kastanjes weg.'

'Die je-weet-wellen hebben ze meegenomen,' zei Ben met een stem die schor klonk van woede. 'Hoe is het mogelijk. Van een oude man kastanjes stelen die maar een paar shilling waard zijn. Hoe diep kan een mens zich verlagen?'

'Maak je er maar geen zorgen over,' zei Gideon geruststellend. 'Wil je me nu nog vertellen hoeveel kastanjes je had?'

'Zo'n pond of vijf. Qua gewicht bedoel ik dan, inclusief de kastanjes die ik van die jonge vrouw heb gekregen. Maar meneer Gideon . . .'

'Jonge vrouw?' onderbrak Gideon hem scherp. 'Welke jonge vrouw? En wanneer heeft ze je die kastanajes gegeven?'

'Gisterenmiddag, meneer Gideon. Ze kwam uit een van die nieuwe flatgebouwen aan de achterzijde van Oxford Street. Ik had haar al enige malen gezien wanneer ik er met mijn karretje langs kwam . . . ligt op de weg naar mijn stekkie, begrijpt u wel. "Hallo, ouwe," zei ze, "ik heb iets voor je." Toen gaf ze me een grote zak vol kastanjes. Prachtexemplaren, anders zou ik ze niet hebben verkocht,' voegde Ben daar braaf aan toe.

Gideon boog zich naar voren. 'Ben, nu moet je eens goed nadenken. Weet je dat alles helemaal zeker?'

'Natuurlijk!' riep Ben. 'Best aardig grietje, met lang blond haar dat tot op haar rug hangt. Het kan gek in het leven gaan, nietwaar meneer Gideon? 's Middags geeft iemand me kastanjes en diezelfde avond pikt iemand anders die weer van me af. Net als mij eigen kastanjes, trouwens.'

Gideon keek nadenkend. 'Een van de nieuwe flatgebouwen achter Oxford Street,' mompelde hij in zichzelf. 'Blond. Hmmm.' Langzaam kwam hij overeind. 'Ja, Ben, het kan gek gaan in dit leven. Maar doe jij het rustig aan. Als je weer beter bent, zal ik ervoor zorgen dat je alles krijgt om weer in zaken te kunnen gaan.'

Gideon liep het ziekenhuis uit en haastte zich terug naar New Scotland Yard. Zodra hij weer in zijn kantoor zat, riep hij inspecteur Lloyd bij zich.

'Al een aanwijzing gevonden over die vechtersbazen van gisterenavond?' vroeg Gideon.

'Nee chef. Twee van onze jongens hebben hen gezien, maar ze behoorden niet tot de gebruikelijke categorie die herrie trapt in Soho. Dat is het probleem – het is besmettelijk. De hemel weet wat voor lol ze eraan hebben beleefd om een paar kastanjes te jatten.'

'Neem contact op met het bureau noordoost en vraag of Dicey Gamble nog altijd in een van die nieuwe flatgebouwen achter Oxford Street woont,' zei Gideon. 'En vraag ook wat voor kleur haar zijn vrouw heeft . . . Ze was gewoon het te blonderen,' voegde hij daar nadenkend aan toe.

Lloyd keek hem heel aandachtig aan.

'Dicey? Ik heb hem vorige week nog gezien en hij woont nog altijd in die flat. Moet hem een fortuin kosten. Zijn vrouw heeft blond haar.'

'Best een aardig grietje?' vroeg Gideon. 'Met lang haar?'

'Klopt als een bus,' zei Lloyd. 'Het gaat mijn petje te boven waarom ze ooit met die knoeier van een dief is getrouwd. Hoe bent u eigenlijk op Dicey gekomen?'

Dicey Gamble was de leider van een bende die snelle roofovervallen pleegde op juwelierszaken. Hij had al een keer in de gevangenis gezeten en een aantal van zijn 'jongens' zat daar nog, maar hij kon altijd wel andere mensen vinden die bereid waren met hem mee te doen.

'Noem het maar een schot voor de boeg,' antwoordde Gideon. 'Vraag het bureau noordoost meteen ook om eens uit te zoeken of leden van zijn bende de laatste tijd soms kastanjes hebben gekocht. Zo nodig moeten alle winkeliers in de wijk worden afgelopen. Ga nu meteen aan de slag, want we hebben geen tijd te verlie-

258

zen.'

De inspecteur liep snel het kantoor uit en binnen een uur belde hij Gideon al weer op.

'U had gelijk, meneer! Gisterochtend heeft een van de jongens van Dicey Gamble een kilo kastanjes gekocht.'

'Prima. Laat alle manschappen aanrukken die je nodig hebt en vertrek meteen naar Dicey's flat,' beval Gideon. 'Ik ga naar huis. Bel me daar op om me te vertellen wat jullie bevindingen zijn geweest.'

Hij wilde, zoals zo vaak, dat hij mee kon doen aan wat er nu zou gaan gebeuren. In dat opzicht, op zijn minst, benijdde hij zijn ondergeschikten, die lichamelijk in actie konden komen en daar stimulansen en opwinding uit konden putten.

Om zeven uur die avond arriveerden de mensen van het bureau noordoost en van de Yard bij het appartement van Dicey.

In Dicey's ogen verscheen een paniekerige blik toen de mensen van de Yard voor zijn deur stonden, maar hij wist die paniek al snel te camoufleren.

'U zult bij mij niets vinden, inspecteur,' hield hij vol. 'U kunt rustig overgaan tot een huiszoeking, maar u zult niets vinden.'

Lloyd keek hem strak aan. 'Die kastanjes zullen je duur komen te staan, Dicey.'

Dicey's gezicht werd lijkbleek. Lloyd duwde hem opzij, ging naar binnen en liep de flat rond. Hij bleef staan toen hij bij de keuken was gearriveerd. Op de tafel lag een uitgespreide krant en op die krant lag een bergje kastanjes. Dicey was kennelijk bezig geweest die noten door midden te snijden. Met sommige was dat al gebeurd.

In acht van de helften zaten diamanten.

'Niets nieuws onder de zon,' legde Gideon Lloyd uit. 'Ik heb eens een dief gekend die een hazelnoot in tweeën spleet, er een diamant in stopte en dan de twee helften weer vastzette. De bendes die de oude man aanvielen, deden dat duidelijk niet uitsluitend voor de lol. Dus hadden ze het op de kastanjes gemunt. Voeg daar het gegeven bij dat de oude Ben kastanjes had gekregen van een vrouw die in hetzelfde huis woonde als een van onze meest slimme juwelendieven en dan beginnen de stukjes van de legpuzzel op hun plaats te vallen.'

'Inderdaad,' zei Lloyd instemmend. 'Dicey en zijn bende zaten met die pas gestolen diamanten en hebben die in de kastanjes verstopt. Een van de boeven heeft die afgegeven bij Dicey's flat, zoals hem was opgedragen. Maar Dicey was er niet en hij en zijn vrouw eten alle twee geen kastanjes. Dus heeft zijn vrouw die aan de oude Ben gegeven.'

'Iedereen zegt dat ze best wel een aardig grietje is,' mompelde Gideon.

Later die dag, toen Gideon bij de oude Ben in het Charing Cross ziekenhuis zat, maakte hij zijn verhaal af.

'Zodra Dicey had ontdekt wat zijn vrouw had gedaan, heeft hij zijn makkers bijeen geroepen om naar jouw karretje te gaan en die kastanjes terug te halen. Maar toen hij zijn makkers die opdracht gaf, heeft een andere bende er lucht van gekregen en arriveerde als eerste bij jou. Daarna kwamen de mensen van Dicey en werd er gevochten. Eenvoudig, nietwaar, Ben?'

De oude Ben glimlachte, langzaam en tevreden. Misschien zou hij de volgende keer dat hij kastanjes ging poffen wel dromen over een fortuin aan diamanten.

Bill Pronzini
Altijd hetzelfde vlees in de kuip

De op vele gebieden getalenteerde Bill Pronzini heeft vanaf het midden van de jaren zestig de liefhebbers van misdaadverhalen al aangenaam bezig gehouden. Naast verhalen heeft hij ook romans geschreven en vooral die waarin de 'naamloze detective' optreedt zijn bijzonder populair. Ze zijn tot op zekere hoogte autobiografisch, omdat de 'naamloze' net als zijn schepper een Italiaan is, van bier houdt en een grote verzameling pulptijdschriften bezit. Pronzini heeft zeer veel uitstekende korte verhalen geschreven die sinds kort ook worden gebundeld. Hij heeft ook veel gepubliceerd over misdaadverhalen en zijn Gun in Cheek, *een meesterlijke studie over het genre aan de hand van de slechtste boeken die ertoe behoren, zal zeker een standaardwerk worden. Daarnaast heeft hij tijd gevonden om als redacteur of co-redacteur op te treden voor een aantal van de beste bloemlezingen van de misdaadliteratuur.*

Er waren geen klanten in de Vienna Delicatessenwinkel toen Mitchell daar op een donderdagmiddag om twee uur naar binnen liep. Dat was echter niet iets ongebruikelijks. Hij ging er de laatste tijd een paar maal per week naartoe sinds hij de zaak twee maanden geleden had ontdekt, en in al die tijd had hij er niet meer dan een twaalftal mensen boodschappen zien doen.

Veel bijzonders was het winkeltje niet. Niets anders dan een hokje dat aan het einde van een zijstraat zat in een oude buurt waarmee het bergafwaarts ging. Hetgeen precies het tegenovergestelde was van wat hij zelf aan het doen was, dacht Mitchell. Hij ging *bergopwaarts* – de sloppen uit waar hij was opgegroeid. Hij zou een paar maanden in dit deel van de stad blijven tot hij voldoende geld en voldoende connecties had om verder naar het centrum te trekken waar het leven makkelijker was en je champagne dronk in plaats van goedkope bourbon en in mooie restaurants at in plaats van in stoffige oude delicatessenzaakjes.

Hij moest wel toegeven dat het feit dat hij de Vienna Delicatessenwinkel had ontdekt, hem voordelen had opgeleverd. In de eerste plaats was het eten er goed en goedkoop. En in de tweede plaats amuseerde Giftholz, de eigenaar, hem. Giftholz was een breekbare ouwe vogel die met een accent sprak en veel humoristische opmerkingen maakte, omdat hij nog niet de helft begreep van de dingen waarover je met hem kletste. Hij kwam uit Oostenrijk of ergens uit die contreien en woonde al dertig jaar in dit land, maar hij sprak verdomme nog altijd alsof hij net van de boot was gestapt.

Wat Giftholz nu deed, was achter de toonbank van zijn delicatessenzaak staan en in de ruimte staren. Was misschien aan het dagdromen over Oostenrijk. Of over de klanten die hij zo graag had willen hebben. Hij hoorde Mitchell de deur niet open maken, maar zodra het belletje boven zijn hoofd begon te rinkelen, draaide hij zich snel om en glimlachte op een trieste, hoopvolle manier die Mitchel altijd deed denken aan een oude straathond die zit te wachten tot iemand hem een bot toegooit.

'Meneer Mitchell. Een goede middag.'

Mitchell deed de deur dicht en liep op de toonbank af. 'Hoe gaan de zaken, Giftholz?'

'Het gaat,' zei Giftholz triest. 'Maar niet zo goed.'

'Hetzelfde vlees in de kuip, nietwaar?'

'Zelfde vlees in de kuip?'

'Ja, dag in dag uit hetzelfde. Vastroesten. Gesnopen?'

'Gesnopen?' zei Giftholz. Hij knipperde met zijn ogen alsof hij een beetje in de war was en streek met zijn handen over de voorkant van zijn schone witte schort. 'Wat wilt u vandaag eten, meneer Mitchell?'

'Het gebruikelijke. Extra grote worst en koolsla. En geef me ook maar een brouwseltje.'

'Een brouwseltje?'

Mitchell grinnikte. 'Bier, Giftholz. Ik wil een biertje.'

'Ah. Een biertje, een extra grote worst, een koolsla. Ja.'

262

Giftholz ging aan de slag. Hij bewoog zich niet al te snel – hij was verdomme zo breekbaar dat hij waarschijnlijk zou kantelen wanneer hij *probeerde* zich snel te bewegen – maar dat hinderde niet. Hij wist wat hij deed en deed dat goed. Veel vlees op de sandwich en veel sla. Dat moest je hem nageven.

Mitchell sloeg hem enige tijd gade. Toen zei hij: 'Giftholz, je moet me eens vertellen hoe je op deze manier je kop boven water kunt houden.'

'Wat zegt u?'

'Je kop boven water houden,' zei Mitchell. 'In zaken blijven. Je hebt niet veel klanten en je prijzen liggen nog altijd verdomd laag.'

'Ik breng redelijke bedragen in rekening.'

'Ja, inderdaad. Maar op die manier kan je geen appeltje voor de dorst kweken.'

'Appeltje voor de dorst?' zei Giftholz. 'Ik koop mijn appels bij de groenteboer aan de Union Avenue.'

Daar moest Mitchell om lachen. 'Ik bedoel geld, Giftholz. Op zo'n manier verdien je er niets aan.'

'Ah. Ja, soms is dat moeilijk.'

'Hoe betaal je dan de rekeningen? Doe je er nog iets naast?'

'Iets naast?'

'Ja, bijverdienste. Af en toe een gokje wagen, misschien?'

'Nee, ik heb geen bijverdienste.'

'Kom nou! Iedereen sjoemelt wel eens wat. Ik bedoel: dit is een wereld van ieder voor zich en God voor ons allen, nietwaar? Iedereen moet op zijn eigen manier de eindjes aan elkaar knopen.'

'Dat is waar,' zei Giftholz. 'Maar ik sjoemel niet. Ik ken dat woord niet eens.'

Mitchell schudde zijn hoofd. Giftholz sjoemelde naar alle waarschijnlijkheid inderdaad niet. Daar zag het wel naar uit. Een van die ouderwetse kooplieden die doodeerlijk waren. En zo arm als een kerkrat, omdat ze er niets voor voelden hun klanten een poot uit te draaien en zo mogelijk een graantje extra mee te pikken. Maar hoe kon hij dan blijven doordraaien, gezien de stand van zaken tegenwoordig? Zelfs ondanks zijn lage prijzen kon hij niet concurreren met de grote ketens van cafetaria's in de buurt die speciale aanbiedingen hadden en zelfs cadeautjes gaven. En hij moest

263

steeds hogere bedragen betalen voor de inkoop van de dingen die hij verkocht. Toch was hij nog altijd in zaken. Mitchell kon maar niet begrijpen hoe dat kerels zoals hij lukte.

Giftholz had de sandwich klaargemaakt, legde die op een papieren bordje, zette er een goed gevuld bakje sla naast, maakte een biertje uit de ijskast open en zette dat alles op de toonbank neer. Hij glimlachte toen hij dat deed – een soort van trotse glimlach, alsof hij iets moois had verricht.

'Twee dollar alstublieft, meneer Mitchell.'

Twee dollar. Mijn hemel. Hetzelfde maaltje zou hem in een van de tentjes in het centrum vier of vijf dollar hebben gekost. Mitchell schudde opnieuw zijn hoofd, stak een hand in zijn zak en haalde daar zijn portefeuille uit.

Toen hij die open maakte en zijn vingers langs de dikke rol bankbiljetten liet glijden, werden Giftholz' ogen groot van verbazing. Waarschijnlijk omdat hij nog nooit van zijn leven meer dan vijftig dollar tegelijk had gezien. Verdomme, dacht Mitchell, geef die man maar eens een kick. Hij maakte de portefeuille verder open en zwaaide die heen en weer onder de neus van Giftholz.

'Zo ziet het echte geld eruit, Giftholz,' zei hij. 'Hier zie je vijf biljetten. Vijfhonderd troeven. En waar dit vandaan komt, is nog veel meer te halen.'

'Waar heeft u zoveel geld verdiend, meneer Mitchell?'

Mitchell lachte. 'Ik heb een paar connecties. Daardoor komt het. Ik doe kleine klusjes voor mensen en ze betalen me daar goed geld voor.'

'Kleine klusjes?'

'Je zou vast niet willen dat ik je vertelde wat die inhouden. Privéklusjes zijn het, wanneer je begrijpt wat ik bedoel.'

'Ah,' zei Giftholz en knikte langzaam. 'Ja, ik begrijp het.'

Mitchell lachte weer en nam een hap van zijn sandwich. Verdomd goed. Giftholz maakte inderdaad de beste sandwiches van de hele stad. Hoe en waar moest je een vent als hij nu *plaatsen*?

Hij at, staande aan de toonbank. Er stond een klein tafeltje tegen de achtermuur aan, maar vanaf deze plaats kon hij Giftholz in slow motion zien rondscharrelen. Er kwam verder niemand de winkel in; het zou hem hebben verbaasd als dat wel was gebeurd. Toen hij de laatste hap van zijn sandwich had genomen evenals de laatste slok van zijn biertje, boerde hij voldaan en veegde zijn handen aan het servet af. Giftholz kwam aangelopen om het bordje weg te halen; toen pakte hij van onder de toonbank een schaal pepermuntjes en een klein schoteltje met tandestokers.

'Alstublieft,' zei hij.

'Gratis pepermuntjes? Sinds wanneer, Giftholz?'

'Komt omdat u een goede klant bent.'

Komt omdat ik je een fooi van drie dollar heb gegeven, dacht Mitchell. Hij grinnikte naar Giftholz, nam een handjevol pepermuntjes en liet die in zijn jaszak glijden. Toen pakte hij een tandestoker en bewerkte daarmee een stukje worst dat tussen twee kiezen klem zat.

Giftholz zei: 'Zou u mij een kleine dienst willen bewijzen, meneer Mitchell?'

'Dienst? Hangt ervan af wat het is.'

'Komt u even met me mee naar de keuken.'

'Waarom?'

'Ik wil u graag iets laten zien.'

'Zoals?'

'Het is iets interessants. Alstublieft. Het hoeft niet lang te duren.'

Mitchell had zijn kiezen inmiddels uitgegraven, stopte de tandestoker in een van zijn mondhoeken en haalde zijn schouders op. Wat deed het ertoe? Hij kon die oude man net zo goed ter wille zijn. Hij had de tijd; hij hoefde vandaag geen kleine klusjes meer op te knappen. En tot vanavond zou er niet worden gegokt of achter de dames aangezeten.

'Tuurlijk,' zei hij. 'Waarom niet?'

'Goed,' zei Giftholz. '*Wunderbar.*'

Hij gebaarde Mitchell om de toonbank heen naar achteren te lopen en strompelde toen door een deur naar de keuken. Toen Mitchell achter hem aan kwam, zag hij niet iets wat bijzonder interessant was. Alleen een uitgebreide keukenuitrusting, een grote haktafel, een paar kratten bier en een of ander groot apparaat dat in de verste hoek stond.

'Wat wil je me nu laten zien?' vroeg hij.

'Niets,' zei Giftholz.

'Hè?'

'Ik zou u eigenlijk een vraag willen stellen.'

'Welke vraag?

'Of u Duits spreekt.'

'Duits? Wil je me in de maling nemen?'

'In de maling nemen?'

Om de een of andere reden ging het ademhalen Mitchell moeite kosten. 'Luister,' zei hij. 'Waarom zou je zoiets willen weten?'

'Vanwege mijn naam. Indien u Duits zou spreken, moet u weten, zou u begrijpen wat die betekent.'

Moeite met ademhalen, en een beetje duizelig ook. Hij knipperde een paar maal met zijn ogen en streek met een hand over zijn gezicht. 'Wat kan mij het schelen wat die verdomde naam van jou betekent?'

'Dat zou u wel wat moeten kunnen schelen, meneer Mitchell,' zei Giftholz. 'Hij betekent vergifhout.'

'Vergif . . .?' Mitchells mond viel open en de tandestoker viel eruit en dwarrelde op de grond. Een seconde staarde hij daar niet begrijpend naar.

Vergifhout.

Toen voelde hij zich niet langer duizelig en kortademig; hij voelde niets meer. Hij voelde niet eens de vloer toen hij voorover viel en daar hard met zijn gezicht op terecht kwam.

Giftholz stond naar het lichaam te kijken. Jammer, dacht hij, triest. Maar uiteindelijk was meneer Mitchell een *Strolch*, een stuk geboefte geweest; om zulke mensen hoefde niet te worden getreurd. En zoals hij zelf in dat merkwaardige idioom van hem had gezegd: het was een wereld van ieder voor zich en God voor ons allen. Alles was zo duur; alles was zo moeilijk voor een eerlijke man. Je moest werkelijk op welke manier dan ook de eindjes aan elkaar zien te knopen.

Hij boog zich voorover en voelde naar een polsslag. Maar natuurlijk was die er niet. Het vergif verlamde de hartspieren en had binnen een paar minuten absoluut zeker de dood tot gevolg. Het werd ook, zoals hij heel goed wist, na korte tijd in het lichaam geneutraliseerd, zodat er geen toxische sporen achterbleven.

Giftholz pakte de speciale tandestoker van de grond op en nam die mee naar de vuilnisemmer. Daarna liep hij terug en pakte de portefeuille van meneer Mitchell en stopte die in een zak aan de binnenkant van zijn schort.

Je moest op welke manier dan ook de eindjes aan elkaar zien te knopen. Wat een perfecte uitdrukking. Maar een van de andere uitdrukkingen van meneer Mitchell verbaasde hem nog steeds. Altijd hetzelfde vlees in de kuip. Het was *niet* hetzelfde vlees in de kuip. Er was al enige tijd geen sprake meer van hetzelfde vlees in de kuip.

Ongetwijfeld had meneer Mitchell er iets anders mee bedoeld, concludeerde Giftholz.

En begon met veel moeite het lijk naar de glanzende gehaktmolen in de verste hoek te slepen.

Francis M. Nevins Jr.
Duivelstoejager

Francis M. Nevins Jr. is op minstens drie gebieden een vooraanstaande autoriteit. Hij is een nationaal bekend expert op het gebied van de copyright-wetgeving, een onderwerp dat hij doceert aan de juridische faculteit van de universiteit van Washington; een hogelijk gewaardeerde, gezaghebbende figuur op het gebied van de populaire Amerikaanse cultuur, met name film en televisie; en een prominente criticus van misdaadboeken, iets waarvoor hem de Edgar Award is uitgereikt. Zijn meest bekende boek is Royal Bloodline: Ellery Queen, Author and Detective *(1974). Van recentere datum is zijn met succes bekroonde poging eindelijk het oeuvre van Cornell Woolrich opnieuw in de publieke belangstelling te brengen. Daarnaast heeft hij tijd weten te vinden om enige misdaadromans te schrijven en een aanzienlijk aantal korte verhalen. In enige daarvan is, net als in het hieronder volgende verhaal, de hoofdrol weggelegd voor Milo Turner, een beroepszwendelaar die tevens misdaden oplost die door anderen zijn begaan.*

De Oakshade Inn was me aanbevolen als de rustigste verblijfplaats in Barhaven, en gedurende de eerste drie nachten van mijn bezoek aan die slaperige, welvarende gemeente had ik geen reden om die uitspraak te betwisten. Glanzend gewreven vloeren, huiselijk meubilair van essehout, frisse gordijnen van chintz, uitzicht op malse weiden vanuit mijn raam op de tweede verdieping, mooie klassieke muziek via het radiostation van de plaatselijke universiteit, een oogstrelend ontbijt in de eetzaal van het hotel, en een spel van list en bedrog dat zich op uitstekende wijze ontwikkelde.

Geen enkele oplichter met gevoel voor de goede dingen des levens had beter af kunnen zijn.

Tot die vierde nacht, toen de telefoon me ruw wekte. Ik vloog overeind en tastte met mijn hand naar het nachtkastje naast mijn bed. De digitaalklok naast de telefoon meldde dat het 1.14 uur in de nacht was. Ik vond de hoorn en duwde het ene eind tegen mijn oor. 'Ja?' sprak ik in het mondstuk, terwijl ik mijn uiterste best deed om het woord zo kalm mogelijk te laten klinken.

'Hans!' antwoordde een welbekende stem, laag en dreigend als het gegrom van een Duitse herder op wacht. 'Trek je broek aan en wacht beneden op de patrouillewagen die je op komt halen. Je hebt zo'n vier minuten!'

Een afschuwelijk ogenblik lang was ik ervan overtuigd dat hij mijn oplichterspraktijken ontdekt had en me via de telefoon arresteerde.

Toen begonnen mijn hersens weer te werken en ik wisselde een paar woorden met hem, hing op en stortte me op de klerenkast.

Volledig gekleed en met mijn gleufhoed keurig geborsteld, hoefde ik maar tien seconden te wachten in de halfdonkere lege hal van het hotel voor de zwart-witte auto luidruchtig remde voor de grote glazen gevel, met bloeddorstig draaiend zwaailicht.

Mijn zaakjes waren tot nu toe spiegelglad verlopen. In feite was de enige wanklank in de hele orkestratie het feit dat commissaris Knaup er om een of andere reden op stond om me Hans te noemen. Mijn echte alias was deze keer Dries – Meneer Dries Rijnders, om precies te zijn, voormalig criminologisch adviseur van de Koninklijke Marechaussee van het Koninkrijk der Nederlanden, huidige president van Rijnders Veiligheidssystemen, een firma die bestaande veiligheidssystemen onderzocht en verbeterde voor maatschappijen die zich zorgen maakten over misdaden.

Meneer Rijnders was een van mijn favoriete identiteiten, en een van mijn meest winstgevende. Het gemillimeterde militaire kapsel, het kleine hoedje, het accent dat ik tijdens twee weken zorgvuldig luisteren in de bars in Den Haag tot grote verfijning had bijgeschaafd – dit alles bij elkaar vormde het wezen van een Nederlandse efficiency-machine.

Ik liet me aandienen bij een geschikt hoofdkantoor of een of ander soort organisatie, sprak met de topmanagers, vernam hun veiligheidsmaatregelen, toonde op simpele wijze enkele gebreken daarin aan een bood het slachtoffer aan om hem mijn eigen uitgebreide veiligheidssysteem te verhuren, dat natuurlijk net zomin bestond als een hippogryph. Als de sukkel toestemde, kreeg ik een voorschot en zij niets. En als ze me afwezen kon ik nog altijd mijn onkosten dekken door de informatie die ik gekregen had over hun bestaande veiligheidssysteem, te verkopen aan een potentiële dief.

Ik was naar Barhaven gekomen om een balletje op te gooien bij de universiteit, en het was in de werkkamer van de rector magnificus, Herbert J. Stockford, A.B., M.A., D.Ed., dat ik toevallig Stockfords zwager ontmoette, het hoofd van het plaatselijke politiekorps.

Commissaris Knaup wilde graag Duke genoemd worden, zo vertelde hij – ik vermoedde dat dit was omdat de E. voor Elmer of Ethelbert of een gelijkluidende, weinig heldhaftige naam stond. Hij was een korte, gezette, met een rauwe stem en een energieke jovialiteit toegeruste man, en hij had een blinde vlek, groot genoeg om met een vrachtwagen doorheen te rijden: hij was gek op geweren. Geen man of vrouw die hem tegen het lijf liep, hoe terloops ook, kon aan de kwelling ontkomen een van zijn eindeloze monologen te moeten aanhoren over wapens. Als je een blik op de lucht wierp en in alle onschuld opmerkte dat er regen dreigde, dan zei Knaup: 'Als je een regen van lood wilt zien, kerel, moet je het VC-70 Heckler en Koch automatisch pistool eens proberen. Negentien schoten, en het wordt geleverd met een lade die je als holster kunt gebruiken maar ook aan het pistool vastmaken zodat het een klein machinegeweer wordt. Brip – brip – *brip*, brip – brip – *brip*! Ik ben dol op dat drie-schoten-ritme.'

Op de persoonlijke dienstauto van de chef zat op de achterruit een sticker geplakt die getuigde van zijn levenslange lidmaatschap van de Nationale Geweerassociatie, drie verschillende *Het geweer moet vrij*-stickers, een *God zegene Amerika*-plakker, een *Steun uw plaatselijke politie*-plakker, en een Amerikaans vlaggetje. Geen twijfel mogelijk over waar ouwe Duke's sympathieën lagen.

Na die eerste ontmoeting in Stockfords werkkamer, had ik niet verwacht Knaup nogmaals te zien. Maar de volgende dag al, even voor twaalven toen ik in een vergaderzaal was op de derde verdieping van de administratieve sector van de universiteit en me geleerd boog over de veiligheidsmaatregelen met het hoofd en adjunct-hoofd van de universitaire bewakingsdienst, kwam hij de kamer binnenstappen in vol ornaat, met de kolf van zijn Colt Python glanzend in de open leren holster.

'Hans!' blafte hij, als een acteur die zijn best doet op Gods stem te lijken in een bijbelse film.

Ik keek nieuwsgierig de kamer rond om te zien of een van de bewakers misschien Hans heette. Niemand keek zelfs maar op.

'Nee, *jij* daar, suffie,' gromde hij tegen mij. Dat was kennelijk de manier waarop hij sprak tegen mensen die hij aardig vond.

'We gaan samen lunchen.'

'Mag ik u erop wijzen dat ik geen Hans heet?' zei ik op mijn meest gladde aristocratische toontje.

'Wij van de sterke arm eten Mexicaans eten voor de lunch. Ik hoop dat je van tacos houdt, Hans,' zei hij en voerde me mee bij mijn elleboog.

Onder de guacamole salade in Casa Panchito verklaarde hij zijn plotselinge belangstelling voor mij.

'Nou gaat het hierom, Hans.' Hij werkte grote happen guacamole naar binnen tussen de zinnen. 'Als hoofd van de universiteit is mijn zwager Herbie Stockford degene die de beslissing moet nemen over dat veiligheidszaakje van jou.' Hap, slik. 'Alleen weet hij zo weinig van veiligheid af dat hij niet eens plat gaat, als een Remington High Standard model 10 op hem gericht wordt, en daarom heeft hij me gevraagd hem zo'n beetje te helpen bij zijn besluit.' Hap, slik. 'Die gepensioneerde dorpsveldwachters die hij gebruikt voor de veiligheid op de campus zijn niet veel beter dan Herbie, en dus verlaat hij zich op de enige professional in de stad.' Hap, slik. 'Op mij.' Boer.

En dus herhaalde ik mijn goed ingestudeerde verhaal tegen Duke, waarbij ik er voor zorgde om mijn betoog te doorspekken met zoveel geweren als ik maar durfde. En voor we onze quesadillas verorberd hadden, had hij op weinig subtiele wijze het gesprek op wapens gebracht.

'Wat voor contacten heb je met Charter Arms, Ruger of Dan Wesson? Ik heb een voorstel.'

Toen ik bescheiden loog dat mijn connecties met verscheidene van de fima's die hij genoemd had, zich op vrij hoog niveau bevonden, klaarde zijn gezicht op.

'Wij van de sterke arm waarderen het werk van wapenfabrikanten,' zei hij. 'En nu we nogal wat geld krijgen van de staat, zouden we onze waardering graag uitdrukken door een paar grote orders te plaatsen. Zoals misschien een gros M-16 of Armalite geweren, een paar dozijn geweren met schuifmagazijnen, en alle Glaser veiligheidskogels die we te pakken kunnen krijgen. Zeg, als ik een paar chefs uit de naburige steden zover kan krijgen dat ze meedoen met me, denk je dat je ons dan zo'n 30 % korting kunt bezorgen op een order van 200.000 dollar?'

Hij maakte het niet zo grof dat hij er expliciet bij zei dat zijn aanbevelingen bij zijn zwager afhingen van mijn hulp om hem een arsenaal wapens te bezorgen, maar de boodschap kwam luid en duidelijk over en ik verzekerde hem dat ik mij volledig zou inzetten. En zo stond het ervoor tussen mij en de geweerfanaat toen 36 uur later de zwart-witte auto me door de slapende straten voerde van Barhaven naar een mij onbekende bestemming.

We reden langs de rand van het universiteitsterrein en koersten in noordelijke richting naar de lage heuvels waar de 100.000 dollar huizen stonden. De auto maakte een scherpe bocht en reed een privéterrein op, gevolgd door een oprijlaan, naar een kast van een huis, opgetrokken uit natuursteen en roodhout dat halverwege de heuvel stond. De helft van de ramen van het huis waren verlicht en schijnwerpers wierpen hun bundels over het brede gazon.

Duke Knaup stapte met zijn buik vooruit voor de auto en stak zijn hand op als een verkeersagent. De agent achter het stuur trapte op de rem en ik stapte zo waardig mogelijk uit de auto. Achter de commissaris schuifelde een mager, kalend mannetje in een zijden kamerjas en pantoffels, in wie ik niemand minder herkende dan de rector magnificus van de Barhaven Universiteit. Zijn gezicht was lijkbleek, alsof zijn beste vriend voor zijn ogen in een kaas veranderd was. Zonder een woord te zeggen voerden ze me vijftig meter mee over het gras dat nog nat was van de storm, eerder op de avond, naar de voet van een statige oude iep. Naast de stam lag het lijk van een grote roodachtig gele hond.

'Iemand heeft het arme beest vergiftigd,' mompelde Knaup.

'Weet niet wat ze gebruikt hebben – het lab zal me morgen rapport uitbrengen. Ongeveer een uur geleden hoorde Herbie de hond janken en kwam hij kijken, en toen vond hij hem hier. Ziet ernaar uit dat hij onder die boom gekropen is om te sterven.'

Een korte, gezette vrouw in een blauwe peignoir kwam het huis uitdraven om zich bij ons te voegen.

'Mijn zuster, mevrouw Stockford. Dit is meneer Hans Rijnders, een criminoloog die bij ons op bezoek is,' stelde Knaup me voor.

'O, gaat u mijn broer helpen om dat . . . dat monster te vinden dat de arme Thor dit heeft aangedaan?' vroeg ze terwijl we elkaar de hand drukten.

'Mogelijk kan ik enige assistentie verlenen,' mompelde ik, terwijl ik me afvroeg wat ik hier in hemelsnaam aan het doen was en hoe ik het beste mijn rol kon spelen.

'Vertel Hans eens wat je mij verteld hebt over wat de hond gewoonlijk deed als het donker werd,' beval Knaup zijn zwager.

'Het was een afgerichte waakhond,' antwoordde Stockford dof. 'Elke avond na zonsondergang lieten we hem los en dan zwierf hij over het terrein. We hebben hier geen enkele inbraak meer gehad sinds we hem drie jaar geleden kochten.'

'En is er vannacht bij u ingebroken?' vroeg ik.

'Nee, niets,' antwoordde mevrouw Stockford. 'Ik heb net alles gecontroleerd om te zien of er iets weg was.'

'Iemand heeft waarschijnlijk een vergiftigd stuk vlees op het gazon gegooid om zich te ontdoen van Thor,' voegde haar man eraan toe, 'maar die is nog niet teruggekomen om in te breken.'

'Hij heeft vermoedelijk gewacht tot de kleine uurtjes voor hij terugkwam,' merkte Knaup op. 'Maar met alle lichten aan en politie om het huis, zal hij niet op komen dagen. Ik zal een auto hier laten, voor het geval dat.'

'Heb ik het goed begrepen, meneer, dat noch u, noch mevrouw Stockford een onbekende automobiel waargenomen hebben op uw weg, afgelopen avond?'

'De storm was hier boven even heel zwaar,' antwoordde de geschokte rector. 'We konden in die tijd de weg niet eens zien. Dat was waarschijnlijk het moment waarop hij het vergiftigde vlees heeft neergegooid.'

Commissaris Knaup greep mijn arm. 'Kom eens even hier, Hans.' Hij voerde me mee over het dikke gras naar een rozenprieel achter het huis. 'Ik wil even uitleggen waarom ik je heb laten halen,' fluisterde hij. 'Zie je, ik geloof niet dat Thor vergiftigd is door iemand die er op uit was in te breken in het huis. Ik geloof dat degene die het gedaan heeft er alleen maar op uit was de hond te doden.'

'Een waanzinnige hondenmoordenaar in Barhaven?' grapte ik goedmoedig, in een poging te suggereren dat zijn theorie belachelijk was zonder de man werkelijk te beledigen.

'Het klopt wel als je de achtergronden weet,' ging Knaup verder. 'Thor was erop afgericht om te doden, het soort hond dat ze gebruiken om 's nachts warenhuizen te bewaken. Toen de universiteit zes jaar geleden te maken had met die anti-oorlogsrellen, huurde Herbie een ploeg mensen die dit soort honden traint om een paar 's nachts los te laten lopen in het administratiegebouw en op een paar andere kwetsbare punten. Een paar lui van dat langharige tuig drongen op een nacht het administratiegebouw binnen met een pot verf om vredessymbolen te schilderen op de muren. Een stel werd lelijk gebeten door de honden. Het veroorzaakte een kwade reuk, de school ging twee dagen in staking, en Herbie moest het contract met betrekking tot de honden beëindigen. Toen de ploeg drie jaar geleden de laan uitgestuurd werd, kocht hij een van die honden voor zijn eigen bewaking.'

'Thor was een van de honden die betrokken waren bij het incident in het administratiegebouw?'

'Precies. Hij was voor de ene helft een Ierse wolfshond en voor de andere helft een Pyrenese berenhond. Hij woog ongeveer vijftig kilo, was iets groter dan een volwassen Duitse herder, en een heel stuk valser.'

'Ik twijfel er niet aan dat het een uitstekende waakhond was,' murmelde ik, 'maar het is me nog niet duidelijk waarom u mij bij deze zaak wenst te betrekken.' En net als een onervaren zwemmer die plotseling merkt dat hij 3 km uit de kust gedreven is, begon ik me bepaald onprettig te voelen.

'Herbie hield van die hond als van een kind,' legde Knaup uit, 'en ik ben hem heel wat verschuldigd; zoals mijn baan bijvoorbeeld. Hij wil dat ik alles in het werk stel om degene die Thor vergiftigd heeft te grijpen. Het vervelende is, dat als ik aan deze zaak meer dan normale aandacht schenk, de kranten me van alle kanten te pakken nemen omdat ik het politie-apparaat misbruik. Daar zit ik niet bepaald op te wachten.'

Ik wist precies wat hij bedoelde, omdat ik de moeite genomen had de achterpagina's van de Barhaven kranten te lezen voor ik mijn opwachting maakte. Vorig jaar had Knaup bijna zijn ontslag gekregen wegens een kleinigheidje: hij had drie agenten onder diensttijd opdracht gegeven zijn huis te schilderen en zijn collectie geweren te oliën.

'Daarom ben jij hier, Hans. Jij wordt een tijdje mijn afdeling hondenmoordzaken. We zullen eens zien hoe goed je bent als criminoloog.'

Ik ga nieuwe ervaringen niet uit de weg, maar bij deze moest ik moeite doen om een rilling te onderdrukken.

Maar heel weinig oplichters zagen zich ingelijfd bij de politie tewijl ze met een karweitje bezig waren. Ik was verre van enthousiast maar ik zag geen manier om mezelf terug te trekken, of ik moest de stad verlaten. Ik hakte de knoop door en reikte Knaup ernstig de hand. 'Zo zij het,' sprak ik terwijl we elkaar de hand schudden. 'Hoewel ik duidelijk wil stellen dat mijn succes tot een gunstig advies zal moeten leiden, door uw gegevens met betrekking tot mijn veiligheidssysteem.'

Duke Knaup krabde bedachtzaam met zijn vingers onder zijn kin. 'Ik weet niet hoe jullie dat zeggen in dat tulpenlandje van je, maar bij ons hier in Amerika is het zo dat als jij mijn rug krabt, dan krab ik de jouwe.'

Het was te laat om dezelfde avond nog met de zaak te beginnen, dus besloot ik de volgende morgen een bezoek te gaan brengen aan de administratie van de universiteit, de namen op te vragen van de studenten die zes jaar geleden door Thor verminkt waren. Dan wilde ik proberen te achterhalen of zij, of mensen die hun na stonden nog in Barhaven woonden. En als iemand uit die categorie ook nog toegang bleek te hebben tot het chemisch laboratorium van de universiteit, dan konden we onze vergifstrooier nog vóór de avond te

275

pakken hebben.

Het zachte zonlicht van de vrijdagmorgen viel mijn kamer binnen toen de telefoon opnieuw losbarstte. De digitaalklok gaf 7.12 aan en ik was nog lang niet in de stemming om de dag het hoofd te bieden. Ik gromde wat in het mondstuk.

'Hans!' Zelfs in half slapende toestand hoefde ik maar één maal te raden naar de identiteit van degene die me belde. 'Stuur dat lijf van je meteen naar het bureau, makker. De hel is losgebroken!'

Dertig minuten later stommelde ik de taxi uit, het stadhuis in en via een marmeren trap naar het souterrain, waar het hoofdbureau van politie zich bevond. Ik vertelde de dikke astmatische agent achter de balie dat commissaris Knaup me verwachtte, maar voor de sergeant de huistelefoon kon pakken, vloog achter me een deur open en daar stond hij, met de hand op zijn holster, precies een korte, dikke uitgave van Randolf Scott in de rol van de sheriff van Tombstone.

'Hierheen!' brulde hij, en liep met grote stappen voor me uit door de kamer van de rechercheurs naar zijn eigen kantoor.

'Lees dit eens, en dit, en deze.' Hij gooide me over zijn bureau een stapel politierapporten toe. 'We hebben de hele nacht telefoontjes gekregen. Een of andere idioot is in het district in de weer geweest en heeft de oorlog verklaard aan de hondenbevolking hier!'

Op het eerste gezicht was ik het bijna eens met de sputterende chef. Onze liefhebber van hamburgers met een vreemd smaakje was afgelopen nacht behoorlijk in de weer geweest.

Winston, 5 jaar oud, Boston bull-terrier, eigendom van de heer en mevrouw Horace Burgess van Newcomb Heights, dood aangetroffen in de keuken van hun huis om 6 uur 's morgens.

El Toro, Franse poedel, 2 jaar oud, eigendom van mej. Lucretia Runcible van Barhaven, dood aangetroffen in zijn mand in de keuken toen mej. Runcible hongerig wakker werd om 3.25 uur 's nachts en zich naar de koelkast begaf voor wat yoghurt.

Cincinnatus, bastaard, 7 jaar oud, eigendom van professor Featherstone van de faculteit der klassieke letteren van de universiteit, dood aangetroffen achter de voordeur van de professor om 1.30 uur 's nachts, toen de professor thuiskwam van het jaarlijks banket van de Lucullus Club.

Met inbegrip van Thor, waren er in totaal zeven honden in één nacht overgegaan naar de eeuwige jachtvelden, vier binnen de stadsgrenzen van Barhaven en drie in aangrenzende gemeentes. 'Is vastgesteld dat de doodsoorzaak in elk geval vergif was?'

'Alleen in de eerste drie gevallen tot nu toe,' zei Knaup. 'Het gemeentelijke lab heeft er de hele nacht aan gewerkt. Bij de andere zal wel hetzelfde blijken. Het is een patroon, Hans.'

'Misschien niet het patroon dat u dacht,' mompelde ik, en bladerde opnieuw de politierapporten door. 'Let eens op de adressen van de bazen en bazinnen van wijlen de honden. Vijf zijn particuliere huizen, maar mej. Runcible woont op 243 Westview, appartement 18-D, en Henry Wampler op 4576 North Wood Avenue, appartement 907. Roept dat iets bij u wakker?'

Voor de chef iets had kunnen bedenken, ging zijn telefoon en hij griste de hoorn eraf. 'Knaup,' blafte hij. 'Ja, sergeant, ik . . . *wat*? . . . nee, nee, daar ga ik zelf op af.'

Hij gooide de hoorn neer en greep zijn pet met klep. 'Vooruit, Hans.'

'Hondelijk nummer acht?' informeerde ik.

'Kattelijk nummer één,' snauwde hij. 'Onze halve gare heeft zich nu ook op het kattenbestand geworpen.'

Knaup reed in zijn eigen patrouillewagen, die met al die geweerplakkers op de bumper. Tien minuten buiten de stad sloegen we af tussen twee stenen pilaren door, weer een oprit in. De auto deed de modder hoog opspatten in een kuil in de weg, en reed toen verder over glad plaveisel tot de oprit eindigde in een ronde parkeerplaats naast een reusachtig stenen huis, een waar Victoriaans monster.

'Wie is de eigenaar van dit gebouw?' vroeg ik Knaup, terwijl hij de veeltonige bel luidde naast de voordeur.

'Het was vroeger van Franklin Bagnell, de grote staalfabrikant. Hij is vijf of zes jaar geleden gestorven.'

'O ja, ik herinner me dat ik hem eens op de televisie gezien heb toen hij een bezoek bracht aan Nederland, natuurlijk.' Bijna had ik me verraden door die onoplettendheid. Ik herinnerde me inderdaad dat ik de oude Bagnell een aantal keren op het televisiejournaal gezien had, een lijkkleurige oude reactionair, altijd en eeuwig aan het fulmineren over wettelijke beperkingen voor de Amerikaanse zakenman die het werk zouden zijn van de communisten. Wanneer hij opgewonden was begon er altijd een spiertje te trekken in zijn wang – een familietrekje bij de Bagnells, zo herinnerde ik me gelezen te hebben in de kranten.

'Vanaf het moment dat de oude man gestorven is,' vervolgde Knaup, 'zijn de advocaten aan het bekvechten over de vraag wie de eigenaar is van het huis en het geld. Praktisch gezien behoort alles toe aan de hond, meen ik.'

Voor ik hem kon vragen om die laatste raadselachtige opmerking toe te lichten, ging de deur op een kiertje open en een keurige, vermoeid uitziende jonge vrouw met een rose broekpak aan bekeek ons, trok uit het unifrom van de chef de razendsnelle conclusie dat het in orde was en gooide de deur wijd open. 'Hé, mama!' brulde ze naar achteren. 'Politie!'

Een grijze vrouw van in de vijftig daalde de eiken trap af en begroette ons in de foyer, waar ze onder een reusachtig olieverf portret stond van de enige oude Bagnell.

Ze stak Duke haar beide handen toe. 'O, commissaris Knaup, wat vreselijk aardig van u om te komen. Er zullen niet veel hoge functionarissen zijn die in eigen persoon komen kijken als er een kat vermoord is.'

'Wij van de sterke arm zijn dol op katten,' oreerde Knaup. 'O, ja, dit is meneer Rijnders, de beroemde criminoloog. Hans, mag ik je Madge Slocum voorstellen, de huisbewaarster hier, en haar dochter Lila. Wat is er met de kat gebeurd, lieverd?'

Haar moeder antwoordde in haar plaats, terwijl ze een traan wegslikte. 'Ik weet gewoon niet wat er gebeurd is, commissaris Knaup. Ik gaf Kikimora haar eten gisteravond om 5.45 uur, zoals ik dat altijd doe, en toen floot ik Barnaby die nog in de tuin was voor zijn eten; toen begon het te regenen en Lila en ik aten om 6.30 uur. We keken samen tv en gingen vroeg naar bed, en ik vond die arme Kiki toen ik vanmorgen beneden kwam om haar en Barnaby het ontbijt te geven. Ze lag zo stil en stijf in haar kleine kattemand dat ik wist dat er iets mis was met haar, dus ik pakte haar op en luisterde naar haar hartslag, en toen was ze dood.'

'Is Barnaby uw man, mevrouw?' vroeg ik de treurende huisbewaarster.

'Hij wordt beter verzorgd dan heel wat echtgenoten die ik ken,' antwoordde Lila pinnig. 'Hij is de hond die min of meer alles bezit hier.'

Ik liep nonchalant de gang door naar een erker met een parketvloer aan de achterzijde van het huis. Een menigte potplanten, hangvarens en kruipend groen verstikte me bijna. Ik keek door het achterraam uit op breed aangelegde terrassen, die zich over een paar honderd meter uitstrekten, met hier en daar helder gekleurde bloembedden. Een grote grijze hond van onduidelijk ras rende halverwege vrolijk rond, achter een konijn aan of iets van dien aard. Barnaby leek me heel wat zorgelozer dan de meeste rijke mensen die ik kende.

'Het gaat om de kat, weet je nog?' Knaup schoof een arm door de flora en plukte me uit de erker vandaan, waarna hij me via een zijgang en het keukentje van de butler naar een keuken voerde als een schuur, naar een mand vol zachte kussentjes waar het achtste slachtoffer in lag. Kikimora was een witte maltezer kat met een brede kop en een zwarte vlek midden op haar voorhoofd.

'De kat was slechts het persoonlijke huisdier van mevrouw Slocum, neem ik aan?' vroeg ik Knaup. 'En het is haar taak te zorgen voor de hond, net als ze de zorg draagt voor het huis?'

'Precies. De oude Bagnell pikte Barnaby zo'n vijf jaar voor zijn dood ergens op. Het is gewoon een vuilnisbakkenras, maar de oude man hield op den duur meer van hem dan van die paar familieleden die hij nog over had. Dus stopte hij het meeste van zijn geld in een fonds voor de verzorging van de hond, zolang hij leeft. Eretrust heet dat. De hond kan vrij rondlopen door het huis en het terrein eromheen; hij eet beter dan menig mens, de dierenarts komt hem tweemaal per week onderzoeken. Het salaris van de beide vrouwen, de belasting op de bezitting, alles wordt betaald uit de trust zolang Barnaby leeft.'

'En wanneer hij sterft?' mompelde ik.

'Dan worden de bezittingen en het geld verdeeld over zeven of acht liefdadige instellingen en die twee verwanten. Neven in de tweede of derde graad, geloof ik. Morton Godfrey, een advocaat in

Californië, en een jonge knaap die George Bagnell heet. Zij zijn degenen die een proces begonnen zijn om het testament nietig te laten verklaren op grond van de mening dat de oude man stapel was. Het sleept zich al jaren voort.'

Ik ijsbeerde heen en weer over de smetteloze keukenvloer. De mate waarin ik mijn eigen fictieve schepping was geworden, begon me angst aan te jagen, maar met een wilde opwinding besefte ik dat ik misschien op het punt stond om deze zaak op te lossen.

'Maar waarom moest de kat sterven?' mompelde ik half tegen mezelf. 'Alles past verder in elkaar, maar de kat niet.'

'Hans, wat sta je daar in hemelsnaam te mompelen?'

'Gisteravond meende u dat Thor het doelwit was van iemand die tot vlakbij het Stockford-huis was gereden en een stuk vergiftigd vlees voor hem heeft neergegooid. De hele serie dode honden in de loop van de nacht betekent dat vijandige gevoelens met betrekking tot Thor niet het motief waren. Maar u bleef toch geloven dat de moordenaar iemand was die gisteren de hele avond door de omgeving reed om vergiftigd vlees in tuinen te gooien. Dit kan niet het geval zijn. Ik herinner u eraan dat op zijn minst twee van de honden op bovenverdiepingen woonden. Waar scharrelen de honden rond? Hoe krijgt de moordenaar het vlees vlak voor hun neus? U heeft de techniek van de wandaden verkeerd geduid.'

'Nou moet je eens even wachten, Hans,' protesteerde Knaup, terwijl hij zijn woorden kracht bijzette door op de deur van de enorme vliegenkast te bonken. 'Waarom kan die kat daar gisteren niet iets opgepikt hebben waar vergif in zat? Ze kan wel de hele avond op het gras met Barnaby gespeeld hebben, wat weet jij daarvan!'

'We zijn door een modderpoel gereden,' bracht ik de commissaris in herinnering, 'net binnen de oprijlaan hierheen. De weg tussen de modderpoel en het huis was schoon, zonder wielsporen, tot uw auto eroverheen reed. U zult zich herinneren dat het afgelopen avond hevig geregend heeft. Geen enkele auto is door de poel gereden vanaf het moment dat deze gevormd is tot vanmorgen. Dit is op zijn minst een hard bewijs dat er geen krankzinnige is die in uw gemeente rondrijdt met vergiftigd vlees. Kikimora is hier in dit huis vergiftigd. En de zeven dode honden zijn eveneens in hun respectievelijke huizen vergiftigd.'

Iets dat op begrip leek was beginnen te dagen op het dikke gezicht van de commissaris. 'Ik geef u in overweging dat het voedsel dat hun bazen de honden gaven vergiftigd was,' vervolgde ik. 'Het is de enige hypothese die alles verklaart. Wel, bijna alles – alles behalve de kat. U moet uw zwager op de universiteit bellen en hem vragen waar hij zijn hondevoer koopt. Dan moet u elk van de andere hondebezitters bellen en hun dezelfde vraag stellen. Ik voorspel u dat u overal hetzelfde antwoord zult krijgen. Vooruit!' Ik wees naar de telefoon die aan de keukenmuur hing naast een memoblok. Het geven van bevelen aan een politiechef op zijn eigen terrein verschafte me een tinteling van genoegen.

Knaup drukte op de knoppen, kreeg de telefoondienst van de universiteit en vroeg naar het kantoor van rector Stockford.

'Ja, Herbie, Duke hier. Luister eens, Herbie, Hans hier wil dat ik je een maffe vraag stel. Waar kocht je altijd Thors voer? De Viervoetige Fijnproever? Oké, Herbie, ik bel je later nog.'

Hij hing op en wendde zich tot mij. 'Herbie gaf de hond een heel speciaal soort vlees, dat hij kocht in de Viervoetige Fijnproever. Dat is een specialiteitenzaak hier in de stad: de beste stukken vlees en andere lekkernijen, speciaal klaargemaakt voor huisdieren. Daar gaan al die dierenliefhebbers naar toe.'

'Dan is dat de plaats waar het vergif vermengd werd met het hondevoer,' benadrukte ik nogmaals. 'Bel naar uw bureau en laat uw sergeant alle anderen bellen, om dezelfde vraag te stellen die u meneer Stockford hebt voorgelegd, en laat hem dan bij u rapport uitbrengen. Ondertussen moet ik het probleem van de kat eens onder handen nemen.'

Knaup wendde zich om naar de telefoon terwijl ik via de klapdeuren het keukentje van de butler doorliep, de lange gang door naar de salon waar de dames Slocum zaten te wachten. Ze zaten op gelijksoortige leunstoelen met rijk blauw fluweel bekleed en spraken op gedempte toon met elkaar.

'Neemt u me niet kwalijk, dames.' Ik stapte naar voren en maakte een lichte buiging. 'Waar koopt u het voer voor Barnaby?'

Madge Slocum keek naar me op met een blik vol onbegrip achter haar brilleglazen. 'Wat een vreemde vraag! Wel, u weet dat

Barnaby nu niet bepaald een aristocraat is onder de honden. Hij was gewoon een zwervertje dat als jong hondje gevonden werd door meneer Bagnell, die buitengewoon op hem gesteld raakte. Na de dood van meneer Bagnell probeerde ik Barnaby het beste voedsel te laten eten dat er te krijgen was maar hij haalde er altijd zijn neus voor op, dus sinds die tijd geef ik hem blikvoer dat ik in de supermarkt haal.'

'En waar koopt u het voer voor uw kat?' vervolgde ik.

Deze keer nam Lila Slocum de honneurs waar. 'Dat is ook een gek verhaal. Zoals mama al zei, probeerde ze Barnaby allerlei liflafjes te laten eten. Er is een speciaal soort vlees dat ze voor hem kocht maar hij wilde er niet van eten. Maar Kiki was er dol op, dus sinds die tijd kopen we het voor haar.'

'Elke donderdagmiddag koop ik voer voor Kiki,' voegde haar moeder er behulpzaam aan toe.

'Deed u dat gisteren ook?' vroeg ik. Beide vrouwen knikten bevestigend.

Ik hoefde de volgende vraag niet te stellen maar ik deed het toch. 'En de naam van de zaak waar u deze culinaire heerlijkheden verkreeg?'

'Die heet de Viervoetige Fijnproever,' zei Lila.

'Dank u.' Ik sloeg bijna mijn hakken tegen elkaar op Pruisische wijze en schreed terug naar de keuken waar Knaup net de telefoon ophing. 'De sergeant heeft tot nu toe vier telefoontjes gepleegd. Je hebt gelijk, verdorie! Ze hebben allemaal dat speciale vlees gekocht in de Viervoetige Fijnproever.'

'Net als mevrouw Slocum voor haar kat,' meldde ik. 'Het patroon is nu duidelijk. Iemand vergiftigde het voedsel aan de bron. En de rest van de weekvoorraad ligt op dit moment daar in de koelcel, en ongetwijfeld in de koelkasten van elk van de andere treurende hondebezitters in deze zaak. Bel het hoofdbureau en stuur mannen er op uit om het vlees direct op te halen. Laten we daarna eens een bezoekje brengen aan deze leveranciers van hondediners.'

We reden in vliegende vaart door de modderpoel en daverden over de rijksweg terug naar de stad. Knaup reed met één hand op het stuur en de ander op de kolf van de Colt Python in zijn holster. We sloegen af naar de voornaamste zakenwijk in het centrum van Barhaven en hielden stil midden op een klein parkeerterrein naast een laag bruinrood gebouwtje. 'Daar is het,' zei Knaup.

'Is het geoorloofd op deze manier te parkeren?' vroeg ik. Elke plaats van het parkeerterrein was bezet en hij versperde op z'n minst een tiental auto's de doorgang door de manier waarop hij stond.

'Ach man, ik ben de wet in deze stad; alles wat ik doe is geoorloofd. Vooruit.'

En nonchalant, als twee hondebezitters die voer voor hun dieren gaan halen, stapten we het pand binnen van de Viervoetige Fijnproever. Een bel boven de deur tingelde toen we naar binnen liepen. De zaak leek meer op een makelaarskantoor dan op een winkel voor dierenvoer. Gegolfd grenen panelen, imitatie natuursteen op de vloer, en hier en daar een poster van een hond of kat, zodanig gefotografeerd dat ze er onweerstaanbaar schattig uitzagen.

Achter een goud gevlekte formica toonbank achter in de winkel bevond zich een lange rij koelcellen. Een bleke, zeer magere jongeman met een wit schort voor en haar in de kleur van gekookte noedels, was vlees aan het wegen voor een klant. 'Waarmee kan ik u van dienst zijn, heren?' begon hij toen hij ons zag.

En toen merkte hij Knaups uniform op en een spiertje in zijn wang begon te trekken. Ik bestudeerde zijn lijkbleke gezicht van nabij, vergeleek het met een geschilderd gezicht dat ik afgelopen morgen had gezien, en deed de meest roekeloze uitspraak van mijn carrière.

'Dit is de heer George Bagnell,' kondigde ik aan, terwijl ik me tot Knaup wendde, 'de gifmenger.'

En op hetzelfde moment was de winkel een gekkenhuis. George slingerde het pakje vlees naar ons, scoorde een directe treffer op Knaups gezicht en sprong door een deur aan de achterkant weg. Druipend van het vleesvocht sprong Knaup over de toonbank en greep naar zijn pistool terwijl hij 'Halt, politie!' schreeuwde. Hij en ik renden door het magazijn en via een zijdeur het parkeerterrein op.

George scheurde met een blauwe Pinto weg en botste frontaal op Knaup's patrouillewagen. Hij sprong uit de Pinto en begon naar de straat te rennen. Knaup loste een schot op hem, waarbij hij laag op zijn benen mikte. Hij miste George, maar raakte de rechtervoorband van zijn eigen auto.

George was bijna aan het eind van het lange smalle parkeerterrein toen plotseling een tweekleurige convertible aan kwam schieten met een dikke blonde vrouw voorin en een reusachtige Duitse herder achterin. De knaap moest in een fractie van een seconde uitwijken voor de auto. Hij botste tegen de muur toen Knaup opnieuw vuurde en de hond uit de auto sprong en op George afging alsof de knul een kat was.

De dikke vrouw trapte op haar rem en krijste: 'O, mijn hemel! Af, Schnitzel, af!' en ze schommelde de auto uit net op het moment dat Knaup zijn Python in George's rug ramde en hem beduidde tegen de muur te gaan staan, om zich te laten fouilleren. Knaup moest via de radio een andere auto laten komen om de gevangene te laten weghalen. Terwijl we wachtten tot de dichtstbijzijnde garage iemand stuurde om de lege band van Knaup's auto te verwisselen, vertelde ik hem de rest van mijn conclusies.

'Zo lang Barnaby leefde, kregen de neven van Bagnell niets. George Bagnell kwam speciaal naar Barhaven om de hond te doden. Hij heeft vermoedelijk mevrouw Slocum geschaduwd tijdens haar winkeltochtjes, en zag dat ze elke week bij de Viervoetige Fijnproever vlees kwam halen, en heeft de verkeerde conclusie getrokken dat het voer voor de hond was. Hij solliciteerde vervolgens naar een baantje in de winkel en zorgde voor wat vergif ergens vandaan, waarna hij zijn kans afwachtte om een hoeveelheid van het speciale vlees te impregneren met het vergif, net voor een van de wekelijkse bezoekjes van mevrouw Slocum. Alles bij elkaar een dwaas en verkwistend plan en een dat de onervarenheid van de dader verraadde. Elke andere hondebezitter die op donderdag kwam winkelen zou ook zijn dier dood aantreffen, maar ik veronderstel dat dit George niet al te zeer mishaagde. Hoe meer dode honden, des te minder zou blijken dat het hier om één hond in het bijzonder ging. En denk erom dat u moet zorgen voor berichten in de kranten en op de radio en televisie, dat alle klanten van de Viervoetige Fijnproever het vlees onmiddellijk moeten terugbrengen ter analysering. We willen niet nog meer dode dieren.'

'Ik weet dat het de zenuwtrek was die je er attent op maakte dat die knaap een Bagnell was,' zei de chef, 'maar waarom kon het Morton Godfrey niet geweest zijn, de andere neef?'

In feite had hij het natuurlijk ook best kunnen zijn, en ik had maar een kans van 50 procent, maar dat hoefde Knaup niet te weten.

'Omdat hij advocaat was,' redeneerde ik wijsgerig, 'zou Morton Godfrey op het proces vertrouwen dat het testament bestreed, eenvoudig omdat alle Bagnell-bezittingen, als hij zou winnen, zouden vallen onder de wettelijke erfbepalingen bij afwezigheid van een testament, waarbij de liefdadige instellingen niets kregen en de twee neven alles. Zou hij zo dom zijn om te proberen een hond te doden voor een klein deel van de bezittingen, wanneer hij met legale middelen zo veel kon bemachtigen? Nee, het was duidelijk geen legale geest die deze misdaden heeft uitgedacht.'

'Scherp denkwerk, Hans.' Knaup sloeg me op de schouder. 'En je kunt erop rekenen dat ik ervoor zal zorgen dat die ouwe Herbie dat contract met jouw firma tekent voor die veiligheidsdiensten. Uhhh – mits je zorgt voor de uitvoering van die kleine overeenkomst waar we het over gehad hebben?'

Ik keek naar de ongelukkige commissaris, zijn uniform druipend van het vleesnat en zijn band platgeschoten door zijn eigen schot, en ik moest me inhouden om niet hardop te gaan lachen terwijl ik hem opnieuw de hand schudde.

'Wij van de criminologische dienst,' verzekerde ik hem, 'steunen een goed bewapende politiemacht.'

Acknowledgments

The Chicken Soup Kid, R. L. Stevens. Copyright © 1984 by R. L. Stevens. Reprinted by permission of the author.

The Case of the Shaggy Caps, by Ruth Rendell. Copyright © 1977 by Ruth Rendell. First published in *Ellery Queen's Mystery Magazine.* Reprinted by permission of the author.

Garden of Evil, by Carol Cail. Copyright © 1973 by Carol Cail. First published in *Ellery Queen's Mysterie Magazine.* Reprinted by permission of Davis Publications, Inc.

The Specialty of the House, by Stanley Ellin. Copyright © 1948 by Stanley Ellin, © renewed 1976 by Stanley Ellin. Reprinted by permission of Curtis Brown, Inc.

Lamb to the Slaughter, by Roald Dahl. Copyright © 1953 by Roald Dahl. Reprinted from *Someone Like You,* by Roald Dahl, by permission of Alfred A. Knopf, Inc.

When No Man Pursueth, bij Isaac Asimov. Copyright © 1974 by Isaac Asimov. Reprinted by permission of the author.

The Two Bottles of Relish, by Lord Dunsany. Reprinted by permission of Curtis Brown Ltd., London, on behalf of John Child Villiers and Valentine Lamb as literary executors of Lord Dunsany.

The Theft of the Used Teabag, by Edward D. Hoch. Copyright © 1982 by Edward D. Hoch. First published in *Ellery Queen's Mystery Magazine.* Reprinted by permission of the author.